新しい地方財政論

新 版

中井英雄・齊藤 愼・堀場勇夫・戸谷裕之［著］

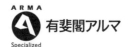

有斐閣アルマ

　本書は 2010 年の初版刊行以来，幸いにも多くの学生・大学院生や公務員・研究者の読者諸氏に恵まれ，この 10 年間の「新しい未来・成果・知見」を加えて，新版を出す運びになった。

　新版化にあたって，制度・経営・理論・実証という 4 部構成を変更する必要はなかったが，2010 年には日本の GDP が中国に次いで第 3 位になり，人口減少社会に突入した。その「未来」は，いまだ定かではないが，人口の増加期と減少期の行政対応が，同じではないという視点に立ち，終章を追加した。

　また，地方財政の制度改正による 10 年間の「成果」を確認した。ニュー・パブリック・マネジメントによる新しい自治体経営，ソフトな予算制約の理論による公営企業や第三セクター等を含む財政健全化の推進，市町村需要額の U 字型に基づく平成の大合併など，その成果は枚挙に暇がない。初版で都道府県の役割の増大を指摘したように，介護保険や後期高齢者医療制度，2018 年度の国民健康保険の都道府県単位化が実施され，その役割は老朽化対策の社会資本整備から，少子高齢社会を支える社会保障に大きくシフトした。

　アカデミズムの「知見」が行政の現場に役立ったとされたことは，望外の喜びをもたらすと同時に，新たな研究意欲がかき立てられた。地方交付税制度が複雑・難解という指摘は，需要額の個別・包括算定による簡素化につながり，フロンティア費用関数による歳出の非効率性に対する認識は，民間委託等の経費水準を需要額の単位費用の算定に反映させるトップランナー方式の導入につながっている。

　最後になったが，刊行にあたっては有斐閣書籍編集第 2 部の柴田守氏のお世話になった。記して感謝の意を表したい。

　2020 年 1 月　　　　　　　　　著者を代表して　中井英雄

i

はしがき

　本書『新しい地方財政論』は，欲張ったテキストである。コンパクトな入門書にもかかわらず，歴史的な制度解説から自治体経営の手法や公共経済学の理論，行政の不効率性や国際比較の実証分析に至るまで，すべてを網羅しているからである。各章において「すべてを語りつくせないこと」は覚悟の上だが，専門書への道しるべとなることをめざしている。

　本書の企画としての始まりは5年前であるが，その根源はさらに30年前までさかのぼる。米原淳七郎先生は1977年，アルマ・シリーズと同じくコンパクトな有斐閣双書で『地方財政学』を書かれ，制度解説と公共経済学の理論を初めてドッキングされた。これを範として，本書の共著者の齊藤と中井は1991年，林宜嗣教授（関西学院大学）との共著で『地方財政論』（新世社）を書き，実証分析を理論と制度の解説に加えてみた。データが年々，更新されることもあり，ありがたいことに再三，改訂版の依頼はあった。だが，実証分析は推定モデルが命であり，「モデルや推定方法に画期的な改善がないかぎり，改訂の必要はない」ことを怠慢の口実に改訂していない。その意味で，本書は両書の後継書としても位置づけられうる。

　この20年，地方財政は世界的な地方分権改革とともに，理論や制度面でも大きく変化した。本書の直接的なきっかけは，日本地方財政学会の帰り道にある。ある若手研究者が「先生方の『地方財政論』で勉強中ですが，企業秘密でなければ理論やデータ入手の習得方法を教えてください」と。別の若手には「理論と実証は大学院時代のトレーニングで何とかなりますが，制度が苦手で，どうしたらいいですか」と。

また，ある官僚からの電話では，生活保護の議論で「Race to the Bottom（底辺への競争）が出てきたが，これは何？」と。そこで，すぐに本書の共著者・堀場の著書を紹介したが，政策判断のためには理論が不可欠なことを痛感した。その官僚たちは若いうちの留学経験で，諸外国の制度に精通している。彼らとの議論で「イギリスでは何々……」といった発言をよく耳にする。それに対抗するには研究者も諸外国の制度を学ぶ必要があるため，本書では国際比較も加えてみた。

　その結果，本書は制度・経営・理論・実証の4部構成となった。第1部では，難解な「地方財政制度」を平易に解説して，その上で新しく制定された財政健全化法が理解されることをめざしている。この法制度が地方公営企業等との連結決算を対象としているため，第2部では，第三セクターや社会資本まで範囲を拡大し，ニュー・パブリック・マネジメントに基づく「自治体経営」を学ぶことができるようになっている。後半に位置づけられる第3部では「公共経済学の理論」を基礎から学べるように，あえてミクロ経済学の競争市場の解説から始め，伝統的な分権化定理や新しく発展している「分権化の非効率性」に関する議論を解説している。これらの理論を統計データに基づいて「実証分析」することにより，U字型構造など地方財政のすがたをシステム化することで，第4部にて地域づくりや国際比較による「国のかたち」の特徴を理解することができるのである。

　筆者らはおよそ30年，地方財政を研究してきた。学部の講義ノートは，各人の得意分野で構成されており，それを生かすためにも共著で進めた。同時に，本書『新しい地方財政論』がすべてを網羅したものをめざすのであれば，もはや単独では書けなくなった。戸谷が制度解説をとくに分担しているが，制度や経営，理論，実証の各章では，共通の問題意識のもとで，ホップ・ステッ

プ・ジャンプの順に専門性を高めている。嬉しいことに，ジャンプの最先端の箇所については，官僚や地方公務員の方々から制度や経営の現場感覚を学ぶことができ，最近では若手研究者から，理論や実証手法を教えてもらう機会が増えてきた。本書のねらいと出来栄えについての評価は，読者諸氏の判断を待たなければならないが，学部学生や地方公務員の方々に，是非とも本書を手に取っていただきたい。

　最後になったが，『新しい地方財政論』という題名と目次案を出していただいた有斐閣書籍編集第2部の柴田守氏に感謝したい。各人はできるだけ，目次案にそって書こうとしたが，個性の強さと専門性が，テキストのレベルから逸脱した箇所を生んでいる可能性がある。その内容に関する寛容さだけでなく，企画段階から5年と，辛抱強く最大限の努力を惜しまれなかったことに，改めてお礼を申し上げたい。

　　　　2009年12月

　　　　　　　　　　　　　　　　　　　著者一同

著者紹介

中井　英雄（なかい　ひでお）

現　職：大阪経済法科大学学長，同国際学部教授（専攻：財政学，地方財政論）

主　著：『基本財政学』（共著）有斐閣，1985 年（第 4 版，2002 年）

『現代財政負担の数量分析——国・地方を通じた財政負担問題』有斐閣，1988 年（オンデマンド版，2003 年）

『地方財政学——公民連携の限界責任』有斐閣，2007 年

担　当：序章，第 3 章，第 4 章，第 9 章〜第 11 章，終章

齊藤　愼（さいとう　しん）

現　職：大阪学院大学経済学部教授，大阪大学名誉教授（専攻：公共経済学，地方財政論）

主　著：『政府行動の経済分析——国・地方の相互依存関係を中心として』創文社，1989 年

『地方財政論』（共著）新世社，1991 年

『地方分権化への挑戦——「新しい公共」の経済分析』（編）大阪大学出版会，2012 年

担　当：第 5 章，第 6 章

堀場　勇夫（ほりば　いさお）

現　職：青山学院大学名誉教授（専攻：公共経済学，地方財政論）

主　著：『地方分権の経済分析』東洋経済新報社，1999 年

『地方分権の経済理論——第 1 世代から第 2 世代へ』東洋経済新報社，2008 年

『現代財政学』（共著）有斐閣，2009 年

『日本の財政を考える』（共著）有斐閣，2017 年

担　当：第 7 章，第 8 章

戸谷　裕之（とたに　ひろゆき）

現　職：大阪産業大学経済学部教授（専攻：財政学，地方財政論，租税論）

主　著：『日本型企業課税の分析と改革』中央経済社，1994 年

「義務教育と公立高校の財政的自由度」『地方財政』第 45 巻第 6 号，2006 年

『東アジアの社会保障——日本・韓国・台湾の現状と課題』（共編）ナカニシヤ出版，2009 年

担　当：第 1 章，第 2 章

目　次

序　章　　新しい地方財政論　　1
次世代の伝統をめざして

1 地方財政の制度的範囲 ················ 1
　●一般会計から連結決算へ
　一般会計と地方財政計画(1)　　再建促進法から財政健全
　法へ(2)

2 地方財政の課題 ···················· 4
　●自治体経営と組織のガバナンス
　シーリングから NPM へ(4)　　分権化定理とソフトな予算
　制約(5)

3 地方財政システム ·················· 6
　●財政構造の国際比較と非効率性の実証分析
　U 字型構造とフロンティア費用関数(6)　　地方財政の国際
　比較(8)

第1部　制度を学ぶ

第1章　　地方財政の予算と収入　　14
地方財政崩壊の要因

1 地方予算の意義と課題 ·············· 14
　国の予算と地方の予算(14)　　地方財政の特徴(16)　　地方
　財政の鳥瞰図：地方財政計画(16)

2 地方財政収入の構造と実態 ·········· 18
　地方財政収入の概要(18)　　収入の分類(19)　　収入構造の
　特徴(20)

3 地方税の体系 ···················· 22
　地方税の基本的性格と地方税原則(22)　　地方税の類型(24)

4 地方交付税・地方譲与税・国庫支出金の特徴 ·········· 26
　地方交付税(26)　　地方譲与税(30)　　国庫支出金(31)

5 地方債の発行と協議制 ･････････････････････････････････ 35
　　地方債の発行(35)　　許可制から協議制へ(35)

第2章　　地方財政の経費 37

膨張に歯止めをかける

1 地方経費の種類と構造 ･････････････････････････････････ 37
　　普通会計と公営事業会計(37)　　経費の目的別分類(38)
　　経費の性質別分類(41)

2 義務教育・高等学校の標準法と教育費 ･･････････････ 42
　　義務教育国庫負担法：都道府県と市町村の役割(42)　　教育
　　費の負担構造(45)　　児童・生徒数と教員数の反転現象(48)

3 少子高齢社会の保育・医療・介護行政 ･･････････････ 51
　　子ども・子育て関連法と保育行政(51)　　2018 年度からの都
　　道府県国保(56)　　介護保険の限界的財政責任(61)

　　おわりに(65)

第3章　　地方財政の健全化 68

イエロー・カードの導入

1 国の財政政策と地方財政 ･････････････････････････････ 68
　　国の基礎的財政収支(68)　　地方の基礎的財政収支(70)
　　国と地方の基礎的財政収支の推移(71)

2 都市部の交付団体転落による財政危機 ･･････････････ 73
　　経常収支比率と財政力指数(73)　　財政力指数に依存する経
　　常収支比率曲線(75)　　交付団体転落による財政危機(77)

3 財政健全化法と苦悩する農山村財政 ･･････････････････ 79
　　イエロー・カードの導入と 4 つの健全化判断比率(79)　　健
　　全化判断比率と財政健全化の進展(82)

第2部　自治体経営を学ぶ

第4章　地方公営企業と第三セクター等　90

建設・設立から経営の時代へ

1　地方財政の連結決算と公営企業の資金不足比率 ……… 90
地方公営企業の事業者数と決算額の推移(90)　　公営企業
単独の資金不足比率(93)　　地方三公社と第三セクター(95)

2　地方公営企業と一般会計からの繰入金 ………………… 96
末端給水と用水供給の水道事業(96)　　公共下水道と流域
下水道(101)　　経営の時代から更新の時代へ(104)　　自治
体病院の財政危機(105)

3　土地開発公社と第三セクター ……………………………… 109
土地開発公社の塩漬け土地(109)　　会社法法人の第三セク
ターの経営破綻(110)　　第三セクターの社団・財団法人と
公益法人改革(114)

第5章　公共投資と地方財政　118

生活基盤の充実をめざして

1　公共投資の現状 …………………………………………………… 118
社会資本とは(118)　　日米構造協議までの拡大路線(119)
小泉構造改革の縮小路線(120)

2　公共投資の国・地方の役割分担 ……………………… 122
地方が実施の主役(122)　　国主導の「全総」計画(123)
国の直轄事業と地方の補助・単独事業(125)

3　社会資本の整備水準 ……………………………………… 127
道路・公園・空港の整備水準(127)　　先進国に追いついた
下水道整備(128)　　少子高齢時代の社会資本整備(129)

4　公共投資と地域の活性化 ……………………………… 132
公共投資の地域間配分(132)　　社会資本の地域生産力と公
共投資の需要創出効果(134)　　社会資本整備のあり方(136)

第6章　行政改革と地方財政 138

ニーズの多様化を受けて

1　行政の効率化 ·· 138

予算編成の増分主義と一律シーリング(138)　　バブル経済
の崩壊と地方歳入の減少(140)　　ニュー・パブリック・マネ
ジメントを導入した三重県(140)　　市町村合併と NPM(142)

2　行政の外部化・市場化と NPM の理念 ················ 144

NPM の理念と手法(144)　　民間活力の活用手法(145)
新しい行政管理手法と公会計改革(147)

3　新しい運営手法の実践と役割分担の変化 ·········· 149

民間活用の実践事例(149)　　行政評価と公会計の導入(151)
NPM による行政の役割分担の変化(154)

第3部　理論を学ぶ

第7章　政府の役割と地方政府の役割 158

地方政府の役割を理論で考える

1　競争市場の帰結 ·· 158

パレート効率性の概念(158)　　純粋交換経済での効率性条
件(159)　　生産のパレート効率性(164)　　経済全体での効
率性(165)

2　資源配分と政府の役割 ·································· 167

純粋公共財とパレート効率性(167)　　地方公共財とは(173)
地方分権化定理(176)

3　政府の機能配分論 ·· 179

財政の3機能(179)　　資源配分機能(179)　　所得再分配機
能(180)　　経済安定化機能(181)

第8章　地方政府の歳入 185

地方税と補助金を理論で考える

1　租税の外部性 ·· 185

財政的外部性とは(185)　　財政的外部性の類型化(186)

2 租税競争論 ……………………………………………… 187

　　減税による工場誘致政策(187)　　税率引下げ競争(189)

3 補助金とその経済効果 ……………………………… 191

　　一般補助金とその経済効果(191)　　特定補助金とその経済
　　効果(192)

4 地方交付税の役割 …………………………………… 194

　　財政調整機能(194)　　財源保障機能(197)

5 補助金とソフトな予算制約…………………………… 198

　　ハードな予算制約(198)　　ソフトな予算制約(200)

第4部　地方財政システムを学ぶ

第9章　地方財政のすがた　　208

「平成の大合併」と「三位一体の改革」

1 地方財政の組織変化と対象拡大 ………………… 208

　　「平成の大合併」(208)　　完全二層制と権能差(210)　　財
　　政健全化法による対象拡大(212)

2 事務配分と税源配分 ……………………………… 214

　　財政の機能と事務配分(214)　　シャウプ勧告(217)　　国と
　　地方の税源配分(219)

3 国と地方の財政関係 ……………………………… 221

　　国庫支出金と地方交付税(221)　　地方財政計画(223)　　「三
　　位一体の改革」(225)

第10章　地域づくりと地方財政　　229

「豊かさ」の実現

1 東京一極集中と過疎・過密問題 ………………… 229

　　3大都市圏への人口集中と過疎問題(229)　　東京一極集中
　　(231)　　都市再生と中山間地域の過疎化(233)

2 市町村の財政構造と地域おこし ………………… 235

　　市町村の規模別財政状況(235)　　市町村の交付税構造(237)
　　フロンティア費用関数による非効率性検証と過疎対策(240)

3 都道府県の財政構造と社会保障シフト …………… 244

2003 年度以降の社会保障シフト(244)　　需要額の義務的経費が 9 割に上昇(246)　　社会資本と社会保障の 1 人当たり費用格差(248)　　財政調整効果の低下と臨時費目による下支え(249)　　臨時費目による地方圏の下支え(251)

第 11 章 国のかたち

255

世界のなかの日本

1 地方財政システムの類型化 ………………………… 256

補完性の原理と私的プロバイダー(256)　　各国の地方政府組織の多様性(258)　　国家制度と中間政府の役割(262)

2 各国の地方財政構造と限界的財政責任 …………… 263

基礎自治体の事務配分と税源配分(263)　　市町村財政調整の類似性(265)　　税率操作権の行使による公民のプロバイダーの選択(268)

3 連邦国家と道州制 ……………………………………… 269

単一国家と連邦国家の事務配分(269)　　水平と垂直の州間財政調整(271)　　コンパクトな道州の地域連携(275)

終 章 人口減少社会における地方財政

279

行政対応の非対称性問題

1 大都市圏と地方圏の人口減少社会の違い ………… 279

先進国共通の少子化問題(279)　　定住化社会の日本固有の過疎問題(281)　　地方圏の過疎化と大都市圏の高齢化(282)

2 人口増減に対する行政対応の非対称性問題 ……… 285
　●教育行政を事例として

教育行政の非対称性の実証(285)　　増減対応の加配による非対称性(286)　　人口減少期の小規模校化による非対称性(287)

3 計画行政の再評価 …………………………………… 288

少子・高齢化による財政的影響の試算(288)　　大都市圏の

75 歳以上・社会保障関係費の急増(289)　　計画行政の再評価(290)

文献案内：より進んだ学習のために ——————— 295

索　引 ——————————————— 301

Column 一覧

① 財政学と地方財政論はどこが違うのか　…………… 9
② 地方財政計画と地方交付税　………………………… 28
③ 地方譲与税の新たな役割………………………………… 31
④ 財政支出の下方硬直性　……………………………… 34
⑤ 義務教育標準法と高等学校標準法　………………… 46
⑥ M字カーブの解消による保育ニーズの拡大　……… 53
⑦ 拡大する財源保障目的の臨時財政対策債　………… 74
⑧ 地方公営企業………………………………………………… 111
⑨ 自然災害と財政の役割　……………………………… 133
⑩ 国債発行と景気対策の乗数効果　…………………… 135
⑪ 民間活力活用の成果を検証　………………………… 152
⑫ 経済のあるべき姿と実際の状況　…………………… 159
⑬ 良い競争と悪い競争　………………………………… 190
⑭ 「実用」段階にきた行動経済学の処方箋　………… 203
⑮ 「平成の大合併」の府県別温度差　………………… 210
⑯ 「木と森の関係」：回帰分析による検証……………… 239
⑰ 新州（旧東ドイツ）の郡や町村の合併　…………… 260
⑱ 一極集中のないロンドンとベルリン　……………… 264

新しい地方財政論

次世代の伝統をめざして

> ● イントロダクション…▶
>
> 　「新しい地方財政論」は，「伝統的」な地方財政論の土台の上に
> 成り立つものである。そして新たな制度や理論が土台になじんだ
> ときには，次世代の「伝統的」な地方財政論に発展することにな
> る。このような地方財政論の発展について，制度上の「範囲」，
> 自治体経営や組織のガバナンスといった公共経済学の「課題」，
> そしてデータで実証された地方財政の「システム」という3つの
> 観点から，具体的に考えてみよう。

1 地方財政の制度的範囲

● 一般会計から連結決算へ

一般会計と地方財政計画

　地方財政制度の範囲は，国や時代によって変わりうる。しかし財政である限りは，歳入と歳出で構成されることになる。各自治体の「決算カード」（総務省 HP 参照）を見てみればわかるように，地方財政の中心は，地方税や地方債，国からの地方交付税や国庫支出金を主な歳入源とする「一般会計」である。歳出面では，警察や消防，義務教育や福祉サービス，公共事業による社会資本を提供することである。このため，伝統的な地方財政論は，第1章や第2章で示されるように，一般会計を中心とした税財政制度の解説が柱であり，日本では「地方財政計画」の意義を解説

するところから始められることになる。

地方財政計画は，都道府県と市町村といった地方自治体（法律上は「地方公共団体」，国民経済計算（SNA）や理論上は「地方政府」と呼び，一般には地方団体や自治体と簡略化される）の一般会計を中心とした「あるべき歳入・歳出の総額」の見込みであり，これが地方交付税による財源保障や地方団体の財政運営の指針となる。ただし，法律に基づく制度であるため，地方税や地方交付税，国庫支出金，地方債そして経費論についての解説は，一般読者にとっては複雑かつ難解である。

そこで，制度の仕組みや意義をわかりやすく解説した地方財政論が1970年代前半までに多く現れ，一般読者の理解が進んだのである。そして，その制度解説の最後には，1955（昭和30）年12月に成立した**地方財政再建促進特別措置法**（以下，再建促進法）が置かれていた。前年度に46都道府県の8割に当たる36団体，4745市町村の3割1522団体が実質収支比率の赤字に転落しており，再建の道を探っていたのである（矢野［2007］238-239頁）。

再建促進法から財政健全化法へ

それから半世紀後の2007年6月，上記の再建促進法に代わる**地方公共団体財政健全化法**が成立した。第3章で示されるように，この財政健全化法では，従来の一般会計等による「①実質赤字比率」だけでなく，地方公営企業等まで対象を広げた「②連結実質赤字比率」，それらに一部事務組合や広域連合を加えた借金返済の「③実質公債費比率」，さらに地方公社・第三セクター等を加えた借金返済の「④将来負担比率」も，健全化の判断基準になった。このため，新しい地方財政論の制度上の範囲は，当初の一般会計だけでなく，**表序-1**のように連結決算において特別会計や地方公営企業，第三セクター等にまで拡大されたのである。

表 序-1 新しい地方財政論

[本書の構成]	伝統的地方財政論	新しい地方財政論
制度 [第1部]	地方財政再建促進特別措置法 （一般会計，実質収支比率）	地方公共団体財政健全化法 （連結決算，第三セクター等）
経営 [第2部]	シーリングの行革 （ラスパイレス指数，現金主義会計）	NPMと公会計改革 （行政評価，発生主義会計）
理論 [第3部]	分権化定理 （パレート最適，クラブ財）	組織のガバナンス （租税競争，ソフトな予算制約）↓
実証 [第4部]	地方財政システム ——— （地方政府組織，事務・税源配分，財政調整）	→国際比較と非効率性の実証 （社会・国家制度とフロンティア費用関数）

（出所）　筆者作成。

　国と地方の政府間財政関係は，1950年（49年に第1次の勧告）のシャウプ勧告を出発点としていて，高度経済成長に別れを告げた75年度に転回点を迎えた（今井［1993］）。実際，地方財政は，1970年代後半や91年のバブル崩壊後，そして2008年9月のリーマン・ショックと，不況のたびに財政危機に直面している（矢野［2007］264-290頁）。

　さらに情勢の変化に伴い，1995年の地方分権推進法により発足した「地方分権推進委員会」は，第1次分権改革として99年に地方分権一括法（2000年施行）を成立させ，第9章第2節などで述べられるように，国の関与が大きな機関委任事務を廃止して，地方の仕事を自主的に実施する自治事務と国の仕事を代行する法定受託事務に区分した。2001年に発足した「地方分権改革推進会議」は，小泉政権下の第2次分権改革として，「三位一体の改革」（2004～06年度）を実施し，07年の「地方分権改革推進委員

会」に引き継がれた（小西 [2007]）。

2 地方財政の課題

● 自治体経営と組織のガバナンス

シーリングから NPM へ こうした制度改革は，1990 年代に欧米で広がりを見せたニュー・パブリック・マネジメント（NPM）を背景としている。第 6 章で解説されるように，NPM は，**行政評価**と**発生主義会計**によって自治体の「経営」という新たな視点から地方行財政改革をめざすものである。

従来の自治体行革，とくに 1980 年代までは，国家公務員を基準としたラスパイレス指数で地方公務員の給与水準を見直したり，各予算枠の上限を一律に定める**シーリング**や，公共工事のコスト削減などにとどまっていた。だが，近年では「安い税金で最もよいサービス」（VFM: value for money）をめざす行政評価によって事務事業の見直しが行われている（本間・齊藤 [2001]）。

また，上述した「決算カード」は現金主義の会計であるが，地方公営企業の水道事業は，第 4 章で述べられるように，従来から減価償却費を給水原価に入れた発生主義の会計であり，下水道事業も，徐々に発生主義の会計に移行しつつある。

日本の社会資本整備は，永らく，欧米に比べて遅れているとされてきたが，今や「建設」の時代から「経営」の時代となっており，耐用年数を過ぎた公共施設の更新が課題となっている。そのため，いずれの地方団体も，2009 年度までに「公会計改革」として，一般会計等についても発生主義に基づく貸借対照表などの財務 4 表を整備することが求められたのである。

4

地方財政の今ひとつの課題は，金銭的な収支を合わせることが目的ではなく，国家財政とともに，予算制約のなかで，住民の受益と負担を一致させ，経済学で効率性の基準とされているパレート最適をめざすことである。このような「理論」を重視するのは，前節の地方税財政制度を中心としてとらえる制度論的アプローチに対して，公共経済学的アプローチとされ，オーツ[1997]（原著[1972]）や米原[1977]を出発点としている（詳しくは第3部参照）。

W. E. オーツの「分権化定理」は，「中央政府が公共サービスを画一的に提供するよりも，地方政府が地域住民の選好に従って提供する方がパレート最適に接近しやすい」というもので，地方分権化の根拠の1つである。また，メンバー（住民）が共有するというクラブ財の理論を，便益が特定の空間に限定される地方公共財に適用することによって，規模の経済や混雑現象が生じると，地方政府を最適な人口規模に導くことができる。さらに，NPMで行政評価を行うときに用いる費用便益分析も，これら伝統的な公共経済学的アプローチである。

これに対して，新しい公共経済学的アプローチは，ミクロ経済学のゲーム論や契約理論の進展とともに，地方政府の行動や「組織のガバナンス」という政府部門の分析に移行しつつある。ゲーム論から政府行動を見ると，自治体が企業誘致のために資本税の税率引下げという租税競争をしたり，低所得者による福祉移住に対して低所得者が増えないように福祉予算の給付引下げ競争をすれば，これらの財政的競争は，パレート最適の水準と比べて公共財・公共サービスの水準が過小供給になりやすい（堀場[1999]）。

他方，契約理論から見ると，自治体が補助金を受ける大規模プロジェクトのコストについて，国よりも情報優位であるとき，低

いコストのふりをする戦略的行動をとりやすい。なぜなら，事後的に高いコストであることがわかっても，国にとっては救済的な補助金を追加してプロジェクトを完成させた方が，未完成よりも望ましいからである。すなわち，事前に「救済しない」と契約を結んでも，事後的に救済的な補助金の再契約をせざるをえないので，救済しないという契約は約束どおり実施できない。このことをコミットできないという。また，当初予算が結局守られず追加的に増額せざるをえないような状況を「ソフトな予算制約」といい，予算が過大供給になりやすいというのである（赤井［2006］）。

なお，地方分権の経済理論をより厳密に区分すれば，上記のゲーム論の財政的競争までを「第1世代」，契約理論に基づくソフトな予算制約などを「組織のガバナンス」問題として「第2世代」の理論とする考え方もある。また，地方分権の定義も，伝統的な分権化定理に基づく「政策の差別化」に対し，公共選択という政治過程を踏まえた新しい「権限の分権化」の2つの意味があり，これらの理論の急速な発展が最近，注目されている（堀場［2008］）。

3 地方財政システム
● 財政構造の国際比較と非効率性の実証分析

U字型構造とフロンティア費用関数

地方財政システムは，制度と理論がリンクしている財政構造をデータで「実証」することによって明らかになる。地方財政の構造は，各自治体を一本の「木」とすれば，全自治体は「森」となり，それは「木と森の関係」にたとえられる。クラブ財の理論に基づく「森の構造」は，表序-1のように，地方政府組織や事務配分，税源配分の制度的要因だけでなく，人口移動や

企業立地などの経済的要因によっても変化する（第9章参照）。地方政府組織は，「平成の大合併」によって，3300あまりの市町村が2018年4月時点で1718団体になり，「三位一体の改革」で税源が移譲されると，当然，税収の構造が変化する。また第10章で述べられるように，大都市圏への人口移動が引き起こした過疎・過密問題は，都市部と地方部の両方で新たな行政ニーズにつながり，企業立地や景気動向によって税源の偏在化という問題を生むのである。

地方財政システムとその変化は，地方交付税の構造に集約される。**地方交付税**は，歳出に対応する基準財政需要額と，地方税の75％分である基準財政収入額との差額が各自治体に交付される。市町村の人口1人当たり基準財政需要額と基準財政収入額がそれぞれ人口規模に関して「**U字型**」と「**右上がり**」の直線で表されることは，回帰分析をして確かめることができる（中井［1988］）。

なお，このような実証分析は，1970年代以降のコンピュータや計量経済学の分析ツールの発展で容易になった。そして最近では，学部の学生でも，総務省のホームページ（HP）でデータを入手でき，エクセルなどの分析ツール（回帰分析）を用いれば，簡単に「森」の構造（地方財政システム）が解明できる。この回帰分析の手法は，教育や福祉などの各行政項目や，住民税や事業税，固定資産税などの税目に応用されることにより，公共経済学的アプローチによる新たな次元の伝統的な地方財政論が形成されたのである（齊藤・林・中井［1991］）。

また，前節で取り上げた新しい公共経済学的アプローチは，現在，「ソフトな予算制約」の理論をデータで実証する段階に入っている。その理論が正しいならば，地方政府行動は，費用最小化の行動から乖離することになる。たとえば，無駄遣いという非効率性が，地方交付税によって引き起こされるかどうかについては，

回帰分析に代わる新たな統計手法の費用最小化を示す「フロンティア費用関数」などを用いて，人口規模別の最低値と実際の経費との差を非効率とする実証分析が試みられている（赤井・佐藤・山下 [2003] 第 5 章）。

地方財政の国際比較　　この間，制度論的アプローチにおいては，イギリスやドイツなど各国の地方財政システムが研究され，それが国によってまったく異なるという「多様性」が明らかにされた（高橋 [1978]，伊東 [1995]）。

　たとえば，イギリスの地方政府組織は，合併が進んで基礎自治体だけの「一層制」に近づいているが，ドイツでは今でも 1 万 3000 の市町村があり，これらの小規模自治体を補完する「郡」とあわせると「多層制」になる。また，制度論的アプローチは，単一国家と連邦国家の「**国家制度**」の違いにも着目し，新しい地方財政論として地方財政システムの国際比較を可能にしたのである（持田 [2004] [2006]）。

　その研究成果を踏まえ，公共経済学的アプローチにおいては，各国のホームページで入手したデータを用いて，各国の財政調整制度が実証されている。たとえば，基礎自治体は，コミュニティやボランタリー部門の「**社会制度**」に依存しており，地方政府組織や事務配分，税源配分に違いがあるが，その財政調整制度は，日本の地方交付税と同様に，需要額と収入額の差額が交付される点で，各国とも財政構造が共通している。ところが，連邦国家の州間財政調整は，カナダのような連邦から州への垂直的な調整から，ドイツのような州間の水平的な調整まで，多様であることが明らかにされた（中井 [2007]）。第 11 章で示されるように，道州制を論じるには，これらの国際比較が参考になるであろう。

　このように，新しい公共経済学的アプローチには，表序-1 のように，制度論的アプローチを踏まえた実証分析による国際比較

　財政の役割は，公共財を提供する機能である資源配分，社会保障にかかわる所得再分配，失業とインフレ対策の経済安定化，の3つの機能を果たすことにある。

　理論面から見ると，財政学を国家財政に限定すれば，3つの機能を国と地方のどちらが分担するかによって，地方財政論との範囲の違いが明らかになる。資源配分では，純粋公共財のパレート最適（効率）条件までは財政学，分権化定理からは地方財政論で説明される（第7章参照）。経済安定化は財政学のテーマであるが，マクロ経済学の中心テーマでもある。

　とくに所得再分配の年金は財政学のテーマであるが，医療や生活保護は，住民が地域間で移動しにくい社会であると低所得者が高福祉の地域へ移動する福祉移住が発生しないので，地方財政論でも解説される。たとえば，日本の国民皆保険は市町村国保や2018年度からの都道府県国保によって維持され，連邦国家のカナダでも各州が医療や保健を担っている。

　制度面から見ると，財政学では①歳出，②国税，③国債の順に説明され，地方財政は国の一般会計歳出予算を社会保障や国債費，その他などに4分割したときの1分野となる。他方，地方財政論では，①歳出，②地方税，③地方交付税の順となり，財政学の国債に対して，財政調整制度にかかわる地方交付税がクライマックスとなる。

と，ソフトな予算制約のような非効率性を生み出す理論の実証分析という2つのアプローチが存在しており，「次世代」という新しい段階に入ってきている。

　最後に，2010年国勢調査（国調）からの総人口の減少社会（少子化）は，国際比較でみれば，先進国共通の課題である。しかし，地方圏の過疎化（depopulation）は，定住化社会・日本の固有の課題であった。その過疎化は，人口減少社会にあって大都市圏にも迫りつつある。この問題の解説は，本書のようなテキストの範

囲を越えるが，新版化にあたり，関連する研究書を整理し，展望を試みる「終章」を追加した。

···▶参考文献

赤井伸郎［2006］『行政組織とガバナンスの経済学——官民分担と統治システムを考える』有斐閣。

赤井伸郎・佐藤主光・山下耕治［2003］『地方交付税の経済学——理論・実証に基づく改革』有斐閣。

伊東弘文［1995］『現代ドイツ地方財政論（増補版）』文眞堂。

今井勝人［1993］『現代日本の政府間財政関係』東京大学出版会。

オーツ，W.E.（米原淳七郎・岸昌三・長峯純一訳）［1997］『地方分権の財政理論』第一法規出版（W.E. Oates［1972］*Fiscal Federalism*, New York: Harcourt Brace Jovanovich）。

小西砂千夫［2007］『地方財政改革の政治経済学——相互扶助の精神を生かした制度設計』有斐閣。

齊藤愼［1989］『政府行動の経済分析』創文社。

齊藤愼・林宜嗣・中井英雄［1991］『地方財政論』新世社。

佐藤主光［2009］『地方財政論入門』新世社。

高橋誠［1978］『現代イギリス地方行財政論』有斐閣。

土居丈朗［2007］『地方債改革の経済学』日本経済新聞社。

中井英雄［1988］『現代財政負担の数量分析——国・地方を通じた財政負担問題』有斐閣（オンデマンド版，2003年）。

中井英雄［2007］『地方財政学——公民連携の限界責任』有斐閣。

林宜嗣［1987］『現代財政の再分配構造——税・支出・補助金の数量分析』有斐閣。

堀場勇夫［1999］『地方分権の経済分析』東洋経済新報社。

堀場勇夫［2008］『地方分権の経済理論——第1世代から第2世代へ』東洋経済新報社。

本間正明・齊藤愼編［2001］『地方財政改革——ニュー・パブリック・マネジメント手法の適用』有斐閣。

松本睦［2014］『租税競争の経済学——資本税競争と公共要素の理論』有斐閣。

持田信樹［2004］『地方分権の財政学——原点からの再構築』東京大学出版会。

持田信樹編［2006］『地方分権と財政調整制度——改革の国際的潮流』東

　京大学出版会。

持田信樹・林正義編［2018］『地方債の経済分析』有斐閣。

諸富徹・門野圭司［2007］『地方財政システム論』有斐閣。

矢野浩一郎［2007］『地方税財政制度（第 8 次改訂版)』学陽書房。

米原淳七郎［1977］『地方財政学』有斐閣。

第1部

制度を学ぶ

むろと廃校水族館にある旧小学校の屋外 25 メート
ル・プールを再利用した水槽で泳ぐウミガメや魚たち
（高知県室戸市，2018 年）（時事提供）

第1章

地方財政の予算と収入

地方財政崩壊の要因

> **● イントロダクション…▶**
>
> 　地方財政とは地方自治体の経済活動である。地方自治体がどのような収入を得て，何に支出しているか，という地方財政の具体的な姿は，地方予算によって表される。地方財政はまた国の財政とも密接に関連している。地方財政崩壊の要因は，地方予算の枠組みを理解することによって浮かび上がってくる。
>
> 　本章では，地方財政の予算と収入に関して，その構造と実態を見ていこう。

1 地方予算の意義と課題

国の予算と地方の予算

　わが国におけるさまざまな行政サービスは，中央政府である国と地方政府である**地方自治体**（都道府県および市町村）の連携によって国民に提供されている。とりわけ地方自治体は，警察，消防，道路，上・下水道，学校教育，福祉，衛生といった国民生活に身近な行政分野の担い手である。

　地方財政とは，地方自治体のこのような行政活動を経済的側面から総体としてとらえたものということができる。地方財政は，経済成長や社会の高度化といった時代の進展とともに，ますますその重要性を増してきている。

地方自治法は，住民に身近な行政はできる限り地方自治体に委ねることが基本であり，行政の政策策定および実施にあたっては，地方自治体の自主性および自立性が十分に発揮されるようにしなければならないと定めている。

　具体的に見ると，国の役割として以下のものが挙げられよう。

　①外交，防衛，通貨，司法等の「国際社会における国家としての存立にかかわる仕事」，

　②公正取引の確保，生活保護基準，労働基準等の「全国的に統一して定めることが望ましい国民の諸活動若しくは地方自治に関する基本的な準則に関する事務」，

　③公的年金，宇宙開発，基幹的な交通基盤等の「全国的な規模で若しくは全国的な視点に立つて行わなければならない施策及び事業の実施」，

　④「その他の国が本来果たすべき役割」（地方自治法第1条の2）。

　都道府県と市町村の役割分担について，地方自治法は，都道府県は市町村を包括する広域の地方公共団体（地方自治体）と位置づけ，

　①大規模な総合開発計画の策定，主要な統計調査，治山治水事業，電源開発，公衆衛生の水準維持，広範囲な環境保全整備等「広域にわたるもの」，

　②国・都道府県・市町村間の連絡調整，市町村相互間の連絡・連携・調整といった「市町村に関する連絡調整」，

　③大きな財政力，高度な技術力，専門的な能力が必要であるため「その規模又は性質において一般の市町村が処理することが適当でないと認められるもの」

をその仕事と規定している（同法第2条）。

　そして，その他の住民に身近な仕事，たとえば消防，ゴミ処理，水道，下水道，義務教育，生活保護などは，**基礎自治体**である市

町村が担うこととされている。

地方財政の特徴 以上のように，地方財政は国の財政と対比されるが，さまざまな特徴を持っている。まず，地方税や地方交付税など歳入に関する制度の大部分が国の法令によって定められており，また歳出についても種々の法令によって義務付けられている。すなわち「**制度面における他律性**」がその特徴として挙げられる。

また，歳入に占める自主財源とりわけ地方税の占める割合が低く「**歳入の依存性**」がある。さらに地方自治体の歳出はその性質上，削減しにくいという「**歳出の非弾力性**」もある。

そして，国家財政は単一の主体であるのに対して，地方財政はさまざまな規模の地方自治体によって運営されているという「**構造上の多様性**」を持っている。地方財政とは，規模・性格・権能の異なる約 1800 のさまざまな地方自治体の活動の集合を意味している。

地方財政の鳥瞰図：地方財政計画 多種多様な地方自治体の財政状況を全体として一元的にとらえるために，国は毎年「**地方財政計画**」を作成している。これは，国の当初予算の編成後，約 1 ヵ月遅れて，地方自治体の歳入歳出総額の見込額として決定されるものである。

歳入については，地方税，地方交付税，国庫支出金，地方債などその種類ごとの総額が計上され，また歳出については，給与関係費，一般行政費，公債費，投資的経費など，性質別の支出総額が計上されている。

ただし，地方財政計画における歳入歳出総額は，地方自治体が現実に収入・支出する金額とは異なり，あるべき歳入歳出の総額であることに留意しなければならない。たとえば地方税収入については，すべて**標準税率**で見込まれ，超過課税分は含まれない。

使用料・手数料などについても標準的なもののみが計上される。

　歳出についても，給与関係費は国家公務員の給与水準によって計算され，国庫補助負担事業について「行政上の超過負担」なども含まれない。すなわち，地方財政計画は，全国で一定水準の行政を行うために必要な財源を総体として保障するものであり，各地方自治体がその固有の事情や財政運営によって生じた支出および収入を反映するものではない。

　地方財政計画の果たす役割の第1は，地方財政全体の規模を把握することである。わが国の地方財政の活動規模は，国家財政のそれを上回っており，国民経済上もきわめて重要な地位を占めている。国の財政については国家予算というかたちで，その規模や内容を明らかにすることが可能であるのに対し，地方財政の場合，多種多様な地方自治体がそれぞれ独自に予算編成を行っている。そこで，地方財政の標準的な活動規模を一括して把握するために，地方財政計画が策定されているのである。

　地方財政計画の役割の第2は，地方財政に必要な財源を総額として確保することである。もしも，地方財政全体の収支に構造的な不足が生じるという見通しが明らかになった場合には，国として何らかの財源措置が必要となる。このような事態への対処は，具体的には地方交付税等を通じて行われるが，地方財政計画はその際に必要不可欠な役割を果たしている。

　地方財政計画の役割の第3は，地方自治体の毎年度の財政運営に対する指針である。各地方自治体は，年度開始に先立って作成される地方財政計画を通じて，国の財政運営の基本方針を把握することができる。たとえば，経済情勢と税収見積もり，地方交付税や地方債の増減見込み，給与改定や公共投資の動向など，各地方自治体の翌年度の予算編成に必要な情報を得ることができる。

2 地方財政収入の構造と実態

　国の一般会計の収入は，およそ租税収入と公債金収入の2種類に単純化できる。これに対して，地方財政の普通会計の収入は，地方自治体自らが徴収する「地方税」のほか，国の定める基準によって交付される「地方交付税」「地方譲与税」，国の裁量によって交付される「国庫支出金」，そして「地方債」などの種類がある。これらは，その性質の違いや制度的な違いによって，地方財政を複雑にしている1つの要因である（主要な地方財政収入の金額と構成比を**表1-1**に示した）。

地方税は，地方自治体がその行政運営に要する一般経費を賄うために，その団体内の住民から徴収する税金であり，地方自治制度の根幹をなすものである。

地方交付税は，経済力の地域間格差によって生ずる地方税不足のために標準的な行政が困難となる地方自治体に対して，一定の基準に基づいて交付される収入である。

地方譲与税は，本来は地方税として与えられる税源を，便宜上の理由から国が代行し，一律の客観的基準によって地方間に配分する仕組みである。

また**国庫支出金**は，特定の行政目的を達成するために，当該行政に要する経費に充てることを条件として，国から交付される収入である。国庫支出金には，国の負担義務に基づく**国庫負担金**，国から委託を受けて行う**国庫委託金**，奨励的・財政援助的な性格を持つ**国庫補助金**がある。

地方債とは，大規模な建設事業，災害復旧事業等の一時に多額

の費用を必要とする場合に，その財源に充てられる地方自治体の借入金である。

　その他，地方自治体の財政収入としては，地方自治体の行う事業によって利益を受ける者に課す**分担金**，都道府県の行う事業によって利益を受ける市町村から納付される**負担金**，高等学校授業料など公の施設の利用に対して徴収される**使用料**，戸籍手数料など特定の者のためにする事務について徴収される**手数料**，財産の売却や運用によって生ずる**財産収入**，他会計からの**繰入金**などがある。

　　収入の分類　　地方自治体の財政収入はその調達方法に基づいて「自主財源」と「依存財源」に区分される。**自主財源**とは，地方自治体が自ら調達する財源であり，地方税，負担金・分担金，使用料・手数料，財産収入，寄付金などである。

　これに対し**依存財源**とは，収入が国に依存しており（市町村の場合は国と都道府県に依存），その内容と金額が国によって決定されるものである。地方交付税，地方譲与税，国庫支出金，地方債などが依存財源と呼ばれている。

　また，地方自治体の収入は，その使途に関して「一般財源」と「特定財源」に分類される。**一般財源**とは，どのような支出にも充てることができる財源であるのに対し，**特定財源**は，一定の決められた用途にしか使えない財源である。厳密な分類は困難な部分もあるが，代表的には地方税，地方交付税，地方譲与税が一般財源とみなされ，国庫支出金，地方債が特定財源とされている。

　さらに，地方自治体の財政収入のうち毎年度経常的に入ってくるものを**経常財源**というが，これに対して臨時性の強い財源を**臨時財源**という。たとえば地方交付税でも，普通交付税は経常財源，特別交付税は臨時財源とされる。また国庫支出金でも，経常的な

表 1-1　地方財政収入の概要

年度	総　　額		地 方 税		地方譲与税		地方交付税	
	金額	構成比	金額	構成比	金額	構成比	金額	構成比
2006	91,528	100	36,506	39.9	3,729	4.1	15,995	17.5
2007	91,181	100	40,267	44.2	715	0.8	15,203	16.7
2008	92,213	100	39,559	42.9	679	0.7	15,406	16.7
2009	98,366	100	35,183	35.8	1,297	1.3	15,820	16.1
2010	97,512	100	34,316	35.2	2,069	2.1	17,194	17.6
2011	100,070	100	34,171	34.1	2,170	2.2	18,752	18.7
2012	99,843	100	34,461	34.5	2,271	2.3	18,290	18.3
2013	101,100	100	35,374	35.0	2,559	2.5	17,595	17.4
2014	102,083	100	36,785	36.0	2,937	2.9	17,431	17.1
2015	101,917	100	39,099	38.4	2,679	2.6	17,391	17.1
2016	101,460	100	39,392	38.8	2,340	2.3	17,239	17.0

（出所）　総務省 HP『平成 28 年度 地方財政統計年報』より筆者作成。

性格を持つ「義務教育職員給与国庫負担金」や「生活保護費国庫負担金」などは経常財源であるが，「施設建設にかかる国庫補助負担金」は臨時財源である。

収入構造の特徴　地方自治体における収入構造上の特徴の1つは，自主財源の占める割合が低く，国への依存財源の比率が高いことである。地方税は自主財源の中心である。だが，地方収入に占める地方税の割合は，都道府県・市町村ともに 3 割程度にすぎないので，「**3 割自治**」といわれてきた。

　とりわけ市町村では，昭和 30 年代，地方税の比率は 45% 程度であったにもかかわらず，昭和 40 年代以降はほぼ 30% 程度を続けている。1980 年代後半以降，地方税の割合は若干回復している。いうまでもなく，本来，地方自治の観点から自主財源の割合

（単位：10 億円，％）

国庫支出金		地　方　債		そ　の　他	
金額	構成比	金額	構成比	金額	構成比
10,416	11.4	9,622	10.5	15,260	16.7
10,222	11.2	9,584	10.5	15,191	16.7
11,583	12.6	9,922	10.8	15,065	16.3
16,733	17.0	12,396	12.6	16,937	17.2
14,201	14.6	12,970	13.3	16,762	17.2
15,928	15.9	11,760	11.8	17,288	17.3
15,426	15.5	12,338	12.4	17,057	17.1
16,412	16.2	12,285	12.2	16,874	16.7
15,427	15.1	11,518	11.3	17,984	17.6
15,187	14.9	10,688	10.5	16,874	16.6
15,594	15.4	10,387	10.2	16,507	16.3

が高い方が望ましい。

　収入構造の第 2 の特徴は，一般財源の少なさである。表 1-1 によれば，2016 年度の一般財源（地方税，地方譲与税，地方交付税の額）は，58 兆 9700 億円と収入総額の 58.1％ である。すなわち地方自治体が使途に拘束されずに用いることのできる財源は 6 割弱にすぎない。一般財源の比率が高いほどその自治体の自主性が高く，収入の変動に対する財政運営の弾力性も高いことになる。

3 地方税の体系

地方税の基本的性格と
地方税原則

地方税は，地方自治体の財政収入のなかで中心的役割を果たしている。もちろん実際の地方行財政の運営においては，地方交付税，国庫支出金，地方債等の占める割合は少なくない。それらは地域間の経済格差の是正やナショナル・ミニマムの確保といった要請によるものである。しかしながら，地方税が地方財政収入の中心に位置づけられるのは，住民のための費用は住民自らが負担するということが地方自治の理念の根幹に位置しているからである。

地方自治法においても「住民は，法律の定めるところにより，その属する普通地方公共団体の役務の提供をひとしく受ける権利を有し，その負担を分任する義務を負う」(同法第10条第2項)と規定されている。

およそ税制をどのような考え方に基づいて構築するかについては，「公平」「中立」「簡素」という租税原則が一般的である。しかし，地方税については，その性格上，特有の租税原則がある。地方税原則としてまず挙げられるのは「**税源の普遍性**」である。地方税は全国各地の地方自治体の税制であるから，できるだけすべての地方自治体に存在するような税源を対象としなければならず，特定の団体に税収が偏るような税目であってはならない。

次に地方税原則に挙げられるのは「**税収の安定性**」である。地方行政は教育や福祉といった住民に密着したものが多く，国の行財政よりは経常性が強い。税収が減ったからといって直ちにサービス水準を引き下げることは困難である。そのため，景気の変動

に左右されない安定性の高い税目が望ましい。

　また地方税原則には「**税収の伸長性**」という安定性とは一見あい反する原則がある。戦後の高度経済成長期，急激な都市化が大都市圏の行政需要の急増を招き，これに対応するために法人住民税や事業税といった伸長性の大きい税が着目された。ただし現代のような成熟した時代においては，「伸長性」よりも「安定性」の重要度が高まってきている。

　地方税原則の第4としては「**応益原則**」が挙げられる。一般に租税の公平には「**応能原則**」（担税能力に応じて税を負担すべきという応能性）と「**応益原則**」（納税者の受ける便益に応じて負担すべきという応益性）の2つがある。地方税はこのうち「応益原則」に重心が置かれている。なぜなら，地方自治体は一定の地域に限って行政サービスを提供するため，その費用を賄う財源は，その地域の住民や企業から調達するべきであると考えられるからである。たとえば市町村税の中心的地位を占める固定資産税や，都道府県税のなかの事業税は，応益性を加味した税であるといえよう。

　ただし，応益原則は全体としての行政費用総額を，行政サービスによる利益を考慮して税を負担するという考え方であり，個別の行政サービスと直接に結びついている使用料・手数料といった**受益者負担**とは一線を画していることに留意が必要である。

　第5の原則として「**負担分任の原則**」がある。これは，行政サービスのコストについては，できるだけその構成員が負担を分任するという考え方である。この原則を表す税として住民税（均等割）がある。また個人住民税（所得割）における課税最低限が所得税よりも低く，納税者の範囲が国税よりも広くなっていることも，この負担分任の原則に則っており，先に述べた応益原則とは意味合いを異にしている。

　地方税原則の最後に「**税収入の自主性**」が挙げられる。地方税

は自主財源の中心であるから，地方自治体はその行政需要に応じて自主的に税収を調整できることが望ましい。超過課税の適用や法定外普通税・法定外目的税の設置を幅広く認めることは，税収入の自主性を重んじ，地方分権時代に不可欠な考え方である。

地方税の類型

地方税の租税体系を**表1-2**に示した（数値は2016年度決算額である）。地方税はまず，徴税主体別に**都道府県税**と**市町村税**に分類されている。また，使途が自由であるか特定されているかで**普通税**と**目的税**に分けられる。主だった税目を挙げれば，都道府県税では，都道府県民税（都道府県税総額の32.5％），事業税（同23.5％），地方消費税（26.0％），自動車税（8.5％）があり，これだけで都道府県税収全体の90.5％を占めている。市町村税では，市町村民税（市町村税総額の45.0％），固定資産税（同41.8％）で，市町村税収全体の86.8％を占めている。

また都道府県民税と市町村民税は，個人均等割，所得割，法人均等割，法人税割に分かれており，さらに都道府県民税には，利子割，配当割，株式等譲渡所得割がある。

地方自治体が課税する税目は，原則的には地方税法で定められた法定税である。しかし，地方自治体がその財政収入を自主的に決定できる余地を設けるという見地から，都道府県，市町村ともに，法定税以外に，普通税または目的税を課すことが認められている。2000年4月，地方分権一括法による地方税法の改正により，**法定外普通税**の許可制が，同意を要する協議制に改められるとともに，新たに**法定外目的税**が創設された。総務大臣は，地方団体から協議の申し出を受けたときは，一定の事由を認める場合を除き，これに同意しなければならないとされている。

法定外普通税の例として，都道府県では青森県の核燃料物質取扱税，茨城県の核燃料等取扱税など，市町村では大阪府泉佐野市

表1-2　地方税の概要（2016 年度）

（単位：10 億円，％）

都道府県税			市 町 村 税		
1　普　通　税	18,104	99.9	1　普　通　税	19,627	92.2
（1）法定普通税	18,064	99.7	（1）法定普通税	19,625	92.2
ア　道府県民税	5,891	32.5	ア　市町村民税	9,574	45.0
㋐個人分	5,093	28.1	㋐個人均等割	217	1.0
㋑法人分	753	4.2	㋑所得割	7,148	33.6
㋒利子割	44	0.2	㋒法人均等割	433	2.0
イ　事業税	4,261	23.5	㋓法人税割	1,775	8.3
㋐個人分	198	1.1	イ　固定資産税	8,893	41.8
㋑法人分	4,063	22.4	㋐土地	3,393	15.9
ウ　地方消費税	4,702	26.0	㋑家屋	3,787	17.8
エ　不動産取得税	397	2.2	㋒償却資産	1,623	7.6
オ　道府県たばこ税	149	0.8	㋓交付金	90	0.4
カ　ゴルフ場利用税	46	0.3	ウ　軽自動車税	238	1.1
キ　自動車税	1,535	8.5	エ　市町村たばこ税	911	4.3
ク　その他	1,083	6.0	オ　その他の普通税	9	0.0
（2）法定外普通税	40	0.2	（2）法定外普通税	2	0.0
2　目　的　税	10	0.1	2　目　的　税	1,651	7.8
（1）法定目的税	1	0.0	（1）法定目的税	1,650	7.8
（2）法定外目的税	9	0.0	（2）法定外目的税	1	0.0
3　旧法による税		0.0	3　旧法による税		0.0
合　　　計	18,114	100	合　　　計	21,278	100

（出所）　総務省 HP『平成 28 年度 地方財政統計年報』より筆者作成。

の空港連絡橋利用税，静岡県熱海市の別荘等所有税などがある。法定外目的税としては，都道府県では東京都および大阪府の宿泊税，三重県等の産業廃棄物税など，市町村では山梨県富士河口湖町の遊漁税，福岡県北九州市の環境未来税などがある。なお，すべての法定外普通税および法定外目的税の地方税収全体に占める

割合は 0.1％ とわずかである。

　地方税の税率は，地方自治体が条例によって独自に決めることができることになっている。しかし実際上は，国全体の見地から地方税法において一定の規制が加えられている。地方自治体が税率を定めるにあたり通常よるべき税率として**標準税率**があり，これは地方交付税を算定する際の基準財政収入額の基礎に用いられる税率である。

　地方自治体が条例に基づき，このような標準税率を超えて課税することを**超過課税**という。ただし超過課税にも制限が加えられている場合があり，これが**制限税率**と呼ばれている。たとえば，2004 年 4 月より法人事業税は，制限税率が 1.1 倍から 1.2 倍に引き上げられ，固定資産税においては，制限税率が撤廃されている。

4 地方交付税・地方譲与税・国庫支出金の特徴

地方交付税

　地方自治体における歳入項目の 1 つである地方交付税は，わが国における地方財政調整制度の中心的手段である。地方自治制度を円滑に機能させていく上での最大の問題は，地方自治体間の経済力および財政力の格差である。

　すなわち，経済力は都市部で高く地方部で低いため，地方税収は都市部ほど多くなる傾向がある。一方，行政サービスについては，地域間における格差を縮小させることが求められる。とりわけ社会経済の発展とともに，行政サービス水準の均質化を求める声は高まってきている。

　このように，財源の不均衡と行政サービスの水準確保という相反する問題を調整するための手段が地方交付税である。すべての

地方自治体が一定水準の行政を維持できるように，財源を確保する役割を地方交付税が担っているといえよう。

地方交付税の財源は，2015年度以降，国税のうち所得税・法人税の33.1％，酒税の50％，消費税の22.3％（20年度20.8％），地方法人税の全額とされている。そしてその総額は「普通交付税」94％，「特別交付税」6％に分けられる。普通交付税は，以下に示すように地方自治体の通常の財源保障機能を果たすのに対し，特別交付税は自然災害等の突発的な財政需要に対処するために充てられる。

各地方自治体が受け取る**普通交付税**は，その「基準財政需要額」が「基準財政収入額」を超える額として算定される。この差額はまた，**財源不足額**とも呼ばれている。**基準財政需要額**とは，各地方自治体が標準的な水準の行政サービスを提供するために必要な金額である。普通交付税は，各地方自治体の財源不足額を補填するための制度であるから，地方自治体の個別の政策や独自の判断によって支出される経費まで，基準財政需要額に組み入れることにはならない。

また基準財政需要額は，その地方自治体の標準的な財政需要の総額を意味するのではなく「一般財源をもって賄う必要のある額」であることに留意しなければならない。地方自治体の財源には，国庫支出金，地方債，使用料・手数料など，さまざまな特定財源があるが，基準財政需要額はこれらの特定財源をもって充てられるべき部分を除いた金額である。すなわち，地方自治体の標準的な財政需要のうち，普通税収入をもって賄われる額を意味している。

基準財政需要額の具体的な算出方法は，以下のとおりとなる。まず，行政内容を都道府県・市町村別にいくつかの項目に区分する。都道府県分については，警察費，道路橋 梁 費，河川費，小

Column ② 　地方財政計画と地方交付税 ～～～～～～～～～～～～～～～～～～

　第9章の図9-2「地方財政計画と地方交付税の関係」（224頁）で
は，地方税と地方交付税を財源とする経費を税等一般財源充当経費
と呼んでいる。ところで税等一般財源充当経費の事業について，ど

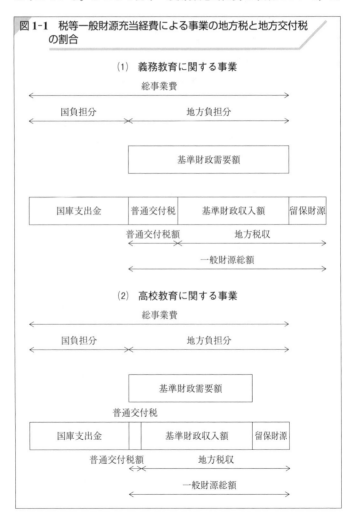

図**1-1**　税等一般財源充当経費による事業の地方税と地方交付税
　　　の割合

（1）　義務教育に関する事業

（2）　高校教育に関する事業

のような割合で地方税と地方交付税によって賄われるのであろうか。

　図 1-1 の(1)と(2)は，地方団体が実施する 2 つの事業を考えている。たとえば，図(1)は義務教育に関する事業，(2)は高校教育に関する事業を考えている。このとき総事業費も地方負担額も同じ額の事業であるが，地方財政計画で地方負担分の基準財政需要額に算入される割合が異なっている。つまり図(1)の事業では地方負担分の全額が基準財政需要額に算入され，(2)の事業では，ちょうど地方負担分から留保財源を除いた額が基準財政需要額に算入されている。また基準財政収入額への地方税の算入率は 75% とする。

　このとき地方負担分について，図(1)では地方税収の 75% と普通交付税によって賄われ，留保財源はこの事業に用いられないので，地方団体は他の事業にこの財源を用いることができる。他方，図(2)では留保財源もこの事業の財源として用いなければならず，その分普通交付税の額は小さくなる。つまり図(1)の事業は地方税を，図(2)の事業では地方交付税を主な財源として考えているのである。

　このように総事業費のうち，国・地方負担の割合とともに，地方負担分のうちどの程度が基準財政需要額に算入されるかによって，地方団体の財政運営に重要な影響が及ぼされるのである。

＊　地方財政計画と地方交付税についての詳細は，黒田［2018］参照。

学校費，中学校費，高等学校費，社会福祉費，商工行政費，農業行政費など 39 項目にわたって区分される。同様に市町村分については，消防費，道路橋梁費，都市計画費，小学校費，中学校費，社会福祉費，農業行政費など 40 項目にわたって区分される。

　このように区分された項目ごとに**測定単位**を設け，その測定単位当たりの**単位費用**を乗じ，さらに地方団体の自然的・社会的・制度的な条件の差を考慮するための**補正係数**を掛け合わせて基準財政需要額が算定されている。すなわち，

　　　　基準財政需要額 ＝ 測定単位×単位費用×補正係数

となる。たとえば警察費については「測定単位」はその府県の警

察職員数，「単位費用」は 836 万 6000 円（2017 年度）であり，消防費については「測定単位」はその市町村の人口，「単位費用」は 1 万 1300 円（2017 年度）となる。このように個別項目ごとに需要額を求め，それらを合計したものが，当該地方自治体の基準財政需要額となる。

　以上のようにして求めた基準財政需要額から基準財政収入額を差し引くことによって，普通交付税が算出されることになる。ここで，**基準財政収入額**は以下の算式で計算される。

　　　　基準財政収入額 ＝ 標準的な地方税収の額×75％
　　　　　　　　　　　　　＋地方譲与税等の見込額

「標準的な地方税収の額」とは，地方税法に基づき標準的な税目・税率で課税され年度内に見込まれる税収入額である。したがって，その地方自治体が法定外税や超過課税を行った場合に，それにかかわる税収入は基準財政収入額には算入されない。75％を乗じているのは，全額算入とすれば税収が減少しても地方交付税で補塡されることになり，地方自治体の税収確保の意欲が損なわれるためである。また，基準財政需要額では捕捉できない財政需要に対応する余地を残しておくためでもある。

　ただし，地方譲与税については全額が算入されている。これは，地方譲与税のなかには財源の使途が限定された特定財源（目的財源もいう）もあるが，使途の範囲が包括的で一般財源的性格が強く，地方自治体間の財源均衡化に際して除外すべきでないと考えられているからである。

地方譲与税　　　地方譲与税は，本来，地方の税源とされているものについて，いったん国が徴収し，人口や道路面積等の客観的基準に基づいて地方自治体に配分する制度である。地方交付税が，標準的行政水準を維持するための財源保障という役割を持っているのに対し，地方譲与税は一律

Column ③　地方譲与税の新たな役割 〰〰〰〰〰〰〰〰〰〰〰〰〰〰〰〰〰

　　地方譲与税は，地方の税源とされているものについて，いったん国が徴収し，客観的な基準によって地方に配分する制度である。また，地方譲与税については，これまで財源調整制度として，役割は弱いものとされていた。しかし，近年，地方譲与税に新たな役割が担わされている。たとえば，平成31年度地方税制改正では，地方法人課税における新たな偏在是正措置として，地域間の財政力格差の拡大，経済社会構造の変化を踏まえ，特別法人事業税および特別法人事業譲与税が創設された。これは，法人事業税（所得割・収入割）の一部を分離して国税の特別法人事業税とし，その税収を特別法人事業譲与税によって，「人口」を基準として都道府県に譲与することで，地方法人課税の偏在是正を行う新たな制度である。このように，地方譲与税に逆交付税のような役割を担わせるかについては，今後十分な議論が必要と思われる。

〰〰〰〰〰〰〰〰〰〰〰〰〰〰〰〰〰〰〰〰〰〰〰〰〰〰〰〰〰〰〰〰〰〰〰〰

に客観的に配分される。すなわち，地方交付税は強い財源調整機能を持ち，地方譲与税は弱い財源調整機能を持つといえよう。

　具体的には，「地方揮発油（道路）譲与税」「石油ガス譲与税」「自動車重量譲与税」「航空機燃料譲与税」「特別とん譲与税」「地方法人特別譲与税」などがある。たとえば，地方揮発油譲与税は，2009年度から道路特定財源の一般財源化により，地方道路譲与税の名称が改められたものである。この譲与税は，国が地方揮発油税として徴収し，その58％が都道府県，42％が市町村の財源とされる。そうして各都道府県および市町村へは，2分の1を道路の長さ，2分の1を道路面積で按分されている。

| 国庫支出金 |

　　　　　　　　　　国庫支出金（国庫補助負担金）とは，特定の使途に充てるため一定の条件を付けて国から地方自治体に対して支出される補助金である。それはまた，目的および性格によって「国庫負担金」「国庫委託金」「国庫

補助金」の3つに分類される。

　国庫負担金は，国と地方自治体が共同責任を持つべき行政サービスについて，国が費用の全部または一部を負担するという根拠に基づき支出される補助金である。国と地方の負担割合等は法令により明確に規定されている。また，対象となる費用のうち地方自治体の負担分については，原則として地方交付税の基準財政需要額に算入されている。

　国庫負担金はさらに，①経常的国庫負担金，②建設事業費国庫負担金，③災害復旧事業費等国庫負担金に区分されている。経常的国庫負担金とは，義務教育や生活保護といった全国的に一定水準を確保することに国が責任を持つべき事業について国が負担するものである。建設事業費国庫負担金とは，国によって総合的に策定された計画に従って実施される建設事業にかかる国庫負担金であり，具体的には，道路・河川・砂防・海岸・港湾等にかかる補助金を指している。また義務教育の建物建築費への補助金もこれに属している。災害復旧事業費等国庫負担金は，災害に関する経費で，地方自治体の一般財源だけでは賄うことが困難と考えられるものに対して支出される国庫負担金である。

　次に国庫委託金とは，本来は国の責任であるが，事務効率上の観点から，地方自治体が国から委託を受けて行う事務について，その全額を国が委託金として交付するものである。具体的には，国会議員選挙，国勢調査，外国人登録などの費用である。

　国庫補助金とは，国がその行政上の必要から地方自治体に任意に交付する補助金である。国庫補助金には，国が国家的見地から一定の施策を推進・奨励するために交付する「奨励的補助金」と，地方団体における特定の経費について財政負担の軽減を図る目的から支出される「財政援助的補助金」がある。**奨励的補助金**には，①交通安全対策特別交付金，②電源立地促進対策等交付金，③特

定防衛施設周辺整備調整交付金などがある。たとえば，道路特定財源の一般財源化に伴って，2008年度までの地方道路整備臨時交付金が，09年度には地域活力基盤創造交付金に，さらに10年度には社会資本整備総合交付金（仮称）に改められている（総務省HP［各年度版］「地方財政計画」の「第7表 国庫支出金の内訳」を参照）。また，**財政援助的補助金**には，「国有提供施設等所在市町村助成交付金」があり，在日米軍・自衛隊が使用する飛行場・演習場等のある市町村に対して，固定資産税の身代わり的性格と基地所在市町村への財政援助的性格を持っている。

国庫支出金の主な役割は，全国統一的な行政水準の確保である。個別の行政について具体的な規模や水準を確保するという点では，地方交付税より国庫支出金の方が優れている。義務教育や生活保護の全国的な水準の維持に，国庫支出金は大いに役立っているといえよう。また，道路や下水道など社会資本の整備を計画的に推進する手段として，国庫支出金は重要な役割を果たしてきた。巨額の財源を必要とする社会資本整備などについて，国庫支出金は，地方自治体の財政負担を直接に軽減してきたといえる。

しかし，国庫支出金が抱える問題点も少なくない。第1に，地方自治体の財政運営の自主性を阻害している。国庫支出金はその交付にあたってさまざまの条件をつけられるが，この条件がそれぞれの地方の実情に合っておらず画一的なものが多いのである。また交付の権限を国の各省庁が保有するため，国の**縦割り行政**の影響が地方に波及し，地方自治体の効率的・総合的財政運営をかえって歪める結果となっている。

第2に，超過負担の問題である。国庫支出金とりわけ国庫負担金は，国がその費用の全額もしくは一部を支出することになっている。ところが，その支出額の算定が適正とはいえないため，地方自治体が法定負担の割合以上の持ち出しをせざるをえない場合

がある。このような現象を「**行政上の超過負担**」と呼び，地方財政運営上の大きな問題となっている。地方自治体に超過負担が発生する原因としては，①算定基礎に用いられる単価（給与金額など）が実情より低いこと（単位差），②対象となる数量（職員数や建物面積など）が実際より少ないこと（数量差），③一部の経費（各種手当など）が補助対象額から除外されていること（対象差）が指摘されている。

　　また第3の問題点としては，交付手続きの煩雑性と補助金の細分化が行政の非効率化を生んでいることが挙げられよう。

5 地方債の発行と協議制

地方債の発行 ｜ 地方債とは，地方自治体が収入の不足を補うための借入金であり，その返済を2年以上にわたって行うものである。その意味で，同一年度内に返済を行う一時借入金とは異なっている。**地方財政法**第5条は「地方公共団体の歳出は，地方債以外の歳入をもつて，その財源としなければならない」とまずは定めている。

ただし，以下の場合においては，地方債をもってその財源とすることが可能となっている。第1に，交通事業，ガス事業，水道事業，その他地方公共団体の行う企業に要する経費の財源とする場合。第2に，出資金および貸付金の財源とする場合。第3に，地方債の借換えのために要する経費の財源とする場合。第4に，災害応急事業費，災害復旧事業費および災害救助事業費の財源とする場合。第5に，学校その他の文教施設，保育所その他の厚生施設，消防施設，道路，河川，港湾その他の土木施設等の建設，および土地の購入費の財源とする場合。

以上は，地方財政法第5条における**適債事業**と呼ばれるが，これら以外にも特別の法律に基づいて地方債の発行が認められている。たとえば，税制改正による地方税の減収を補うための**減税補塡債**や，地方税収の落ち込みを補うための**減収補塡債**などである。

許可制から協議制へ ｜ 地方債は地方自治体の債務として後年度に負担を残すという性格から，当分の間，総務大臣または都道府県知事の許可を受けなければならないとされてきた。それはまた，①国全体の金融市場の円滑化を確保する，②有力地方自治体への資金の偏りを防ぐ，そして③地方自治体に

過重な負担を残させないようにする，という理由からでもあった。

しかし，このような**許可制**は，地方自治体の自主性を低めるとの批判から，「地方分権一括法」（2000年4月施行）に基づき**協議制**に改められた。すなわち，総務大臣あるいは都道府県知事と協議するだけでよいことになった。協議の結果，同意が得られた地方債については，地方交付税によって元利償還費を賄うことになる。また同意が得られなかったとしても発行は可能となるが，その旨，地方議会に報告しなければならないこととなっている。

…▶参考文献

　出井信夫・参議院総務委員会調査室編 [2008]『図説 地方財政データブック（平成20年度版）』学陽書房。

　黒田武一郎 [2018]『地方交付税を考える──制度への理解と財政運営の視点』ぎょうせい。

　林宜嗣 [2008]『地方財政（新版）』有斐閣。

　矢野浩一郎 [2007]『地方税財政制度（第8次改訂版）』学陽書房。

□ **練習問題**

1 国の財政と比較して，地方財政の特徴について説明しなさい。

2 地方財政計画の役割について述べなさい。

3 6つの地方税原則について説明しなさい。

第2章

地方財政の経費

膨張に歯止めをかける

● イントロダクション…▶

　福祉や教育など多くの行政サービスは，地方自治体によって提供されているが，第1章で見たように，各地方自治体の運営は，地方税のみならず国庫支出金や地方交付税など，国から多額の補助金を受けることによって成り立っている。行政サービスの受益と負担を考えるに際して，このような地方税，国庫支出金，地方交付税をめぐる「制度」が，歴史的な変遷を経て，複雑に絡み合ってきたという関係を理解することが不可欠である。

　本章では，地方経費の構造を解説した上で，教育と福祉領域の費用の特徴を明らかにしていこう。

1 地方経費の種類と構造

普通会計と公営事業会計

　地方自治体の予算は，まず地方税等を財源とする**一般会計**と，料金等を財源とする特別会計に分けられる。**特別会計**には，国の法令により義務付けられているものと，各地方自治体が任意に設置しているものとがある。また，特別会計の範囲は各地方自治体によって異なることから，全国的に統一した基準で地方財政を把握するため，特別会計のなかから「公営事業会計」を除いたものを一般会計に加えて「**普通会計**」として区分している。

　すなわち，**図2-1**のように全国の地方財政を統一的に見れば，

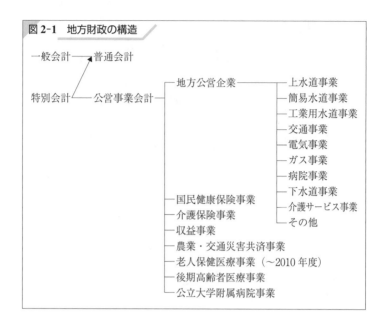

図2-1 地方財政の構造

```
一般会計 ──→ 普通会計

特別会計 ── 公営事業会計 ── 地方公営企業 ── 上水道事業
                                        簡易水道事業
                                        工業用水道事業
                                        交通事業
                                        電気事業
                                        ガス事業
                                        病院事業
                         国民健康保険事業   下水道事業
                         介護保険事業      介護サービス事業
                         収益事業         その他
                         農業・交通災害共済事業
                         老人保健医療事業（〜2010年度）
                         後期高齢者医療事業
                         公立大学附属病院事業
```

普通会計と公営事業会計に分類されることになる。国の一般会計と対比する際の地方財政とは，この普通会計を指すことが多い。

　他方，「**公営事業会計**」は，地方自治体の企業活動の収支を表すもので，地方公営企業，国民健康保険事業，介護保険事業，収益事業，共済事業などを取り扱う会計に区分される。このなかで地方公営企業とは，独立採算制を前提として料金収入で営まれる事業であり，上水道，下水道，交通，病院などがある。ただし，地方公営企業は公共の福祉を目的としているため，全額を料金収入で賄うことは適切でないと認められる場合が多く，地方の一般会計からの「繰入れ」や国からの財政措置が講じられている。

　経費の目的別分類　　地方自治体における普通会計の歳出は，目的別と性質別に分類されている。**目的別分類**とは，教育費や土木費，民生費など，実際の事業ごとの分

表2-1　目的別・性質別歳出の決算状況（2016年度）

都 道 府 県
（単位：10億円，%）

〈目的別歳出〉			〈性質別歳出〉		
議 会 費	79	(0.2)	人 件 費	13,720	(27.3)
総 務 費	2,643	(5.3)	物 件 費	1,688	(3.4)
民 生 費	8,555	(17.0)	維持補修費	478	(1.0)
衛 生 費	1,710	(3.4)	扶 助 費	1,082	(2.2)
労 働 費	194	(0.4)	補 助 費 等	13,669	(27.2)
農林水産業費	2,266	(4.5)	普通建設事業費	7,150	(14.2)
商 工 費	3,473	(6.9)	災害復旧事業費	541	(1.1)
土 木 費	5,557	(11.1)	失業対策事業費	0	(0.0)
消 防 費	226	(0.4)	公 債 費	6,895	(13.7)
警 察 費	3,261	(6.5)	積 立 金	1,575	(3.1)
教 育 費	11,105	(22.1)	投資及び出資金	101	(0.2)
災害復旧費	541	(1.1)	貸 付 金	3,169	(6.3)
公 債 費	6,916	(13.8)	繰 出 金	141	(0.3)
そ の 他	3,685	(7.3)	そ の 他	0	(0.0)
合　　計	50,210	(100)	合　　計	50,210	(100)

市 町 村

〈目的別歳出〉			〈性質別歳出〉		
議 会 費	347	(0.6)	人 件 費	8,749	(15.5)
総 務 費	6,818	(12.1)	物 件 費	7,809	(13.8)
民 生 費	21,013	(37.2)	維持補修費	725	(1.3)
衛 生 費	4,715	(8.3)	扶 助 費	12,928	(22.9)
労 働 費	109	(0.2)	補 助 費 等	4,011	(7.1)
農林水産業費	1,360	(2.4)	普通建設事業費	7,791	(13.8)
商 工 費	1,764	(3.1)	災害復旧事業費	303	(0.5)
土 木 費	6,653	(11.8)	失業対策事業費	0	(0.0)
消 防 費	1,842	(3.3)	公 債 費	5,686	(10.1)
警 察 費		(0.0)	積 立 金	1,742	(3.1)
教 育 費	5,750	(10.2)	投資及び出資金	210	(0.4)
災害復旧費	304	(0.5)	貸 付 金	1,234	(2.2)
公 債 費	5,692	(10.1)	繰 出 金	5,306	(9.4)
そ の 他	128	(0.2)	そ の 他	0	(0.0)
合　　計	56,495	(100)	合　　計	56,495	(100)

（出所）　総務省HP『平成28年度 地方財政統計年報』より筆者作成。

表 2-2　民生費の目的別内訳：都道府県・市町村計

（単位：億円，％）

年　　度	1980	1990	2000	2005	2010	2016
社会福祉費	10,036 (20.0)	21,722 (26.4)	36,415 (27.2)	41,928 (26.7)	50,637 (23.8)	71,536 (27.2)
老人福祉費	10,958 (21.8)	20,473 (24.9)	35,403 (26.4)	39,560 (25.2)	54,823 (25.7)	62,193 (23.6)
児童福祉費	16,524 (32.9)	25,135 (30.5)	40,299 (30.1)	46,964 (29.9)	71,388 (33.5)	81,526 (31.0)
生活保護費	12,709 (25.3)	14,844 (18.0)	21,548 (16.1)	28,264 (18.0)	35,967 (16.9)	39,939 (15.2)
災害救助費	57 (0.1)	106 (0.1)	256 (0.2)	211 (0.1)	348 (0.2)	8,214 (3.1)
合　　計	50,284 (100)	82,281 (100)	133,920 (100)	156,927 (100)	213,163 (100)	263,408 (100)

（出所）　総務省 HP［各年版］『地方財政白書』より筆者作成。

類であり，行政サービスの水準や行政上の特色を示している。
2016年度の普通会計における目的別・性質別の経費の金額は，
表 2-1 のように示される。

　目的別経費を見れば，都道府県のなかで最も大きい費目が第2
節で解説する「**教育費**」の11兆1050億円であることがわかる。
この大部分は義務教育教職員の人件費である。次に大きい費目と
して，民生費8兆5550億円，公債費6兆9160億円，土木費5兆
5570億円と続いている。

　市町村では，「**民生費**」の21兆130億円が最も大きい。民生費
は，**表 2-2** のように社会福祉費や老人福祉費，児童福祉費，生活
保護費，災害救助費に分けられる。社会福祉費には，第3節で解
説する国民健康保険の特別会計への操出金やその他の社会福祉行

政に要する経費があり，年々増加している。児童福祉は，児童手当の支給や，「**保育所**」その他の児童福祉施設の運営経費である。少子社会においても3割の構成比を維持している理由については，第3節で解説する。

　老人福祉費は，特別養護老人ホームなどの老人福祉施設の運営費である。それが，高齢社会においても2000年度から構成比が低下傾向にあるのは，「**介護保険**」の導入で，特別会計への繰出金に費目変更されたためである。老人福祉費は，一般会計と特別会計を連結すれば，高齢社会で増加を余儀なくされる費用である。

　また，生活保護費は生活困窮者に対する手当であり，市の区域は市が担当し，町村区域は都道府県が担当している。この30年間で構成比が10ポイント程度減少しているが，セーフティ・ネットとしての役割は今後も重要である（阿部ほか［2008］）。

　市町村における目的別経費の第2位は総務費6兆8180億円，第3位は土木費6兆6530億円，第4位は教育費5兆7500億円と続いている。総務費とは，人事，広報，文書，財政，出納，財産管理，徴税，戸籍住民登録，選挙など内部管理経費である。また，恩給，退職手当等の共通的な経費も総務費に含まれている。市町村における教育費は，学校施設の建設，教材費および施設管理費，学校用務員・給食従事員の人件費等からなっている。

| 経費の性質別分類 |

性質別分類とは，人件費や物件費，扶助費，普通建設事業費など，各事業を横断的に区分した分類で，財政構造上の特色やその良否を判断するために用いられている。具体的には，まず「義務的経費」「投資的経費」「その他の経費」に大きく分けられる。

　第1に**義務的経費**とは，職員給与等の「人件費」，生活保護費等の「扶助費」，地方債の元利償還金である「公債費」がこれに該当する。これらは任意に削減できない経費であるため，義務的

経費が増加すると財政構造が硬直化することになる。財政が硬直化すると，自治体は決まりきった支出ばかりをすることになり，裁量を生かした行政ができなくなってしまう。

第2に**投資的経費**とは，道路や公園，橋梁，公営住宅，学校などの建設にかかる経費で，「普通建設事業費」や「災害復旧事業費」「失業対策事業費」からなっている。

第3に**その他の経費**とは，備品購入や旅費等の「物件費」，公共施設の維持に必要な「維持補修費」，地域住民や団体に支出する報償費や寄付などの「補助費等」，基金や他会計への「繰出金」「積立金」のほか，「投資および出資金」「貸付金」などがある。

性質別経費で最も大きい費目は，表2-1のように都道府県では人件費13兆7200億円（27.3％），市町村では扶助費12兆9280億円（22.9％）である。次に大きい費目は，都道府県では補助費等13兆6690億円（27.2％），市町村では人件費8兆7490億円（15.5％）となっている。普通建設事業費は都道府県では14.2％の7兆1500億円，市町村では13.8％の7兆7910億円となっている。また，公債費は都道府県で13.7％の6兆8950億円，市町村で10.1％の5兆6860億円である。

2 義務教育・高等学校の標準法と教育費

> 義務教育国庫負担法：
> 都道府県と市町村の役割

義務教育に対する国の補助制度は，1873（明治6）年の小学校扶助委託金に始まり，77年の小学校補助金や1900（明治33）年の市町村立小学校教育国庫補助法を経て，18（大正7）年の市町村義務教育国庫負担法へと引き継がれていった。これは，当時の尋常小学校の教員給与を市町村が支払い，国がその一定額を補

助するものであった。配分方法は，国が国庫負担金の総額を決定し，それを教員数と就学児童数で各市町村に按分していた。その総額は，当初の 1000 万円から，1930（昭和5）年には 8500 万円と，12 年間で 8.5 倍に増加している。当時の市町村財政は，教育費が多くを占めており，その救済策の一環として国庫負担金が増額されたのである。

ところが，大正末から昭和初期にかけての深刻な経済不況は，市町村財政を直撃し，一部の町村では教員給与の遅払いや強制寄付などが余儀なくされた。1930 年 12 月の文部省の調査によれば，教員俸給の全部または一部を支払い延期する町村が，全国町村数の約 1 割に達していた。このため，1940（昭和15）年に地方財政制度を全面的に改正し，地方分与税の創設による恒常的な地方財政調整制度の整備とともに「**義務教育国庫負担法**」が制定された。これにより，市町村立小学校教員の俸給および旅費は，市町村の代わりに都道府県の支払いとなり，その実績額の 2 分の 1 を国が負担することになった。義務教育の教員給与に関する現行制度の基本は，ここにその原型を見るのである。

戦後は，1947（昭和22）年 3 月に教育基本法および学校教育法が制定され，わが国における民主化教育の基礎が形成される。とりわけ，学校教育法第 5 条では，市町村立の小中学校の経費は，原則として設置者である当該市町村が負担することが規定されたのである。また，1949 年の**シャウプ勧告**は，政府間の事務配分で 1 つの行政サービスは 1 段階の政府が行うべきであるという「**単一段階主義**」を掲げた。このため，国庫支出金は原則として廃止し，それを地方交付税の前身である一般補助金の「地方財政平衡交付金」に吸収すべきであるとした。当時の国庫支出金の多くは生活保護と義務教育の国庫負担金であり，前者は，占領軍であるGHQ（連合国軍総司令部）が賛成したこともあって存続したが，

義務教育費のそれは，当時の文部省の抵抗にもかかわらず廃止されることになった。

　1951（昭和26）年9月，サンフランシスコ講和条約が調印され，アメリカによる占領政策は終わりを告げる。これにより，わが国の行財政制度もGHQの影響から解放され，独自の道を歩むことになる。義務教育の財政負担は，都道府県間で格差拡大の傾向があったため，1953年に義務教育国庫負担法は再び施行され，教員給与の原則として2分の1を国が負担することとなった。また，その対象は当初，給与や旅費，教材費のみであったが，昭和30年代から40年代にかけて次第に拡大していく。1956（昭和31）年の**恩給費**，62年の公務員の**共済費**，67年の**公務災害補償基金**，72年の**児童手当**と順次加えられて行った。そして1974（昭和49）年には教員，事務職員に加えて学校栄養職員も補助対象とされることになる。

　ところが，それまで拡大傾向にあった義務教育の国庫負担金制度は，1980年代後半以降の**第2次臨時行政調査会**（「経団連」名誉会長の土光敏夫が座長となり「土光臨調」と呼ばれる）の答申によって，縮小の方向に反転する。まず1985（昭和60）年の旅費と教材費の一般財源化を皮切りに，86年には恩給や共済費についての負担率が2分の1から3分の1に引き下げられる。その後，恩給費は1989（平成元）年に，共済長期給付金および公務災害補償基金は2003年に，それぞれ一般財源化されている。2004年には児童手当および退職手当が，税源移譲を予定した特例交付金による暫定措置という名目で一般財源化されている。

　また，「地方分権一括法」による2000年4月実施の第1次分権改革は，序章でも述べたように，機関委任事務を廃止し，地方自治体の仕事を**法定受託事務**と自治事務の2つに分けた。そして，義務教育は**自治事務**とされたのである。

「三位一体の改革」に代表される第2次分権改革では，第1に2004年度から義務教育国庫負担金制度に「**総額裁量制**」が導入された。それまでの教職員の給料および期末勤勉手当や管理職，特殊勤務，住居，通勤などの諸手当は，国が費目ごとに基準を設定し，その半分を負担していた。また，教職員数も職種ごとに上限を定め，個別の費目が国の基準を超えていた場合には，その費目については限度額までしか支給されず，個別費目が国の基準を下回る場合にのみ，実際の支出額の半分を国庫負担していた。このような費目ごとの限度額は，総額裁量制によってなくなり，国庫負担金の総額が決定されるだけで，その範囲内であれば各都道府県が自由に使用可能となった。

第2に，この総額裁量制の導入と同じ年度に，公立学校教員の給与制度に関する従来の国立学校準拠制が廃止され，教員給与の金額や種類については各都道府県の裁量が拡大されている。

第3に，義務教育国庫負担金の補助率は，2006年度に「三位一体の改革」の一環として，2分の1から3分の1に引き下げられた。

教育費の負担構造　義務教育に関する学級編制や教職員の人数については1958（昭和33）年「公立義務教育諸学校の学級編制及び教職員定数の標準に関する法律」（**義務教育標準法**）に定められている。当時，1学級当たりの児童生徒数は50人であったが，1964（昭和39）年に45人，80（昭和55）年に40人へと引き下げられた。また，高等学校については「公立高等学校の適正配置及び教職員定数の標準等に関する法律」（**高等学校標準法**）が1961（昭和36）年に1学級当たり50人で制定され，67年に45人，93（平成5）年に40人となっている。このようにいわゆる「**40人学級**」は2つの標準法でともに規定されているのだが，詳細は異なっている。すなわち，義務教育にお

Column ⑤　義務教育標準法と高等学校標準法

　義務教育においても高校教育においても，1学級当たりの生徒数は40人を標準とする，とそれぞれの標準法に規定されている。ただし必要があると認められる場合，義務教育ではその数を「下回ることができる」のに対し，高等学校では「その限りではない」と定められている。たったこれだけの文言の違いが実は大きな意味を持つ。つまり小中学校では40人を下回ることは認められるが上回ることはできず，教員の数を増やす圧力がかかりやすい。これに対して高校では40人を多少上回ることも可能である。

　義務教育では国庫負担金が文部科学省から与えられるとはいえ，厳しい標準法による縛りが，地方自治体の行財政運営において重い手枷足枷となっている。

　「義務教育は高等学校とは異なる」という義務教育の重要性をことさら強調することは，高校進学率が100％近い現在，どれほどの説得力を持つのであろうか。2006年度より義務教育国庫負担金が，2分の1から3分の1に引き下げられた。これは財政面から見て，義務教育が高等学校に一歩近づいたことを意味している。しかし，義務教育に地方の自主性と機動性を持たせるためには，標準法による基準の緩和こそが重要なのである。

いては，1学級39人以下のような標準を下回ることは認められるが，41人以上のように標準を上回ることはできない。これに対して，高等学校では「この限りではない」と明らかに緩く規定され，1学級41人等でも可能である（*Column*⑤参照）。

　また，義務教育教職員については，給与の3分の1を国庫負担金として文部科学省が補助することになっている。しかし実態は，文部科学省が給与の基準額を定め，その基準額を限度として補助している。つまり実際の給与額が国基準を超える都道府県に対しては，基準額の3分の1までしか支給されない。これに対して，実際の給与額が国基準より低い都道府県に対しても，実際の給与

額の3分の1までしか支給されない。残りの3分の2は，基準財政需要額（以下，需要額）に入れられ，**地方交付税**による財源保障の対象とされている。

この構造を**図2-2**に基づいて解説しよう。まず，義務教育費は，小学校費と中学校費に分けられ，それぞれについて当該都道府県の教員数が，上述の「標準法」に基づいて算定される。図では，それを C 人としている。義務教育国庫負担金を算出する際の給与の基準額が，国により A 円と決定されるとしよう。実際には年齢・職階等に応じて個別に基準額が定められているが，ここでは簡略化のために一律に A 円とする。すなわち A 円は，国が定めた平均的な給与費と見なしうる。これによって国基準の給与額は，図の面積 $OABC$ となり，その3分の1である $ODEC$ が義務教育国庫負担金として補助される。他方，地方交付税を算出する際の需要額は，残りの3分の2である $DABE$（図のアミカケ部分）となる。このようにして，当該都道府県の需要額から基準財政収入額（図の $FABG$）を差し引いた差額（図の $DFGE$）が，地方交付税として交付される。

ところが，実際には教員の平均給与は，国が定めた基準 A 円よりも高いことが多い。これは，当該都道府県の教職員の年齢構成が全国平均に比べて高い場合などに生じる。また，教員数も国基準を上回る場合があり，実際の教育費（小学校費および中学校費）は，図の $OHIJ$ となる。ここに，いわゆる**「行政上の超過負担」**の問題が見てとれる。この超過負担とは，地方自治体が国の定めた基準に基づいて行政サービスを行っているにもかかわらず，その財源が保障されていない部分であり，これが自治体の財政運営を圧迫してきたとされている。図では，当該都道府県が一般財源から支出した実際の支出額が，図の太枠部分 $DHIJCE$ となり，超過負担は需要額との差（図の $AHIJCB$）で示される。なお，こ

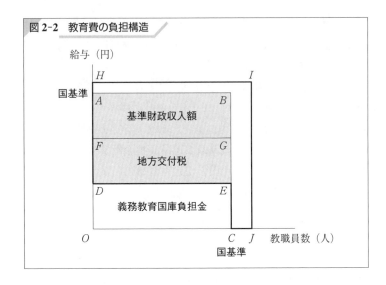

図 2-2　教育費の負担構造

給与（円）

国基準

基準財政収入額

地方交付税

義務教育国庫負担金

教職員数（人）

国基準

こでの実際の支出額とは，都道府県の**一般財源**から支出された額
であり，義務教育費の総額（図の *OHIJ*）ではないことに留意が
必要である。

　以上のように小中学校の場合，義務教育標準法で厳格に縛られ
た教員数に基づいて義務教育国庫負担金が出ている。そのため，
柔軟な学級編制ができず，自治体が給与水準を抑えて教員を追加
し採用するという余裕をなくしている。図 2-2 でいえば，*CJ* の
幅が狭い自治体が多いのである。これに対して，高等学校では，
自治体は国庫負担金を受け取らないかわりに標準法の縛りも緩く
比較的柔軟な対応が可能である。給与を抑えて教員数を増やす自
治体も多くなっている。

児童・生徒数と教員数
の反転現象

次に，戦後の**小学校児童数**と教員数の推
移を見てみよう。小学校児童数は**第 1 次
ベビーブーム**を反映し，1958（昭和 31）
年には 1349 万人と戦後最高に達する。その後いったんは減少す

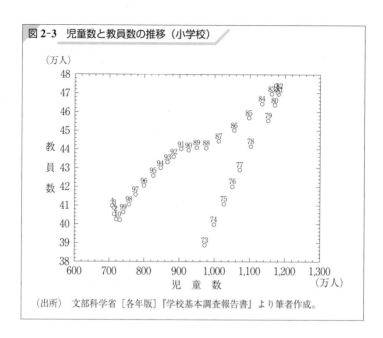

図 2-3　児童数と教員数の推移（小学校）

（万人）

縦軸：教員数　横軸：児童数

（出所）　文部科学省［各年版］『学校基本調査報告書』より筆者作成。

るが，1968（昭和43）年から徐々に増加に転じ，81（昭和56）年に1193万人と第2次ベビーブームのピークを迎える。しかしながら，それを過ぎると減少の一途をたどり，2004（平成16）年には720万人，2018（平成30）年には643万人と戦後最低の記録を更新している。

　図2-3は，1973年からの児童数と小学校教員数の全国の推移を示したものである。児童数は1970年代に入り顕著に増加し始め，それに伴い教員数も増加している。上述のように児童数は1981年にピークに達するが，教員数のピークは翌82年の47万1000人である。その後，児童数の減少とともに教員数も減少していく。ただし，児童減少期の教員減少は，児童増加期の教員増加ほどには急速でなく，いわゆる「逆Vの字」を描くように推移している。この理由としては，1981年から1学級当たり児童

数の上限が 40 人とされたことが大きい。もちろん，児童増加期に雇用した教員を児童が減少したからといって直ちに削減することは，困難であることも考えられよう。

さらに，2001 年以降では，図のように，「児童数は減少しているが，教員数は逆に増加している」という「反転現象」がうかがえる。2001 年以降とは第 7 次学級編制基準改善計画（2001〜05 年）に該当し，いわゆる「ゆとり教育」が唱えられた時期でもある。また，教員 1 人当たり児童数で見ると，小学校では 1967（昭和 42）年の 26.9 人から，80（昭和 55）年に 25.3 人となり，2004（平成 16）年に 17.3 人，2018（平成 30）年には 15.3 人となっている。なお，中学校教員 1 人当たり生徒数も小学校とほぼ同様の傾向がうかがえる。ただ，1967 年の 22.7 人から，2004 年に 14.4 人，2018 年には 13.2 人となっており，中学校の方が教員 1 人当たりの生徒の数は少ない。なお，これについては終章第 2 節「人口増減に対する行政対応の非対称性問題」で詳述される。

他方，**公立高等学校**の生徒数と教員数の関係として，**図 2-4** に 1973 年から 2004 年までの推移が示されている。高等学校の生徒数は 1989 年の 390 万人（1 学年平均 130 万人）をピークに減少し，それとともに教員数も減少している。また小学校と同様，教員の減少のスピードは生徒の減少ほど速くはない。しかしながら 2000 年以降，生徒数の減少とともに教員数も減少しており，小学校のような「生徒は減少するが，教員は増加する」という「反転現象」は生じていない。

教育に要する費用をどのように賄っていくかという問題は，まさに国家百年の課題である。義務教育と高等学校の違いは，第 1 に国庫負担金があるかどうかに加えて，第 2 に標準法の縛りは，義務教育が強く，高等学校は比較的緩やかということである。第 3 に，義務教育の場合，学校の設置と運営は市町村が行い，教職

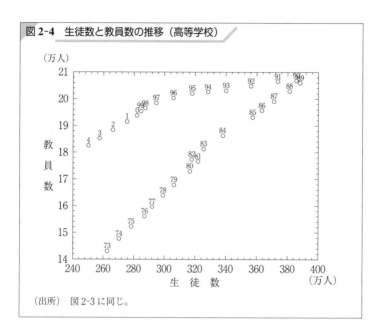

図2-4　生徒数と教員数の推移（高等学校）

（万人）

教員数

生　徒　数　（万人）

（出所）　図2-3に同じ。

員の採用と給与の支払いは都道府県が行うというように役割を分担しているが，高等学校では，責任が都道府県に一本化されている点である。

3 少子高齢社会の保育・医療・介護行政

子ども・子育て関連法
と保育行政

　　　保育所は，次項の国民健康保険の始まりと同じ1938（昭和13）年に，社会事業法の「託児所」を起源とし，47（昭和22）年の児童福祉法で制度化された。ただし，託児所は，低所得者層の保護者救済を目的としていたが，保育所は，児童自身の福祉を目的とするため，所得階層にかかわらず，家庭で世話ができ

ないという「**保育に欠ける児童**」のための児童福祉施設である。保育に欠ける児童とは，保護者が昼間の労働や妊娠，疾病，介護，災害などで保育ができない状況をいうのである。

　保育行政は，それから50年ぶりに大きく変わった。第1に，児童福祉法は，1997（平成9）年に措置から契約制度に改正された。以前の「**措置**」制度では，保育所入所の決定権限が行政の側にあったため，保護者が自分の望む保育所を選択できなかった。だが，「**契約**」制度に改正されたことにより，保護者が申請すれば，公立と私立のいずれでも保育所を選択できるようになった。

　第2に，2000年からは，運営主体も市町村や社会福祉法人のほかに，民間企業の参入が認められた（第6章参照）。

　第3に，「三位一体の改革」の前までは，国が定める保育単価に児童数を掛けた公立保育所の運営費から，国基準の保育料を除いた「給付費」（補助基本額）に対して，国が国庫支出金として50％，都道府県と市町村がそれぞれ25％を負担する仕組みであった。この国庫支出金は，「三位一体の改革」で廃止され，2004年度からは公立保育所の運営費を地方税や地方交付税で財源手当するように一般財源化されたのである（田中［2006］第5章）。

　実は保育行政は長い間，次項の国民健康保険と並んで，市町村財政を悪化させる要因の1つであった。実際にかかる公立保育所の運営費は，保育士の公務員給与や独自の職員配置によって，国基準よりも大幅に高い。その差額は，前節の義務教育と同様，市町村の「**行政上の超過負担**」になっていた。たとえば，職員配置について国の最低基準は，1人の保育士が3人の0歳児を世話するようになっている。だが，実際に2人の0歳児しか世話できないとき，保育士の数が国基準を上回り，行政上の超過負担（地方の一般財源の持ち出し）が生じる。また，国基準の保育料は，保護者の所得に応じた7階級区分の応能負担で設定されるが，市町

Column ⑥　M字カーブの解消による保育ニーズの拡大 〰〰〰〰〰〰

　女性の年齢階級別労働力率（％）は，①20代前後の大学時代までに20％前後であるが，②就職すると70％・80％に上昇する（①から②へ上昇）。ところが，それは③30代になると，結婚・出産・育児といった家庭の事情から50％未満に急落する（②から③に下落）。そして，それは④40代で子どもが学校に行き始めると，職場復帰して60％に回復する（③から④へ上昇）。最後に，それは⑤60代後半に定年退職等を迎え，約15％に下落する（④から⑤への下落）。

　神奈川県の女性の年齢階級別労働力率（％）は1995年，図のように，顕著な「M字カーブ」を描くのに対し，2015年前後のスウェーデンやアメリカのそれは，M字カーブを描いておらず，女性の社会進出がより進んでいることを示している（神奈川県［2017］）。神奈川県のM字カーブの「深さ」（②の山の頂点と③の底との差）

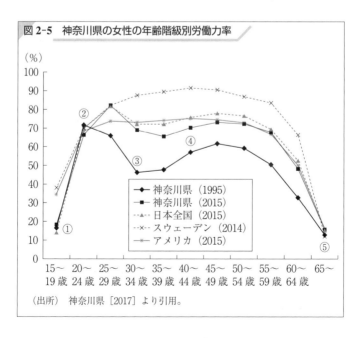

図 2-5　神奈川県の女性の年齢階級別労働力率

（出所）　神奈川県［2017］より引用。

は，全国最下位 18 p（ポイント）であり，地方圏の高知 2.5 p，島根 3.5 p などに対し，奈良 16.8 p，東京 15.6 p，千葉 14.9 p，大阪 14.3 p，埼玉 13.8 p，兵庫 13.7 p と大都市圏に集中している（全国知事会 [2012]）。神奈川の最下位は，東京都心への長い通勤距離，長時間労働，保育サービスの不足などが，原因となっていた。

ところが，この特徴は近年，女性の社会進出，働き方改革や保育サービスの充実等によって緩和されており，2030 年にはスウェーデンやアメリカのように全国的にも解消されるとしている。ただし，この M 字カーブの解消は，とくに大都市圏での保育ニーズの拡大につながっている。

村によっては独自に階級区分を増やして保育料を軽減する団体もあり，これも行政上の超過負担になるのである。

近年の動向で注目すべき点は，少子社会においても女性の就労意欲や就業継続意識の向上で，保育需要が増加していることである。たとえば，0 歳児から 5 歳児までの国勢調査人口に対する保育所対象者数の割合は，1995 年度の 773 万人に対して 193 万人と 25％ であったが，2005 年度には 676 万人に対して 222 万人と 31％ に増加している。また，保育所利用児童数の推移を見ると，1・2 歳児と 0 歳児が 1989 年度に 32 万人と 3.9 万人であったが，2005 年度では 55 万人と 7.8 万人のようにそれぞれ 2 倍近くに増加している。国の配置基準でも，1 人の保育士が世話する児童は 3 歳児で 20 人，4・5 歳児で 30 人であるが，1・2 歳児で 6 人，0 歳児では前述のとおり 3 人となっており，保育児童数が低年齢化するほど保育士の人員が増え，市町村財政の負担になるのである。

その結果，保育所への入所待ちという**待機児童**が，深刻な問題になった。待機児童は，2001 年度から，ほかに保育所があっても特定の保育所を希望している場合などを除外している。それでも，待機児童は，2001 年度 2 万 1031 人から 03 年度 2 万 6383 人

に増加し，07年度にはいったん1万7926人に減少したが，09年度では再び2万5384人，17年度では保育所等定員数274万人に対して，利用する児童数は255万人と少ないが，地域のミスマッチもあって，待機児童数は2万6081人と解消されていない。この待機児童の約8割が首都圏や近畿圏の7都府県や指定都市，中核市に集中している。待機児童が50人以上の市区町村は2009年度101団体，17年度128団体に及ぶ。このため，国は「待機児童解消加速化プラン」で，自治体の保育所整備を支援している（厚生労働省HP［各年度版］「保育所等関連状況取りまとめ」）。

　国の保育行政は，1995年度から10カ年の「**エンゼルプラン**」のなかで，「緊急保育対策等5か年事業」（95〜99年度）が実施され，「新エンゼルプラン」（2000〜04年度）や「子ども・子育て応援プラン」（2005〜09年度）に引き継がれ，2012年に「社会保障と税の一体改革」のなかで子ども・子育て関連3法が成立した。

　2015年度からの新たな子ども・子育て支援制度は，第1に，市町村が，教育のみの第1号，保育が必要で3歳以上の第2号，3歳未満の第3号という利用者ニーズを認定する。

　第2に，利用者は事業者を選択し契約して，サービスを受ける。事業者には，**図2-6**のように，従来の2万3000カ所に及ぶ公立・私立保育所のほか，認定こども園や特定地域型保育が給付対象に加わっている。2006年に創設された認定こども園は，幼保連携型と幼稚園型に分かれるが，認可手続き等の一本化で，2015年度から17年度にそれぞれ1931から3619カ所，582から871カ所と1.5倍に増えている。また，待機児童が多い特定地域型保育は，小規模なものから事業所（企業）内の施設も含め，2015年度から17年度に2737から4893カ所に急増している。

　第3に，利用者負担（保育料）は，所得に応じた応能負担である。これを除く費用は，国，都道府県，市町村が，それぞれ2分

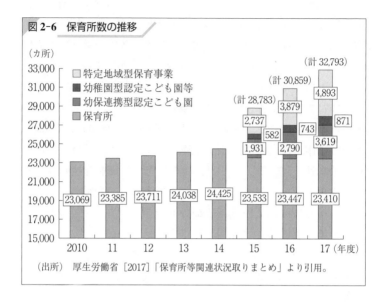

図 2-6　保育所数の推移

（カ所）
（出所）　厚生労働省［2017］「保育所等関連状況取りまとめ」より引用。

の1，4分の1，4分の1を負担するので，原則として，行政上の超過負担は生じない仕組みとなっている（椋野・田中［2018］99-104頁を参照）。

2018年度からの都道府県国保

アメリカ医療の国民皆保険の道は，なかなか険しいようであるが，日本の皆保険が，市町村による**国民健康保険**（以下，国保）で支えられていることはあまり知られていない。この歴史は古く，1938（昭和13）年7月に「国民健康保険法」（国保法）が施行されたときは，保険料収入で医療費を賄う独立採算制が前提であった。国保の保険者が市町村単位となった理由は，3つある。

第1に医薬団体や国会でも，都道府県単位の国保という意見もあったが，「相互共済の精神に則る」（国保法第1条）ためには，郷土的団結が強くて，隣保的相互扶助の美風が伝わる市町村がよいとされた。第2に国の政府管掌保険は，1927（昭和2）年の

「健康保険法」に基づくが，都会の労働者を対象としていた。国保が構想された 1933 年頃は，農村恐慌の時代で，農山村民は医療保険から取り残されていた。このため，農山村民を被保険者とする「普通国保組合」に，都会でも取り残されていた自営業者の「特別国保組合」が加わって，事業開始となった。そして第 3 に，戦後の 1948（昭和 23）年の国保法改正で，国保事業は組合運営から公営化され，市町村の**固有事務**として特別会計となった（今井［1993］161-162 頁）。

　1961 年度，全市町村が国保事業を実施したことで，国民皆保険がようやく達成された。都会の労働者を対象にした組合健保や政府管掌（2008 年 10 月から「協会けんぽ」）の被用者保険は，当時 10 割給付で自己負担はなかったが，退職して国保に加入すると，7 割給付すなわち 3 割自己負担となった。その結果，退職者が病気になっても，病院で受診しないという傾向があった。このため，国は 1973 年に老人医療費支給制度を開始し，老人医療費を無料化した。そこで，この年を「**福祉元年**」という。

　その後は，高齢社会で急増する**老人医療費**との闘いである。2007 年度（15 年度）の人口 1 人当たり医療費は，平均 26 万 7200円（33 万 3300 円）であるが，65 歳未満の 16 万 3400 円（18 万4900 円）に対し，65 歳以上の老人医療費は 64 万 6100 円（74 万1900 円）で 4 倍の格差がある（厚生労働省 HP「国民医療費の概況」）。高齢者の加入率が高い国保の負担を軽減するため，「老人保健法」が 1982 年 8 月に制定され，83 年 2 月から実施された。しかし，老人保健は新たな保険制度ではない。対象となる 70 歳以上または 65〜70 歳の寝たきり老人は，被用者保険や国保に加入していると，病院等の保険医療機関は老人医療費を各市町村の老人保健特別会計を通じて受け取ることになったのである。

　対象となる高齢者には，定額の一部負担金が求められ，残りの

医療費は3割が公費負担（国20％，都道府県5％，市町村5％），7割を各医療保険が負担する。各医療保険の負担割合は，当初，医療費按分額と加入者按分額のそれぞれ2分の1ずつで按分されていたが，後者の割合を1987年1月80％，87年4月90％，90年100％に引き上げた。国保の高齢者加入率が高いのに対し，加入者按分額は，どの医療保険も同じ割合の高齢者加入率になるように算定されるため，それが高い国保の負担は大幅に軽減されたが，大企業中心の組合健保は負担増となった。

　また，1984年10月には，70歳未満の老人保健以外の退職者を対象とした「**退職者医療制度**」が発足した。この制度は，市町村の国保特別会計が，被保険者によって一般国保と退職国保に区分されるものであり，老人保健のような新たな特別会計を設けるものではない。このとき，組合健保等の被用者保険は，10割給付が9割給付，すなわち1割自己負担に改定されたので，一般国保の7割給付に対し，退職国保は，8割給付，すなわち2割自己負担となった。退職者医療の財源は，上記の一部負担金のほか，保険料や国庫負担，被用者保険からの**拠出金**である。これらの改正によって，国保財政が好転すると見込まれ，国庫負担は，老人医療費無料化による10割給付の45％から，7割給付の50％すなわち35％と10ポイント引き下げられた。

　その結果，「**国保特別会計**」の財源構成は，**表2-3**のように，保険料が1965年度からこの三十数年間3割強で推移してきたが，2000年代に入って低下し続け，16年度では18％にまで低下した。国庫支出金は1970年代までの6割から，老人保健法などの導入によって2007年度は25％，16年度20.4％にまで低下した。これに代わって，退職者のために被用者保険から拠出される「療養給付費交付金」は，1985年度の7.2％から2007年度は20.2％，16年度23.9％に増大している（平岡・森・初村［2008］91頁）。

表2-3　国民健康保険事業特別会計の財源構成（事業勘定）

（単位：億円，％）

年　　度	1965	1975	1985	1997	2007	2016
保険料（税）	831 (34.7)	5,103 (29.8)	17,467 (35.9)	28,734 (36.5)	37,727 (28.7)	28,943 (18.0)
国庫支出金	1,396 (58.3)	10,359 (60.6)	22,365 (46.0)	27,942 (35.5)	32,820 (25.0)	32,678 (20.4)
療養給付費 交付金	— (—)	— (—)	3,512 (7.2)	9,111 (11.6)	26,584 (20.2)	38,410 (23.9)
都道府県 支出金	50 (2.1)	361 (2.1)	374 (0.8)	512 (0.7)	5,686 (4.3)	7,896 (4.9)
他会計 繰入金	70 (2.9)	576 (3.4)	1,880 (3.9)	8,172 (10.4)	12,061 (9.2)	13,460 (8.4)
そ　の　他	46 (1.9)	708 (4.1)	3,021 (6.2)	4,261 (5.4)	16,581 (12.6)	39,044 (24.3)
合　　　計	2,393 (100)	17,107 (100)	48,619 (100)	78,732 (100)	131,459 (100)	160,431 (100)

（注）　2016年度の療養給付費交付金は，前期高齢者交付金3兆5210億円を含む。
（出所）　今井［1993］172頁，『地方財政白書』各年版より筆者作成。

被用者保険からの拠出金の増加は，1987年度，組合健保の財政を直撃し，それまでの黒字から，全体の47.5％にあたる862組合が赤字になったので，国は臨時の補助金を出し対応した（今井［1993］173-182頁）。

また，市町村の一般会計からの**繰入金**も1985年度の3.9％から97年度は10.4％に増大し，国保の赤字団体はそれぞれの年度で，全団体数の24.8％にあたる811団体から19.8％の642団体に減少し，国保財政を支えてきた。しかし，「三位一体の改革」による国庫支出金の削減により，国保の赤字団体は2004年度の33.7％から07年度は47.8％，15年度58.0％まで増大したが，支

出側の保険給付費の削減もあって16年度は27.5％に改善している。（厚生労働省HP［各年度版］「国民健康保険〔市町村〕の財政状況について」）。

近年，注目される動きは，2008年度から実施された「**後期高齢者医療制度**」である。65〜74歳までの前期高齢者は，退職国保のままであるが，75歳以上の後期高齢者は，老人保健法の廃止に伴って市町村国保から切り離され，「**都道府県**」単位の**市町村広域連合**が運営する後期高齢者医療制度に加入することになった。その財源構成については，患者が医療費の1割（現役並所得者は3割）を自己負担する一方，被用者保険や国保からの拠出金（約4割），国や地方団体の公費（約5割）のほか，国保の保険料に代わって高齢者から広く薄く保険料（1割）を徴収することになった。この保険料が年金支給額から天引きされるので，政治問題になったのである（厚生労働省HP『平成19年版 厚生労働白書』29頁）。後期高齢者医療制度は，2016年度，約1600万人を対象とし，14.2兆円の保険給付費を①1割負担の保険料1.4兆円，②国庫支出金4.9兆円，③協会けんぽや組合健保，共済組合等の支援による支払基金交付金5.9兆円で賄い，47の広域連合は，すべて黒字である（総務省HP『平成30年版 地方財政白書』表121）。

このような国保に対する都道府県の積極的関与は，1988年度に全都道府県で行われるようになった医療技術の高度化に伴う**高額療養費支給制度**で始まった。この制度によって，高額療養費は，国保と都道府県との「共同事業」になった。また，国保の低所得被保険者には保険料の軽減措置があり，都道府県がその財源の一部を負担する「**保険基盤安定制度**」も1988年度に発足している。国保は発足当初，相互扶助や共済の精神からコミュニティの市町村単位で始まったが，近年の高齢社会では，保険料や医療給付の地域間格差を是正するため，都道府県の役割が高まっているので

ある（今井［1993］182-184頁）。

　実際，都道府県は2018年度から，第1に，国保の財政運営の責任主体となり，国保の保険者として特別会計を設置している。この特別会計は，定率国庫負担等とともに，県内市町村の国保特別会計からの納付金等を財源とし，医療保険給付に必要な費用を全額市町村に交付する。

　第2に，市町村の国保特別会計は，県が提示した標準保険料率を参考に保険料率を決定し，被保険者の住民に賦課・徴収する。この保険料収入に保険料軽減措置等の公費負担を加えて，県への納付金とする。

　第3に，以上のような制度改正によって，これまで市町村の国保特別会計が依存してきた赤字補填を目的とする一般会計からの繰入れも，解消する予定である。また，市町村ごとに異なる保険料率も，最長6年の経過措置を経て，県内では平準化されることが期待されている（厚生労働省HP「国民健康保険における納付金及び標準保険料率の算定方法について（ガイドライン）（案）」，厚生労働省HP「国民健康保険改革の進捗等について」2018年5月28日，椋野・田中［2018］25-29頁）。

介護保険の限界的財政責任

　介護保険法は1997年に成立し，2000年度から市町村の**介護保険事業特別会計**として施行されたように，その歴史は浅い。だが，施設ケアや在宅ケアの歴史は古く，1960年代に始まる。**特別養護老人ホーム**（以下，特養）による施設ケアは，1963（昭和38）年の老人福祉法で国が10分の8，都道府県と市町村がそれぞれ10分の1を負担する「補助事業」で始められた。他方，在宅ケアの**ホームヘルプ・サービス**は，1962年に家庭奉仕員派遣制度として，国，都道府県，市町村がそれぞれ3分の1ずつを負担して始められた。日帰りで入浴等が行われる**デイ・サービス**は，

施設と在宅ケアの中間的存在で，1975年に武蔵野市などで補助金のない「地方単独事業」で始まったが，79年度からは，在宅ケアと同じ負担割合で補助事業になっている（宮本・遠藤［2006］304-306頁）。

　介護保険が本格的に議論され始めたのは，1989年12月の「高齢者保健福祉推進十か年戦略」（**ゴールドプラン**）からで，前項で述べた後期高齢者（老人）医療費の高騰に起因する。当時の老人医療費の無料化によって，必要以上に受診が増えて病院の待合室がサロン化したり，老人福祉施設の整備が遅れたことによって，寝たきり老人の「**社会的入院**」が医療費の高騰に拍車をかけていた。この問題の解決をめざしたのが，当時の大蔵，自治，厚生省の合意でできたゴールドプランである。そして1994年には，新ゴールドプランが策定され，在宅，施設両面にわたる基盤整備が進み，サービス供給面での介護保険の準備が整えられたのである（厚生労働省HP『平成19年版　厚生労働白書』5-6頁）。

　介護保険の導入は，保育所の場合と同様に，措置から契約制度への移行を意味する。たとえば，特養への入所は，措置制度のもとでは行政の側に決定権限があったが，契約制度では利用者が選択できる。介護保険の対象は，65歳以上の第1号被保険者と40〜64歳までの第2号被保険者である。保険者の市町村の仕事は，**介護認定**だけである。訪問調査員が，被保険者の申請に基づいて**要介護度**の「認定調査」で第1次判定を行い，専門家5名による「介護認定審査会」の第2次判定をもとに市町村が要介護度を判定するのである。もちろん，介護保険計画の策定主体は市町村であるが，利用者個人のケアプランは，外部の**ケアマネージャー**（介護支援専門員）が策定する。

　給付については，1割の本人負担が必要になる。支給限度基準額は**要支援**が2006年度（14年度）から要支援1の月額4万9700

円（5万30円），要支援2の10万400円（10万4730円）に分かれ，**要介護**が要介護1の16万5800円（16万6920円），要介護2の19万4800円（19万6160円），要介護3の26万7500円（26万9310円），要介護4の30万6000円（30万8060円），要介護5の35万8300円（36万650円）の順に高くなり，区分ごとに約5万円増えると考えれば覚えやすい（厚生労働省HP「区分支給限度額」）。税金による公費負担と保険料負担は，給付費の50％を折半し，前者は国が25％，都道府県と市町村がそれぞれ12.5％を負担する。

第1号被保険者の保険料は3年ごと，第2号のそれは毎年見直される。第1期（2000〜02年度）の保険料50％分の第1号と第2号の分担割合はそれぞれ17％と33％，第2期（2003〜05年度）は18％と32％，第3期（2006〜08年度）は19％［＝50％×（65歳以上：2617万人）÷（40歳以上：6902万人）］と31％，第4期（2009〜11年度）20％と30％，第5期（2012〜14年度）21％と29％，第6期（2015〜17年度）22％と28％，第7期（2018〜20年度）23％と27％と各期ごとに第1号の負担割合が1％ずつ上がっている（厚生労働省HP［各期］「介護保険事業計画」）。これらの割合は，全国の40歳以上人口に占める65歳以上人口の比重で決められる。

「**基準保険料**」は，各市町村の保険給付費の19％分（第3期の場合）を65歳以上人口で割った値である。65歳以上人口が同じであるとすれば，実際にかかった給付費が標準的な給付費よりも高い市町村ほど，実際の保険料が基準保険料よりも高くなるという「**限界的財政責任**」（第11章参照）が発揮される。その全国平均は，第1期月額2911円，第2期3293円，第3期4090円，第4期（2009〜11年度）4160円，第5期（2012〜14年度）4972円，第6期（2015〜17年度）5514円，第7期（2018〜20年度）5869円となっている（厚生労働省HP「第6期の保険料について」）。

第2号被保険者の保険料は，毎年度改正され，医療の保険料と

セットで徴収される。社会保険診療報酬支払基金への「介護納付金」は，全国ベースの給付費の第2号の負担割合（第7期では27％）を全医療保険加入者数（40～64歳）で割った「平均費用負担額」に，各医療保険加入者数を掛けた金額である。保険料率は，その介護納付金を第2号保険者の標準報酬総額で割った値であり，およそ1％である。その全国平均は，2000年度月額2075円，05年度3618円，10年度4289円，15年度5081円である。被用者保険は労使折半，国保は国と折半される（田中［2006］95-98頁）。

　市町村の介護保険事業特別会計は，**表2-4**のようになっている。2000年度の保険料（第1号）について徴収の凍結や半額徴収の期間があったので，その構成比が5％と極端に低い。だが，歳出の9割以上は保険給付費であるため，保険料が2002年度15.9％から07年度19.0％，16年度21.4％と上昇している。それは，それぞれ上述の負担割合が第1期17％，第2期18％，第3期19％と各期ごとに1％ずつ増加しているからである。給付費の25％を負担する国庫支出金は22％前後で推移しているが，第2号被保険者の保険料による**支払基金交付金**の構成比は，上述の負担割合の減少に対応して2005年度の30％から16年度25.7％に低下している。また，給付費の12.5％ずつを負担する都道府県支出金と市町村の**他会計繰入金**は，第3期（2006～08年度）で前者が大幅に増加し，都道府県が市町村国保と同様に積極的に関与している。

　介護保険の発足当初は，「第2の国保」にならないかと財政赤字が危惧されていた。要介護認定者も，表2-4のように高齢社会で年々増加している。だが，保険料の決定において「限界的財政責任」が発揮されている限りは，赤字の団体数は2007年度23団体，16年度15団体で全体の2％にとどまり，財源補填的な一般会計からの繰入金も少なくてすむことになる。

表 2-4　市町村の介護保険事業特別会計の歳入構成 (事業勘定)

(単位：億円，％，万人)

年　　度	2000	2005	2007	2010	2016
保 険 料	1,924 (5.0)	9,831 (15.7)	13,215 (19.0)	14,029 (17.9)	21,989 (21.4)
国庫支出金	8,870 (23.1)	14,942 (23.9)	14,622 (21.1)	17,256 (22.0)	22,991 (22.4)
支払基金交付金	11,241 (29.3)	18,780 (30.0)	19,358 (27.9)	22,082 (28.1)	26,329 (25.7)
都道府県支出金	4,207 (11.0)	7,414 (11.8)	9,483 (13.7)	11,080 (14.1)	14,040 (13.7)
他会計繰入金	6,290 (16.4)	9,629 (15.4)	10,276 (14.8)	11,676 (14.9)	14,865 (14.5)
そ の 他	5,825 (15.2)	1,983 (3.2)	2,470 (3.6)	2,430 (3.1)	2,365 (2.3)
合　　計	38,357 (100)	62,579 (100)	69,424 (100)	78,553 (100)	102,579 (100)
A)第1号被保険者	2,242	2,588	2,751	2,911	3,440
B)要介護認定者	256	432	453	506	632
(B)／(A)：%	11.4	16.7	16.5	17.4	18.3

(注)　要介護認定者には要支援認定者を含む。
(出所)　総務省 HP『地方財政白書』，厚生労働省 HP「介護保険事業状況報告
　　　　（年報）の概要」より筆者作成。

おわりに

　　教育や福祉に限らず望ましい行財政システムのためには，各自治体が第 6 章で述べるニュー・パブリック・マネジメント（NPM）の考え方にそって，効率的な財政運営を行える体制を整えることが求められる。

　国・地方ともに巨額の債務を抱えるわが国の財政構造のもとでは，自治体が自らの実情に合わせて機動的に行財政をスリム化し

ていくことが重要である。そのためには地方への税源移譲，国庫支出金の縮小とともに地方交付税を見直し，適正な財源保障をすることが不可欠である。ここでいう**「適正な財源保障」**とは，国が基準を決めた行政サービスに対しては十分な補助金を与えるが，決して多すぎてはならないことを意味している。

そして将来的には，自治体が課税自主権（自らの判断で課税できる権限）を持ち，国の保障水準を超える教育や福祉サービスについては，住民の責任で賄う「限界的財政責任」の仕組みを構築することが，真の地方分権の姿であると考えられる。

┈▶参考文献

阿部彩・国枝繁樹・鈴木亘・林正義［2008］『生活保護の経済分析』東京大学出版会。

今井勝人［1993］『現代日本の政府間財政関係』東京大学出版会。

神奈川県［2017］『平成 29 年版 神奈川県の男女共同参画』男女共同参画年次報告書（http://www. pref. kanagawa. jp/uploaded/attachment /908264. pdf#search=%27%E7%A5%9E%E5%A5%88%E5%B7%9D %E7%9C%8C+M%E5%AD%97%E3%82%AB%E3%83%BC%E3%83 %96%27）。

厚生労働省 HP［各年版］「国民医療費」。

全国知事会［2012］「女性の活躍の場の拡大による経済活性化のための提言」（http://www. nga. gr. jp/data/activity/iryofukushi/h 24/ 1395968571659. html）。

田中きよむ［2006］『改訂 少子高齢社会の福祉経済論』中央法規出版。

戸谷裕之［2006a］「教育行政に関する国と地方の財政負担──都道府県の義務教育費を中心に」『社会政策研究』第 6 号，79-96 頁。

戸谷裕之［2006b］「義務教育と公立高校の財政的自由度──基準財政需要額と決算額の対比分析から」『地方財政』第 45 巻第 6 号，192-202 頁 会。

中澤克佳［2010］『介護サービスの実証研究──制度変化と政策対応』三菱経済研究所。

中澤克佳［2017］「高齢者の社会動態と介護保険制度」『社会保障研究』第 2 巻第 2・3 号，332-348 頁。

平岡和久・森裕之・初村尤而［2008］『財政健全化法は自治体を再建するか——事例でみる影響と課題』自治体研究社。

宮本憲一・遠藤宏一編著［2006］『セミナー現代地方財政Ⅰ——「地域共同社会」再生の政治経済学』勁草書房。

椋野美智子・田中耕太郎［2018］『はじめての社会保障——福祉を学ぶ人へ（第15版）』有斐閣。

文部科学省［各年版］『学校基本調査報告書』。

文部科学省［各年版］『地方教育費調査報告書』。

文部省［1974］『学制百年史』帝国地方行政学会。

文部省［1992］『学制百二十年史』ぎょうせい。

□ **練習問題**

1 普通会計と公営事業会計を対比し，地方財政の構造を述べなさい。

2 都道府県における義務教育費の構造を図示し，「地方交付税」「国庫負担金」および「都道府県の一般財源」の関係を説明しなさい。

3 2015年度の子ども・子育て関連法によって生じた，認定子ども園などの保育制度の大幅な変化を説明しなさい。

4 2018年度から都道府県が国保の保険者に加わり，財政運営の責任主体になったことで変化した，市町村国保の役割を説明しなさい。

5 介護保険の成立の背景と，介護保険が国民健康保険に比べて赤字になっていない理由について述べなさい。

第3章

地方財政の健全化

イエロー・カードの導入

● イントロダクション…▶

　本書は，伝統的な財政再建促進法が50年ぶりに見直され，これを受けた「財政健全化法」を解説していることが特徴の1つとなっている。従来は，自治体の財政赤字が基準を超えると，突然，破産というレッド・カードが出されていた。新しい財政健全化法では，危険信号のイエロー・カードが導入された。このため，財政収支というフローの赤字基準は，地方税を中心とする一般会計のほかに，特別会計などを連結するようにして，対象範囲が拡大された。また，フローの基準だけでなく，将来負担というストックの基準も導入されている。

　これらを解説するための準備作業として，第1章では地方財政の予算と収入，第2章では経費のとらえ方や教育・福祉などの支出を具体的に説明してきた。この第3章では，国と地方の財政収支の特徴を踏まえて，都市部と地方部における赤字要因の違いを解説する。

---

1 国の財政政策と地方財政

国の基礎的財政収支 　　1990年代になされた景気対策としての大幅減税や公共事業の拡大は，わが国の財政収支を大幅に悪化させてきた。2009年度（18年度）末の国と地方をあわせた国債や地方債などの長期債務残高は820（1098）

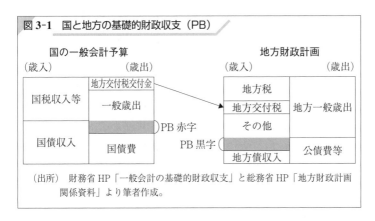

図3-1　国と地方の基礎的財政収支（PB）

国の一般会計予算

（歳入）		（歳出）
国税収入等	地方交付税交付金	
	一般歳出	
国債収入	国債費	

PB赤字

地方財政計画

（歳入）		（歳出）
地方税		地方一般歳出
地方交付税		
その他		
地方債収入		公債費等

PB黒字

（出所）　財務省HP「一般会計の基礎的財政収支」と総務省HP「地方財政計画関係資料」より筆者作成。

兆円，債務残高の対GDP比率は167％（199％）と，主要先進国のなかで最悪となっている（財務省HP［2019］「4. 国及び地方の長期債務残高」『日本の財政関係資料』）。

　2006年7月，政府は「経済財政運営と構造改革に関する基本方針2006」（以下，「基本方針2006」）を閣議決定し，11年度には国と地方をあわせた基礎的財政収支を黒字化させることを明記した。「**基礎的財政収支**」は，プライマリー・バランス（PB）とも呼ばれる。国の一般会計は国税と国債収入を主な財源とし，そのPBは**図3-1**に示されるように，政策的経費の一般歳出と，国税4税等の一定割合である地方交付税交付金をあわせた「**一般歳出等**」が，新たな借金に頼らずにその年度の国税収入等で賄えるか否かを判断する指標である。

　たとえば，一般会計予算の歳出総額は2018年度で97.7兆円であり，基礎的財政収支対象経費74.4兆円（＝97.7－国債費23.3）は64.0兆円の国税収入等で賄えない。したがって，PBは▲10.4兆円（＝64.0－74.4）の赤字となる。ここで，国債と地方債の合計を一般に**公債**といい，国の予算項目では公債金とされる借金が「**国債収入**」である。その金額33.7兆円は，以下の（3-1）式が

示すように，国債残高の元利償還金である「国債費」23.3兆円をPBの赤字分だけ上回っている（財務省HP［2018］「一般会計歳入歳出総表」）。

$$国：PB ＝ 国債費－国債収入 ＝ 23.3－33.7 \qquad (3\text{-}1)$$

PBが均衡すれば，借金の元利払いを除く一般歳出等が国税収入等で賄われ，その年度の受益と負担が均衡する。したがって，PBのマイナスは，その年度の受益が負担を上回り，差額の負担が将来の世代に先送りされることを意味する。

┌─────────────┐
│ 地方の基礎的財政収支 │
└─────────────┘

次に，地方の基礎的財政収支を見てみよう。第1章で述べたように，地方にとって国の一般会計予算に相当するのが，都道府県と市町村を純計した地方全体の歳入歳出見込みの「**地方財政計画**」である。この地方財政計画は，一般会計に特別会計の一部を加えた「普通会計」ベースであり，その基礎的財政収支（PB）は，国の場合と同様，以下のように公債費等と地方債収入の差額で表される。

$$地方：PB ＝ 公債費等－地方債収入 ＝ 12.2－9.2 \qquad (3\text{-}2)$$

ここで，地方債の元利償還金を公債費といい，「**公債費等**」には企業債償還費の普通会計負担分が含まれる。この普通会計負担分とは，第4章で解説する上・下水道などの地方公営企業が発行する企業債の元利償還金のうち，法律で定められた公営企業への法定繰出金のことである。

2018年度の地方財政計画では，公債費等12.2兆円に対し，地方債収入が9.2兆円で，地方のプライマリー・バランス（PB）は3.0兆円の黒字であった。この地方のPB黒字は，国のように，地方税だけで「**地方一般歳出**」を賄うという単純なものではない。地方一般歳出は，図3-1のように，地方税のほか，地方交付税や国庫支出金など国からの財源移転によって賄われる。このため，地方は公債費等に対して地方債収入を低く抑えることができるの

である。とくに，国の一般会計の歳出項目である地方交付税交付金16.0兆円は，第1章で述べたように，地方財政計画の歳入項目の地方交付税として財源移転され，これが各自治体の財源不足を補填するのである（総務省HP［2018］「地方財政計画」）。

国と地方の基礎的財政収支の推移

以上のように，国と地方の財政関係は，地方交付税によって地方の財源不足を国に集中させる仕組みである。このため，地方の基礎的財政収支のPB赤字は，**図3-2**のように石油ショック後の1970年代後半と，バブル経済が崩壊した1990年代中頃の2回しかなく，その規模も国のPB赤字に比べてはるかに小さい。

地方が最初のPB赤字から脱した1980年代前半には，高い公務員給与やデラックスな文化会館を事例として，第2臨調を中心に「**地方財政余裕論**」が展開され，第9章で述べるように85（昭和60）年度から地方への補助金がカットされた。その後，1988年度からのバブル経済では国も地方もPB黒字になるが，バブル経済の崩壊で地方は再びPB赤字に直面するのである。

1997年度には，不良債権処理の問題は残っていたが，日本経済に回復の兆しが見え始めた。このため，橋本龍太郎内閣は，国と地方の財政赤字をGDPの3％以内に抑えるという財政構造改革に踏み切ったが，山一證券や北海道拓殖銀行などの倒産という金融危機に直面した。後を引き継いだ小渕恵三内閣は，地域振興券など未曾有の緊急経済対策で景気刺激策を講じたが，国のPB赤字は，15兆円を超える規模にまで悪化したのである。このとき，地方は，とくに財政力の高い都道府県を中心に，行政改革を継続したため，PB黒字を維持した。

2001年度からの小泉構造改革では，アメリカ経済の住宅バブルを背景に景気が回復し，国のPB赤字も改善した。国と地方をあわせたPBは，2008年度予算ベースで0.4兆円（＝▲5.2＋5.6）の

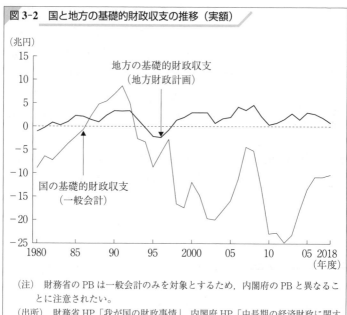

図3-2 国と地方の基礎的財政収支の推移（実額）

（兆円）

地方の基礎的財政収支
（地方財政計画）

国の基礎的財政収支
（一般会計）

（注）　財務省の PB は一般会計のみを対象とするため，内閣府の PB と異なることに注意されたい。

（出所）　財務省 HP「我が国の財政事情」，内閣府 HP「中長期の経済財政に関する試算」参照。

黒字となり，「基本方針 2006」の 11 年度に PB を黒字化させるという目標を達成するかに見えた。

　ところが，2008 年の秋のリーマン・ショック，すなわちアメリカのサブプライム・ローン問題に端を発した世界的な金融危機が勃発した。この影響を受けて景気は急激に低迷し，それに対処するための大規模な経済対策が行われた。国の PB 赤字は 2008 年度決算で▲14.0 兆円，09 年度補正後予算で▲23.8 兆円，10 年度当初予算でも▲23.7 兆円と拡大した。地方の PB 黒字も 2010 年度に▲0.1 兆円の赤字に転落し，国と地方をあわせた PB は▲23.8 兆円の赤字になった。それを 2011 年度に黒字化させるという「基本方針 2006」の目標は放棄せざるをえなくなった。

その後，2013年に日本生産性本部が作成した「日本再興戦略」（アベノミクス）は6月14日に閣議決定され，①大胆な金融政策，②機動的な財政政策，③民間投資を喚起する成長戦略の「三本の矢」の効果が次第に出始めた。この間，地方のPBは常に黒字であったが，国の一般会計のPB赤字は，2013年度の▲23.2兆円から，16年度▲10.8兆円（財務省，なお，内閣府HPでは▲15.5兆円）に改善し，18年6月の「新経済・財政再生計画」では，25年度の国・地方をあわせたPBの黒字化をめざすことになった。

2 都市部の交付団体転落による財政危機

経常収支比率と財政力指数

各自治体の財政運営の指標には，経常収支比率や財政力指数などがある。ただし，これらの指標が悪化したからといって，財政破綻による再生（再建）団体への転落や，地方債の発行が制限される起債制限といった規制・指導が適用されるわけではない。これらの指標は，すでに述べた自治体ごとに総務省HPに載っている「決算カード」に示されている。

　各自治体が，さまざまな行政需要の変化に対応していくためには，財政構造が弾力的でなければならない。その指標として最も重要なのが，「**経常収支比率**」である。これは，以下のように，経常一般財源に対する経常経費充当一般財源の割合である。

$$経常収支比率 = \frac{経常経費充当一般財源}{経常一般財源} \tag{3-3}$$

　ここで，経常とは財源が毎年度経常的に入ったり，出ていったりすることであり，また一般財源とは，使途が限定された特定財源に対し，使途が限定されない財源のことである。したがって，

Column ⑦　拡大する財源保障目的の臨時財政対策債～～～～～～

　日本の地方財政制度では，地方の財源不足を交付税で財源保障するため，1970年代前半までの地方債は，公共事業に対する「建設地方債」を原則としてきた。だが，地方の財源不足が深刻化し，国税（2015年度）の約3割である交付税総額で賄えないとき，その差額を交付税特別会計の借入金で賄ってきた。借入金が，地方団体自身の借金であることを明確にするため，その差額は2001年度から段階的に臨時財政対策債に切り替えられ，2007年度（16年度）で地方債現在高の14.3％（35.8％）を占めるまでになった。

　ただし，それは減収補塡債などとともに「赤字地方債」であるが，元利償還金が需要額に算入されて，将来の交付税で手当てされるものである。たとえば，大阪府の地方債現在高は，2007年度5.3兆円から16年度5.5兆円と大きな変化はないが，臨時財政対策債は0.5兆円から2.2兆円と4倍以上に増えていることになる（各都道府県や市町村の臨時財政対策債の現在高などの詳細〔1990～2017年〕は，政府統計の総合窓口，e-Stat「地方財政状況調査」を参照されたい）。

～～～～～～～～～～～～～～～～～～～～～～～～～～～～～～～～～～～

分母の「経常一般財源」は，毎年度経常的に入る財源のうち，地方税や普通交付税などのように使途が限定されない収入である。ただし，最近では，地方交付税のうち，災害等に対応した特別交付税を除く普通交付税交付金の一部を，財源が足りないので臨時財政対策債という地方債に振り替えている。したがって，これも減収補塡債とともに経常一般財源に含まれる。分子の「経常経費充当一般財源」は，人件費など毎年度支出される経常経費のうち，一般財源が使われた部分の経費をいう。

　この経常収支比率が高いほど，各自治体の財政状況は，自由に使える一般財源が人件費や扶助費，公債費などの「義務的経費」に消えてしまうため，財政が硬直化することになる。

　経常収支比率は，各自治体ごとに計算されるが，都道府県全体

としては，1997年度の91.7％から2007年度（16年度）には94.7％（94.3％）と，約3ポイント上昇している。また市町村全体も，1997年度の83.5％から2007年度（16年度）は92.0％（93.4％）へ上昇し，いずれも財政構造の硬直化を示している。

　他方，「**財政力指数**」は，以下の（3-4）式のように，各自治体の標準的な支出である「基準財政需要額」（以下，需要額）を，地方税などの自主財源に相当する「基準財政収入額」（以下，収入額）で賄うことができる割合で，この割合が高いほど財政力が高い団体といわれる。

$$財政力指数 = \frac{基準財政収入額}{基準財政需要額} \tag{3-4}$$

「決算カード」に示される財政力指数は，過去3年間の平均値であるが，普通交付税は，単年度ごとに需要額から収入額を引いた差額が交付される。このような差額のある自治体は「**交付団体**」といわれ，財政力指数が1未満の団体である。これに対し，財政力指数が1以上の地方自治体は，上述の差額がゼロまたはマイナスになるので，普通交付税が交付されない「**不交付団体**」となり，財政力が高い団体であるといえる。

**財政力指数に依存する
経常収支比率曲線**

　経常収支比率は，80％前後が健全とされているが，不交付団体が交付団体に転落したとき，財政が急激に悪化することがある。経常収支比率は，需要額に対する経常経費充当一般財源（以下，支出額）を「対比指数」（＝支出額÷需要額）とすれば，単年度の財政力指数の関数として分解することが可能である。

　都道府県や市町村の収入額は簡単化のために譲与税などを無視すると，地方税の75％（3/4）として算定される［収入額＝（3/4）×地方税］。この地方税と収入額の関係において，地方税を左辺にすると，収入額の4/3倍になる［地方税＝（4/3）×収入額］。ま

た，（3-3）式で示した経常収支比率は，分母の一般財源が地方税と普通交付税（=需要額−収入額）の合計である。

　これらの関係式を（3-3）式に代入すれば，それは支出額や需要額，収入額で表すことができる。また，交付団体と不交付団体の経常収支比率は，分子や分母を需要額で割れば，それぞれ以下のように，対比指数と財政力指数だけの式に分解できるのである。

　［交付団体］

$$経常収支比率 = （支出額）÷［地方税＋普通交付税］$$
$$= （支出額/需要額）÷［((4/3)×収入額$$
$$+需要額−収入額)/需要額］$$
$$= （対比指数）÷［1+(1/3)×（財政力指数)］$$
$$(3-5)$$

　［不交付団体］

$$経常収支比率 = （対比指数）÷［(4/3)×（財政力指数)］$$
$$(3-6)$$

　ここで，両者の経常収支比率は財政力指数が1のときに一致するため，（3-5）と（3-6）式をつないだ財政力指数との関係式を「経常収支比率曲線」としよう。

　第1に，経常収支比率曲線は，**図3-3**のように，対比指数が高くなるほど全体的に上方へシフトするから，対比指数はその曲線を押し上げるシフト要因として機能する。第2に，経常収支比率曲線は，財政力指数が高くなるほど低下して健全性を増すが，財政力指数が1の点で屈折し，不交付団体では財政力が高く（低く）なるほど，経常収支比率は急激に低下（上昇）する。第3に，その曲線の屈折率は対比指数が高いほど大きく，財政力指数が1.1と1.0の間で最大になるという特徴がある（中井［2007］185-187頁）。

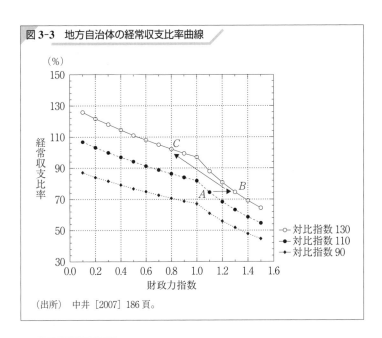

図3-3　地方自治体の経常収支比率曲線

（%）

（縦軸）経常収支比率

（横軸）財政力指数

- ○ 対比指数 130
- ● 対比指数 110
- ◆ 対比指数 90

（出所）　中井［2007］186頁。

交付団体転落による財政危機

　つねに不交付団体である東京都では，1990年代当初，財政力指数1.7のもとで，経常収支比率は70％前後の健全性を示していた。ところが，1999年度には単年度の財政力指数が1.1に低下したので，経常収支比率は100％を超えた。不交付団体は，経常収支比率の分母が地方税だけであるため，地方税の減少はそのまま一般財源の減収に跳ね返る。ただし，東京都の場合，図3-3のように，対比指数が130というような高い水準であっても，財政力指数1.7の状態から0.1ポイント下落したときに，経常収支比率は4ポイント上昇するにすぎない。

　他方，つねに交付団体である自治体であれば，地方税がたとえば100億円減少したとしても，地方税と普通交付税をあわせた一般財源は25億円の減少にすぎない。というのは，収入額は地方

税の75％分であるから，地方税が100億円減少すれば，制度上，収入額が75億円減額される。この減額は，普通交付税が需要額と収入額の差額であるため，需要額が一定であれば，普通交付税の75億円の増額によって財源保障される。つまり，一般財源は，100億円減少した地方税と75億円増額された普通交付税の合計として，25億円の減少にとどまる。その結果，交付団体では，財政力指数が0.1ポイント下落しても，経常収支比率は2ポイント程度の上昇にすぎないのである。

ところが，経常収支比率曲線の屈折率が示すように，財政力指数1.1の状態から0.1ポイント下落すると，経常収支比率は対比指数130のもとで9ポイントも上昇する。たとえば，財政力の高い自治体が，財政力指数1.1の不交付団体のとき，「対比指数110」（●）であれば，経常収支比率は，図3-3の点Aのように75％で健全である。バブル期に財政力指数が1.3に上昇したとき，単年度の予算均衡主義が，実際に支出される支出額の増加で対比指数を130（○）に上げても，経常収支比率は点Bのように，同じ75％で健全性が維持できる。しかし，この高い対比指数のまま，バブル経済の崩壊で財政力指数が0.8の交付団体に転落すれば，経常収支比率は点Cのように，一気に103％まで上昇する。

神奈川，愛知，大阪など大都市圏の府県は，財政力が高いにもかかわらず，1999年度の経常収支比率はいずれも100％を超えた。2007年度（16年度）では，神奈川と愛知がそれぞれ97.6％（98.7％），93.9％（99.6％）に改善しているが，大阪は102.7％（101.1％）で**財政の硬直化**を脱していない。バブル期の予算均衡主義による対比指数の引上げは，交付団体転落時の最高の屈折率によって，経常収支比率を一気に悪化させたのである。

また，都市部では，たとえば大阪府泉佐野市が，次節で述べるように関西国際空港などの固定資産税収入の増加により，1997

年度の財政力指数が1.17と不交付団体になったが，2000年度には0.99と交付団体に転落した。このとき，経常収支比率は99.2%から106.7%に上昇し，2016年度でも財政力指数0.94，経常収支比率103.7%と財政の硬直化を招く結果になった。

3 財政健全化法と苦悩する農山村財政

イエロー・カードの導入と4つの健全化判断比率

　序章で述べたように，2008年4月，「地方公共団体の財政の健全化に関する法律」（**財政健全化法**）が施行された。この背景には，地方分権推進委員会による地方債の許可制度が2006年度に協議制へ移行したのに伴って，地方財政再建促進法の見直しの必要性があったことがある（平嶋［2010］14頁）。従来の財政再建法は，実質収支比率を基準として再建を行う自治体のみを対象としていた。だが，「財政健全化法」では，すべての自治体が①実質赤字比率，②連結実質赤字比率，③実質公債費比率，④将来負担比率の4つの**健全化判断比率**で評価される。これらの比率は，毎年度決算の後，監査委員の審査に付し，議会に報告した上で公表しなければならない。また，各自治体ができるだけ早く財政再建に着手するように，健全化判断比率のいずれかが，一定の水準以上に悪化した場合にイエロー・カードとしての「**早期健全化基準**」，それ以上に悪くなった場合にはレッド・カードとしての「**財政再生基準**」という2段階の基準が設けられている。

　第1の「**実質赤字比率**」は，図3-4のように，一般会計と特別会計の一部からなる普通会計（一般会計等）を対象とし，従来の実質収支比率と同様，以下のように示される。

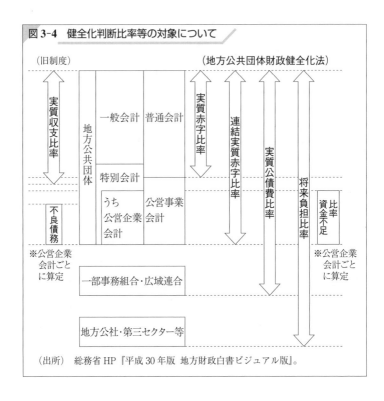

図 3-4 健全化判断比率等の対象について

（出所）　総務省 HP『平成 30 年版　地方財政白書ビジュアル版』。

$$実質赤字比率 = \frac{一般会計等の実質赤字額}{標準財政規模} \qquad (3\text{-}7)$$

　ここで「実質収支」とは，歳入総額から歳出総額を引いた形式収支から，さらに継続費の執行残額など「翌年度に繰り越すべき財源」を引いた金額のことである。この黒字や赤字の標準財政規模に対する割合は，従来「実質収支比率」といわれてきた。「標準財政規模」とは，各自治体の一般財源の大きさを示す指標であり，地方税の標準税収入額等や普通交付税の合計である。またここに，本来，普通交付税で交付されるべき臨時財政対策債の発行可能額も加えられている。「標準税収入額」は，地方交付税法上

の標準税率で算定した法定普通税の見込額であり，標準税収入額等には地方譲与税が含まれる。

2006年度に財政破綻してレッド・カードを出された夕張市は，01年度では経常収支比率が116.7％と危険信号を発していたが，この年度の実質収支は黒字であった。夕張市は，第三セクターの経営破綻による負債を一般会計が背負わざるをえなくなった結果，再生（再建）団体に転落したのである。このため，財政健全化法では，図3-4のように，普通会計以外にも対象範囲を広げ，新たに3つの健全化基準を追加した。

第2の「**連結実質赤字比率**」は，上・下水道などの公営企業に対する一般会計の繰出金を削減すれば，普通会計の赤字を操作できてしまうため，以下のように普通会計と公営事業会計を連結した実質赤字額に対象を広げたものである。

$$連結実質赤字比率 = \frac{連結実質赤字額}{標準財政規模} \tag{3-8}$$

第3の「**実質公債費比率**」は，地方債の元利償還金である公債費に関して，普通会計と公営事業会計のほかに一部事務組合や広域連合を連結した「3カ年平均」である。

$$実質公債費比率 = \frac{地方債の元利償還金＋準元利償還金－（特定財源＋元利償還金・準元利償還金にかかる基準財政需要額算入額）}{標準財政規模－元利償還金・準元利償還金にかかる基準財政需要額算入額} \tag{3-9}$$

第1章で述べたように，地方債の発行は2006年4月，許可制から協議制へと移行し，従来の起債制限比率が実質公債費比率に改定された。この対象範囲は，地方債の元利償還金だけでなく，公営企業債に対する繰入金などの公債費に準ずる「準元利償還

金」も含めたものである。ただし，分子にある元利償還金に使い道が限定された特定財源のほか，普通交付税で措置される「元利償還金・準元利償還金にかかる基準財政需要額算入額」が起債制限比率のときと同様，実質公債費比率の分子と分母から除かれる。

第4の「**将来負担比率**」は，以上のようなフローの3指標に対し，ストックの指標として地方公社や第三セクター等まで対象範囲を拡大している。

$$将来負担比率 = \frac{将来負担額 - (充当可能基金額 + 特定財源見込額 + 地方債現在高等にかかる基準財政需要額算入見込額)}{標準財政規模 - 元利償還金・準元利償還金にかかる基準財政需要額算入額}$$

(3-10)

ここで，将来負担額とは，主に地方債現在高や退職手当負担見込額などのストックとなっている。このため，分子の減債基金などで積み立てた充当可能基金額や元利償還金に使い道が限定された特定財源の見込額，そして将来，普通交付税で措置される「地方債現在高等にかかる基準財政需要額算入見込額」が，ストックとして将来負担額から除かれる。将来負担比率は，分子がストックであるのに対して，分母が実質公債費比率と同じフローの指標であるから100%を超える値となる。

なお，公営企業の経営健全化基準は，第4章で解説するように，従来の「不良債務」から⑤**資金不足比率**に改訂され，各公営企業会計ごとに算定される。

健全化判断比率と財政健全化の進展

各自治体にとっては，これら4つの健全化判断比率のいずれかが，**表3-1**の早期健全化基準を上回ったときには，イエロー・カードを出され，「**財政健全化団体**」となり，公表した年度

表 3-1　早期健全化と財政再生の基準

指　　標	早期健全化基準	財政再生基準
①実質赤字比率	都：5.54% 道府県：3.75% 市町村：11.25〜15%	都：8.57% 道府県：5% 市町村：20%
②連結実質赤字比率	都：10.54% 道府県：8.75% 市町村：16.25〜20%	都：18.57% 道府県：15% 市町村：30%
③実質公債費比率	都道府県・市町村：25%	都道府県・市町村：35%
④将来負担比率	都道府県：400% 政令指定都市：400% 市町村：350%	―
⑤資金不足比率 （公営企業）	経営健全化基準：20%	―

（注）　道府県の実質赤字比率の早期健全化基準は，地方債協議・許可制度にお
　　　ける許可制移行基準 2.5% と財政再生基準 5% の中間の値 3.75%（＝(2.5＋5)
　　　÷2）をとったものである。なお，都の実質赤字比率と連結実質赤字比率の
　　　基準は，旧再建法と同様，財政制度の特例に伴う計算があり，別途設定さ
　　　れる（総務省 HP「早期健全化基準と財政再生基準」）。
（出所）　総務省 HP『平成 30 年版 地方財政白書：資料編〔附属資料〕』。

の末日までに「**財政健全化計画**」を定めなければならない。

　また，実質赤字比率に関する財政再生基準の道府県 5% と市町
村 20% は，従来の財政再建法の実質収支比率と同じである。将
来負担比率を除く 3 つの指標のいずれかが，表 3-1 の財政再生基
準を超えた場合にはレッド・カードを出され，「**財政再生団体**」
となり，同様に公表した年度の末日までに「財政健全化計画」を
定めなければならない。

　なお，連結実質赤字比率の財政再生基準は，2009 年度から 3
年間の経過的な基準として，都道府県においては 25%，25%，
20%，市町村においては 40%，40%，35% となっていた。

表 3-2　健全化判断比率の団体数の推移

年　　　度	2007	2008	2009	2010	2011	2012	2013	2014	2015	2016
実質赤字額が ある団体数 [A，B]	24 [2，1]	19 [2，1]	13	8	2	0	2	0	0	0
連結実質赤字 額がある団体 数［A，B］	71 [11，2]	39 [2，1]	31	17	9	7	6	1	0	0
実質公債費比 率が18%以上 である団体数	436	399	306	175	114	63	41	29	20	15
［A］	33	20	12	4	1	1	1	1	1	1
［B］	2	1	1	1	0	0	0	0	1	1
将来負担比率 ［A］	5	3	3	2	2	1	1	1	1	1
［A］合計(純計)	43	22	14	5	2	2	1	1	1	1
［B］合計(純計)	3	1	1	1	1	1	1	1	1	1

（注）　A：早期健全化基準以上，B：財政再生基準以上。
（出所）　総務省 HP［各年版］『地方財政白書』，純計は「健全化判断比率が早期
　　　健全化基準以上である団体数の状況」。

　財政健全化法は，2008 年度決算から適用され，健全化判断比
率で早期健全化基準以上は**表 3-2** の純計のように 22 団体で，07
年度の 43 団体に比して半数となり，改善している。このうち，
財政再生基準以上の自治体は，前年度で 3 団体の可能性があった
が，北海道夕張市の 1 団体にとどまった（総務省 HP「平成 20 年
度決算に基づく健全化判断比率・資金不足比率の概要」）。

　第 1 の「実質赤字比率」は 2008 年度，奈良県御所市が 16.31%
（早期健全化基準 13.74%）であり，財政再生基準（20%）以上の夕
張市の 703.60% とあわせて，早期健全化基準以上は前年度と同

じ 2 団体である。実質赤字の団体は，表 3-2 のように前年度で大阪府と 23 市区町村の 24 団体であったが，2008 年度 19 団体，09 年度 13 団体，10 年度 8 団体，11 年度 2 団体と急減していった。

　第 2 の「連結実質赤字比率」は 2008 年度，大阪府泉佐野市が 26.42％（同基準 17.44％）であり，早期健全化基準以上は夕張市の 705.67％ とあわせて 2 団体と，07 年度の 11 団体から激減した。また，連結実質赤字の自治体も 2007 前年度の 71 団体から 39 団体となり，約半数に改善し，09 年度 31 団体，10 年度 17 団体，11 年度 9 団体と大幅に改善した。上述の御所市は一般会計が赤字であったのだが，泉佐野市は病院と宅地造成事業の赤字が原因であるため，連結によって初めてイエロー・カードを出されたのである。

　第 3 の「実質公債費比率」が早期健全化基準の 25％ 以上は 2008 年度，夕張市の 42.1％ や長野県王滝村を加えて 20 市区町村で，前年度の 33 団体から 3 分の 2 に減少し，2009 年度 12 団体，10 年度 4 団体に急減した。なお，実質公債費比率が 18％ 以上の団体は，地方債の発行（起債）には総務大臣等の許可が必要となり，2007 年度 436 団体，08 年度 399 団体，09 年度 306 団体と急激な改善が困難であった。しかし，そのような団体は，2010 年度（175 団体）以降，地方債の繰上償還等によって 16 年度 15 団体と大幅に改善した。2008 年度の実質公債費比率の平均も，都道府県が前年度の 13.5％ から 12.8％ に，市区町村が 12.3％ から 11.8％ に低下している。とくに王滝村は，大幅な歳出削減で観光施設事業（スキー場）会計の借入金を繰上償還し，単年度の比率を 14.0％ に抑えた。このため，2008 年度の 3 ヵ年平均は，32.1％ に低下し，財政再生基準（35％ 以上）のレッド・カードを回避できたのである（王滝村 HP「平成 20 年度決算に基づく財政健全化判断比率のお知らせ」）。

第4の「将来負担比率」が早期健全化基準の350％以上は2008年度（16年度），夕張市の1164.0％（594.2％），泉佐野市の393.5％（176.2％），青森県大鰐町の392.6％（193.3％）であり，前年度の5団体から3団体に減少している。将来負担比率の平均も，都道府県が222.3％から219.3％に，市区町村は110.4％から100.9％に低下している。

　より詳細な実証分析としては，第1に連結実質赤字比率に関して，7年償還の公立病院特例債の起債は，その赤字改善目標を住民に知らしめることによって，病院特別会計の資金不足の圧縮を加速させたとしている（赤井・石川［2019］150頁）。第2に実質公債費比率に関して，2010年度末で償還・積立不足が大きかった大阪府が，2017年度末でそれを完全に解消したことは注目されるとしている（赤井・石川［2019］96頁）。第3に将来負担比率に関して，第三セクター等改革推進債は，第4章で述べるように，一般会計等が負担することになる債務保証・損失補償を有する土地開発公社の解散・清算を促進させたとしている（赤井・石川［2019］204頁）。そして，財政健全化法自体も，総務省［2015］の研究会を経て，2017年4月1日には一部改正法が施行されている。

　以上のように，財政健全化法に基づくイエロー・カードの導入は順調に滑り出し，早期健全化基準以上の団体は2012年度の夕張市と泉佐野市の2団体から，13年度以降，夕張市の1団体となり，一定の成果を出したといえるであろう。しかし，2008年度の早期健全化基準以上の22団体は，ほとんどが農山村の過疎市町村である。行政が地域再生をめざして観光事業などに手を出してみたが，思うように集客できず，失敗したケースが多い。農山村の自治体経営は，住民の「痛みとがまん」で財政を健全化できても，過疎化や高齢化を食い止めることは容易でなく，第10

章で解説される「地域づくり」にかかわる深刻な課題が残されている（青木［2008]）。

···▶参考文献

青木宗明編著［2008]『苦悩する農山村の財政学』公人社。

赤井伸郎・石川達哉［2019]『地方財政健全化法とガバナンスの経済学——制度本格施行後10年での実証的評価』有斐閣。

総務省［2015]「地方財政の健全化及び地方債制度の見直しに関する研究会」（報告書）。

中井英雄［2007]『地方財政学——公民連携の限界責任』有斐閣。

平岡和久・森裕之・初村尤而［2008]『財政健全化法は自治体を再建するか——事例でみる影響と課題』自治体研究社。

平嶋彰英［2010]「地方公共団体財政健全化法成立から三年を経て——制度設計を振り返り，影響を検証する」『地方財政』7月号，10-39頁。

矢野浩一郎［2007]『地方税財政制度（第8次改訂版）』学陽書房。

▣ **練習問題**

1 国と地方の基礎的財政収支について，制度的な共通点や相違点を調べ，これまでの推移を説明しなさい。

2 普通交付税が交付される交付団体では，地方税が減少しても，経常収支比率がそれほど悪化しないのに，それが交付されない不交付団体では交付団体に転落すると，なぜ急激に悪化するのか，それらの理由を考えなさい。

3 財政健全化法について，財政健全化団体と財政再生団体との違いとともに，4つの判断基準を具体的に説明し，なぜ赤字の対象範囲が拡大されたかを考えなさい。

第 2 部

自治体経営を学ぶ

北海道内7空港民営化で，北海道空港（HKK，札幌）を中心とする企業連合が，地元主要企業との連携や現実的な計画提案が評価され，受託。7空港の先陣を切り，2020年6月に民営化される新千歳空港（2018年）（北海道新聞社／時事通信フォト提供）

第 4 章

地方公営企業と第三セクター等

建設・設立から経営の時代へ

● イントロダクション…▶

第3章で述べたように，財政健全化法では，各公営企業会計が普通会計と連結されるだけでなく，単独の公営企業会計についても，早期健全化というイエロー・カードを出されるようになった。また，地方公営企業の上・下水道は，施設の老朽化が目立つようになり，建設の時代から経営の時代に移行している。とくに，第三セクター等は，夕張市の例のように，財政破綻のきっかけにもなっており，地方税を中心とする一般会計以外のところで，自治体経営の真価が問われるようになってきた。

本章では，公営企業単独の経営健全化基準や第三セクター等の概要を踏まえ，上・下水道や自治体病院を事例として取り上げて自治体経営のあり方を解説する。また，1970年代やバブル期に多くが設立された土地開発公社や第三セクターについても，時代のニーズに対応させるために必要になる存廃問題に関して検討することにしよう。

1 地方財政の連結決算と公営企業の資金不足比率

地方公営企業の事業者
数と決算額の推移

地方公営企業は，各自治体が直接，地域住民の福祉の増進を目的として経営する企業とされている（満田・松崎・室田 [2002]）。1952（昭和27）年に施行された地方公営企業法第2条

に規定されているのは，①水道，②工業用水，③軌道（地下鉄や路面電車），④自動車運送（バス），⑤地方鉄道，⑥電気，⑦ガス，の法定7事業である。これらは，施設を更新するために減価償却費を計上する発生主義の「**企業会計**」が適用されている。なお，⑧病院は財務規定のみが適用される。

　他方，地方財政法施行令第37条で規定される事業には，⑨簡易水道，⑩港湾整備，⑪市場，⑫と畜場，⑬観光施設，⑭宅地造成，⑮公共下水道の，7事業である。これらは，元利償還費を計上する現金主義の「**特別会計**」が適用される。しかし，下水道は，企業会計の財務規定を適用する事業が増えている。このほかの地方公営企業には，⑯有料道路や⑰駐車場整備，介護保険事業会計と異なる⑱介護サービス事業などがある（林［2003］247頁）。ただし，これらの地方公営企業がすべての都道府県，市町村に設置されているわけではない。

　地方公営企業の事業者数は，**表4-1**のように，1980年度の7508事業から2000年度には1万2574事業とほぼ1.6倍に増加したが，「平成の大合併」により，07年度には9210事業，16年度8534事業に減少した。これは，全国の民間と公立の病院数に匹敵する規模である。上水道が半分を占める企業会計の法適用は，2007年度2880事業から16年度3181事業に増加し，下水道が半分を占める特別会計の法非適用は，2007年度6330事業から16年度5299事業に減少し，法適用への移行が進んでいる。水道はどの市町村にもあるため，事業者数は市町村数に匹敵することになる。

　都市部の上水道に対し，水のきれいな農山漁村では，簡易水道（計画給水人口5000人以下）で十分なことが多い。上水道と簡易水道事業は，それぞれ1980年代以降1900と1700事業前後であったが，2007年度1404と872事業，16年度1334と707事業にな

表4-1　主な地方公営企業の推移

（上段：事業数，下段：決算額〔億円〕）

年　　　度	1980	1990	2000	2007	2016
上　水　道	3,601	3,654	3,661	2,276	2,041
下　水　道	772	2,054	4,669	3,701	3,639
病　　　院	716	736	757	664	634
そ　の　他	2,419	2,586	3,487	2,569	2,220
合計事業数	7,508	9,030	12,574	9,210	8,534
上　水　道	24,113	37,588	48,419	47,434	39,850
下　水　道	26,076	48,526	76,378	69,808	54,658
病　　　院	16,461	31,644	47,001	47,470	45,577
そ　の　他	29,592	43,714	46,165	39,624	29,254
合計金額	96,242	161,472	217,963	204,336	169,339
普通会計歳出額	457,807	784,732	976,163	891,476	947,666

（注）　上水道は簡易水道を含み，普通会計歳出額は東日本大震災分を除く通常
　　　　収支分。下水道事業数は農村集落排水施設をなどを含む。
（出所）　総務省 HP〔各年版〕『地方財政白書』より筆者作成。

った。町村の簡易水道は，「平成の大合併」で半減したわけである。

　下水道は 2016 年度 2041 事業の水道に比べて後発の事業であり，1970 年度では都市部を中心とした 280 事業にすぎなかった。その後，河川の汚濁など環境問題を背景にして，下水道の事業数は 10 年ごとに倍増し，1980 年度 772 事業，90 年度 2054 事業から 2000 年度に 4669 事業に増加した。ただし，これも「平成の大合併」で，2007 年度には 3701，16 年度 3639 事業に減少している。下水道が市町村数の約 2 倍に及ぶのは，1975 年度から実施された自然公園や農山村を対象とする 2007 年度 771 の特定環境保全公共下水道や 922 の農村集落排水施設を含むからである。

また，自治体病院は，全国の病院の約1割であり，2007年度957病院（664事業で1事業が複数の病院を抱えている），16年度792病院（634事業）あるが，10年連続して減少傾向にある。

　地方公営企業全体の決算規模は，2007年度20.4兆円で，普通会計歳出決算89.1兆円の23％に及んでいたが，16年度17.9％（＝169339÷947666）に整理縮小されている。事業別では，2016年度下水道5.5兆円，病院4.6兆円，水道4.0兆円の順であり，これらで全体の8割を占める。また，その建設投資額は国の景気対策に左右され，1997年度8.7兆円から2007年度4.0兆円，16年度3.8兆円と大幅に減少しているが，普通会計の普通建設事業費のそれぞれ30％，27％を占める。事業別では2016年度，下水道1.6兆円，水道1.2兆円，病院3901億円の順であり，これらが全体の83％を占める。

公営企業単独の資金不足比率

　各公営企業ごとに単独で算定される「**資金不足比率**」は，以下のように，その資金不足額を料金収入などの事業規模と比較した指標である。

資金不足比率 ＝ 資金不足額／事業規模

　分母にある「事業規模」は，損益計算書で示される料金収入などの営業収益のことである。分子にある「資金不足額」は法適用企業の場合，貸借対照表で示される一時借入金などの流動負債から，現金・預金などの流動資産を引いた金額である。ただし，事業によっては，資金不足額が，流動負債に「建設改良費等以外に充てた地方債の現在高」を加えた金額から，流動資産や解消可能資金不足額を引いた金額の場合もある。この「解消可能資金不足額」は，計画赤字ともいい，事業の性質上，事業開始からの一定期間で構造的に資金不足額が生じる場合に，控除できる一定金額のことである。なお，資金不足比率の定義は，法適用と法非適用

企業によっても異なるので注意してほしい（総務省HP「平成20年度決算に基づく健全化判断比率・資金不足比率の概要」など各年度版を参照）。

　たとえば，交通の京都市地下鉄（都市高速鉄道）事業の2007年度決算では，資金不足額が流動負債317億円から流動資産26億円を引いて291億円であった。これを営業収益226億円の事業規模で割ると，資金不足比率は128.8％であり，2008年度決算でも133.5％と悪化した。このため，同事業は2010年3月には，経営健全化計画を策定し，14年度決算では，依然として厳しい状況にあるが，駅ナカ・ビジネスの積極的展開や一般会計からの繰入れなどにより，経営健全化基準（20％）を下回る14.8％を達成した（総務省HP「財政状況等一覧表」，「地方公営企業年鑑」，京都市交通局HP「地下鉄・市バスを守っていくための取組」）。

　また，第3章で述べた大阪府泉佐野市の宅地造成事業は，2008年度決算で65億円の資金不足に陥り，資金不足比率が918.6％になった。その原因は，市民病院の建設において，旧病院跡地の売却収入を充てるため，宅地造成事業会計に売却したが，景気低迷で事業計画が頓挫し，売却差損が生じたからである。このため，同市HPの「財政健全化計画〈素案〉」では，2009年の計画初年度に第三セクター等改革推進債を活用して，宅地造成事業会計を廃止する。だが，その赤字を普通会計が引き受けると，今度は実質赤字比率が2010年度から健全化判断比率（12.36％）を上回ってしまい，これを解消するには2027年度までかかるとしていた。だが，実質赤字比率は，2012年度に黒字に転換し，13年度には，将来負担比率も302.1％と基準（350％）を下回り，「財政健全化計画完了報告書」（泉佐野市HP）を提出した。

　このように，公営企業会計が経営健全化基準（20％）以上のものは，2008年度（16年度）7344（6688）会計数のうち，交通10

（1）事業，病院 10（1）事業，宅地造成 12（3）事業，観光施設 12（2）事業など 61（9）会計である。ただし，それは 2007 年度の 156 会計に比べると，半分以下に減少し，その後大きく改善されている（総務省 HP［各年度版］『地方財政白書』（5）資金不足比率）。

地方三公社と第三セクター

地方公社と**第三セクター**は，「公益上必要がある場合においては，寄附又は補助をすることができる」（地方自治法第 232 条の 2）という規定に基づいて，地方公共団体が出資する法人である。地方住宅公社，地方道路公社と，第 3 節で述べる土地開発公社の地方三公社は，その地方団体の 100％ 出資であるので，一部出資の第三セクターと区分される。ただし，「第三セクター等の状況に関する調査結果」（総務省 HP，各年度版）では，2004 年調査以降の地方独立行政法人とともに，「**第三セクター等**」として調査対象に含まれている。

地方住宅公社と地方道路公社は，都道府県や大都市を中心に設立されており，すべての市町村にあるわけではない。**地方住宅供給公社**は，1965（昭和 40）年の地方住宅供給法に基づいて設立され，2008 年調査では 47 都道府県と大都市中心の 10 市が出資する 57 社であったが，17 年調査では，都道府県 32 社，指定都市 9 社の合計 41 社に減少している。このうち，経常赤字の法人は，2005 年調査で 34 社，損失額も ▲86.9 億円にのぼっていたが，08 年調査ではそれぞれ 23 社，▲29.9 億円に，17 年調査ではそれぞれ 8 社，▲7.3 億円に減少している。この公社の赤字問題は解消しつつあるが，設立当時の「居住環境の良好な住宅を供給する」という公益的役割を再検討する時期に来ている。

地方道路公社は，1970 年の地方道路公社法に基づいて設立され，2008 年調査では，都道府県と指定都市で 42 社あったが，17 年調

査では，都道府県 31 社，指定都市 2 社の合計 33 社に減少している（1999 年度 43 社）。昭和 40 年代では有料道路が財政投融資資金の制約から，3 公団（日本道路公団，首都高速道路公団，阪神高速道路公団）に限られていたため，自治体が出資する有料道路として設立された。この公社は 9 割が黒字で，2005 年調査以降，数社の損失額合計は，07 年調査の▲18 億円を除いて，▲2 億円前後にすぎず，17 年調査でも，赤字は 3 社で▲1.1 億円となっている。地方道路公社は，料金収入によって負債を償還し，30 年後に無料開放をめざしているが，通行台数が当初計画の 4 割以下の有料道路もあり，目標達成が困難なものもある。

　以上のように，財政健全化法においては，地方財政の連結決算によって，公営企業や第三セクターの実態把握がより重要になった。もちろん，大都市の地下鉄経営なども重要であるが，以下では，とくに多くの自治体に共通する上・下水道や自治体病院の地方公営企業と，土地開発公社や第三セクターの理論と実態を解説しよう。

2 地方公営企業と一般会計からの繰入金

末端給水と用水供給の
水道事業

　前述のとおり，水道は，主に都市部の上水道と，町村部の簡易水道に大別される。前者の上水道には，地域によって同じ域内に末端給水事業と用水供給事業が併存する場合がある。市町村の上水道事業は，各家庭や企業に安全な水を給水する「**末端給水**」である。だが，地元の河川や地下水の自己水だけでは，渇水などの自然環境条件によって，常時，水を供給することが困難な地域もある。このような地域では，より広域の都道府県や水道企

業団が遠く離れた水源の水利権を確保して「用水供給」を行い，末端給水事業はそこから受水せざるをえないのである。

　とくに，1960年代後半の高度経済成長期では，河川が汚濁したり，地下水の汲上げによる地盤沈下も生じた。このため，1980年代以降，河川の表流水や地下水の取水が制限されることになり，用水供給事業への依存が高まった。2007年度では用水供給が79事業，末端給水が1326事業，15年度ではそれぞれ72事業，1276事業ある。

　水道事業は，収支均衡を条件とする独立採算制のもとで，適正な料金を維持しなければならない。この料金の対象となる年間有収水量（以下，有収水量）1 m³当たりの平均費用を「**給水原価**」，1 m³当たりの料金収入を「**供給単価**」として，両者がほぼ一致することにより，独立採算制が保たれる。

　ただし，費用の算定において，末端給水や用水供給事業は，地方公営企業法の企業会計方式を適用して給水原価が算定されるので，「**法適用**」といわれる。他方，簡易水道は，地方公営企業法の適用が任意であり，ほとんどが「**法非適用**」である。法適用の企業会計と法非適用の特別会計では，水道施設にかかる資本費（減価償却費や元利償還金）の算定に違いがある。地方公営企業の施設整備にかかる借金は，企業債といわれ，企業会計の資本費は，この企業債の利子に，将来の更新費用を考慮した発生主義の減価償却費を加えたものである。これに対し，特別会計の資本費は，企業債の利子と元金償還金の合計であるから，地方税を主な財源とする一般会計と同様に現金主義に基づいている。

　用水供給事業の給水原価は，**表4-2**のように約6割を占める資本費に依存し，2001年度に97.4円まで上昇した。だが，これ以降は資本費だけでなく，光熱費などの維持費等その他を削減するという経営努力により，その給水原価は2007年度86.3円，2015

表4-2 水道事業の供給単価と給水原価の推移

(単位：円)

年　度	末端給水事業				用水供給事業			
	1995	2001	2007	2015	1995	2001	2007	2015
供給単価	156.8	172.3	173.3	171.9	87.3	93.9	90.7	85.0
給水原価	177.8	182.9	174.6	163.9	91.9	97.4	86.3	75.3
資本費	62.0	69.8	66.9	56.3	55.9	60.3	55.1	40.1
給与費	35.6	34.2	28.7	21.3	9.3	9.1	8.1	6.4
受水費	25.1	30.1	30.7	29.6	0.0	0.2	0.3	0.1
その他	55.1	48.8	48.3	56.7	26.6	27.8	22.8	28.7

（出所）　総務省 HP［各年度版］『地方公営企業年鑑』より筆者作成。

年度75.3円にまで低下している。料金収入を示す供給単価は，給水原価の上昇に応じて引き上げられてきたが，2002年度の95.0円をピークに15年度の供給単価85.0円と引き下げる傾向にあり，03年度以降は給水原価を上回るため，用水供給事業の全体としては黒字基調にある。

　末端給水事業の給水原価には，用水供給事業から水を購入するときの**受水費**（用水供給事業の供給単価×受水量）が加わる。その結果，末端給水事業の資本費は，表4-2で示される受水費のなかの資本費相当分を加えると，給水原価のほぼ5割を占める。その給水原価は，2001年度182.9円まで上昇したが，給与費（水道事業に所属する職員の人件費）の減少により，07年度174.6円と料金収入を示す供給単価173.3円にかなり近づき，15年度には，給水原価163.9円が供給単価171.9円を8円も下回ることになった。

　実際，法適用の水道事業全体の職員数は，2002年度6万1004人から，「平成の大合併」と水道事業の広域化に伴って07年度5万2875人，15年度4万4352人と，約1.7万人も削減している。

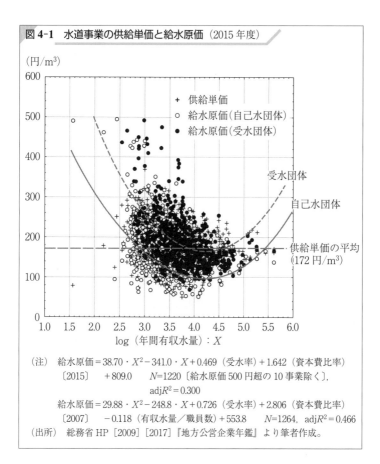

図4-1　水道事業の供給単価と給水原価（2015年度）

（円/m³）

凡例：
　＋　供給単価
　○　給水原価（自己水団体）
　●　給水原価（受水団体）

受水団体

自己水団体

供給単価の平均
（172円/m³）

log（年間有収水量）: X

（注）　給水原価 ＝ 38.70・X² − 341.0・X + 0.469（受水率）+ 1.642（資本費比率）
　　　〔2015〕　　＋ 809.0　N=1220〔給水原価500円超の10事業除く〕,
　　　　　　　　　　adjR² = 0.300
　　　給水原価 ＝ 29.88・X² − 248.8・X + 0.726（受水率）+ 2.806（資本費比率）
　　　〔2007〕　　− 0.118（有収水量／職員数）+ 553.8　　N=1264,　adjR² = 0.466
（出所）　総務省HP［2009］［2017］『地方公営企業年鑑』より筆者作成。

今後は，黒字基調にある用水供給事業の供給単価を引き下げることができれば，末端給水事業の受水費負担が軽減され，水道料金を引き上げなくても独立採算制が確保されるであろう。

　残された問題は，地域間格差である。第1に，末端給水事業の給水原価は，**図4-1**に示されるように，対数変換した年間有収水量に対してU字型で表され，「**規模の経済**」が働いている。2015年度（07年度）の費用最小の年間有収水量と給水人口は，それぞ

れ2500（1500）万トン（対数で4.4〔4.2〕）と20（12）万人前後であるため，300万トン（対数で3.5）で3万人以下になると，給水原価が急激に上昇する事業が見受けられる。

第2に，市町村の末端給水事業は2015年度（07年度），図4-1の「○」で示される621（642）事業が，自己水だけで給水可能な「**自己水団体**」である。これらは，地元の河川などの表流水や地下水を取水し，浄水場を経た安全で良質な水を各戸に配水している。

これに対し，図4-1の「●」で示される610（631）事業は，一部またはすべてを用水供給事業から受水し，各戸に配水する「**受水団体**」である。たとえば受水率100％の末端給水事業は111（102）団体あり，直接，用水供給事業から安全で良質な水を受水し，配水場から各戸に配水するだけで，水をきれいにする浄水場を持たないことが多い。その給水原価は，受水費としての用水供給事業の供給単価に依存し，図4-1の注の推定結果が示すように，自己水団体のそれに比べて2007年度の平均は72.6円（推定式の〔受水率〕の係数0.726×100）高かったが，その差は15年度46.9円（0.469×100）に低下した。受水率50％以上の末端給水事業は344（349）団体で，これらも自己水団体に比べてより高い給水原価を余儀なくされる。このため，用水供給事業からの受水は，規模の経済を追求するというよりも，自己水だけは給水人口規模に対応しきれないといった自然環境条件に起因したものと考えられる。

第3に，末端給水事業の料金収入となる供給単価は，図4-1の「+」で示されるように，300円前後を上限としている。このため，給水原価がその水準を超える小規模な事業は，赤字になるので，地方税などを財源とする「**一般会計からの繰入金**」を必要としている（中井［2001］）。

| 公共下水道と流域下水道 | 下水道は，普及率が，1961 年度の 6 ％から 2015 年度 77.8％ のように急速に整備された。水道の蛇口までの水は上水， |

蛇口から出た水は，下水または汚水といわれる。だが，下水道に流れる水は，汚水だけでなく，雨水もあり，集中豪雨などに対する洪水対策も，下水道事業の重要な役割である。洪水防止などは住民全般に便益が及ぶから，下水道にかかる雨水処理の経費は税金（公費負担）で賄い，これを「雨水公費」の原則という。ただし，2006 年度からは，「下水道の公共用水域の水質保全など公的な便益を勘案し，汚水処理経費の一部を公費負担とする」見直しが行われている（総務省 HP［2016］『地方公営企業年鑑』162 頁）。

これに対し，汚水処理は水洗化などにより個人の便益となり，汚染した人や排水量が水道メーターによってある程度は特定できる。環境対策などの視点からも「汚染者負担の原則」に基づいて，その経費は使用料（私費負担）で賄われる。これを「**汚水私費**」の原則という。ただし，2016 年度の使用料で回収すべき汚水処理費 1 兆 6061 億円の経費回収率は，95.8％ であり，下水道事業では，使用料で回収する独立採算制がめざされているが，水道事業ほど容易ではない。

水道事業は簡易水道を除くと，すべて地方公営企業法が適用される法適用企業であった。一方，市町村が実施する「**公共下水道**」の法適用は，1995 年度の大都市を中心とする 72 事業から 2007 年度 137 事業，16 年度 332 事業，17 年度 376 事業に増えたが，今なお全体の 3 割程度にすぎない。この法適用を含む公共下水道の事業数は，第 5 章で述べるように，普及率の向上をめざして 1995 年度の 1392 事業から 2002 年度 1566 事業に増加した。しかし，「平成の大合併」によって 2007 年度 1233 事業，16 年度 1189 事業に減少し，このうち 857 事業が法非適用である。

表4-3　「公共下水道」事業の供給単価と給水原価の推移

（単位：円）

年　　度	法適用事業			法非適用事業		
	1999	2007	2016	1999	2007	2016
使用料単価	126.77	136.04	137.20	115.26	132.50	138.20
汚水処理原価	153.83	138.35	129.43	256.62	213.22	182.03
維持管理費	58.86	57.20	63.16	90.01	85.84	105.48
資　本　費	94.97	81.15	66.26	166.62	127.38	76.55
企業債利子	55.14	36.60	19.44	106.05	52.41	20.19
減価償却費	39.83	44.55	46.82	(60.57)	(74.97)	(56.36)
経費回収率（％）	82.4	98.3	106.0	44.9	62.1	75.9

（注）　法非適用事業の減価償却費は，企業債元金償還金である。
（出所）　総務省［各年度版］『地方公営企業年鑑』より筆者作成。

　下水道では，料金の対象となる有収水量 1 m³ 当たりの平均費用を「**汚水処理原価**」，1 m³ 当たりの料金収入を「**使用料単価**」という。その資本費は，企業債利子のほかに，水道事業と同様に，法適用が発生主義による減価償却費を用いるのに対して，法非適用は企業債の元金償還金を用いている。

　法適用全体の汚水処理原価は，**表4-3** のように，事業の成熟度に応じて資本費の比重が減少し，2007 年度の経費回収率 98.3％から，2016 年度では使用料単価 137.20 円が汚水処理原価 129.43円を上回って 106.0％ と，独立採算制を確保している。これに対し，法非適用の汚水処理原価は，2003 年度 269.05 円まで上昇の一途をたどっていたが，近年の低金利時代を反映して企業債の利子負担が大幅に減少し，2016 年度 182.03 円まで低下した。しかし，使用料単価 138.20 円と大幅に引き上げることができないため，経費回収率は大幅に改善したといっても 75.9％ にすぎない。このため，法非適用の多くは，汚水処理費に関しても一般会計か

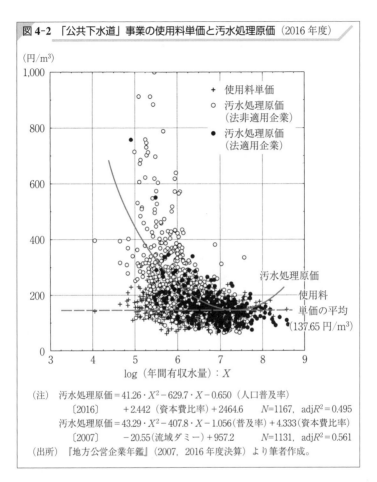

図 4-2 「公共下水道」事業の使用料単価と汚水処理原価 (2016 年度)

(円/m³)

凡例:
+ 使用料単価
○ 汚水処理原価（法非適用企業）
● 汚水処理原価（法適用企業）

汚水処理原価

使用料単価の平均 (137.65 円/m³)

log（年間有収水量）: X

(注) 汚水処理原価 $= 41.26 \cdot X^2 - 629.7 \cdot X - 0.650$（人口普及率）
〔2016〕 $+ 2.442$（資本費比率）$+ 2464.6$　　　$N = 1167,\ \mathrm{adj}R^2 = 0.495$
汚水処理原価 $= 43.29 \cdot X^2 - 407.8 \cdot X - 1.056$（普及率）$+ 4.333$（資本費比率）
〔2007〕 $- 20.55$（流域ダミー）$+ 957.2$　　　$N = 1131,\ \mathrm{adj}R^2 = 0.561$
(出所) 『地方公営企業年鑑』（2007, 2016 年度決算）より筆者作成。

らの繰入れを余儀なくされている。

　残された問題は，事業間の格差である。第 1 に，汚水処理原価は，図 4-2 のように，対数変換した年間有収水量に対して U 字型で表され，「規模の経済」が働いている。費用最小の年間有収水量と処理区域内人口は，それぞれ 4300 万トン（対数で 7.63）と 33 万人前後である。このため，それが 100 万トン（対数で 6）で

8万人以下になると、汚水処理原価が急激に上昇する。ただし、汚水処理原価が300円以上は、2007年度370事業から16年度147事業に減少している。

第2に、図4-2の注で示されている2016年度の推定結果では、資本費の比率が10%低下すれば、汚水処理原価を24（＝2.442×10）円引き下げることになる。上水道に比べて後発の下水道事業も、建設の時代から経営の時代に入ったといわれて久しい。法非適用の汚水処理原価が法適用の平均を下回る事業は、経営の時代に対応し、将来の更新費用を考慮した法適用に移行している。

第3に、流域下水道への接続は、自然環境条件のほかに、規模の経済の効果が期待され行われてきた。実際、1994年度の都市を対象にした527の公共下水道では、流域下水道への接続が汚水処理原価を39円引き下げていた。だが、2007年度の全事業を対象にすると、図4-2の注に示されているように、接続による引下げ効果は20円程度にすぎず、流域下水道自体の経営効率を再検討する必要がある（中井［1997］）。

経営の時代から更新の時代へ

以上のように、各地域の上・下水道は、1企業でも資本費の比重が大きく、それぞれ図4-1の給水原価や図4-2の汚水処理原価のように、U字型の平均費用曲線の右下がり部分で需要曲線が交差することになり、「**費用逓減産業**」となる。各地域に1つの事業しかないという「**地域独占**」状態では、独占価格のような高い料金を設定すると、消費者余剰が大幅に削減されてしまうので、料金は地方議会で決定される。

「限界費用」価格形成原理では、U字型の平均費用曲線の右下がり部分で、平均費用よりも低い限界費用に料金を設定する。この場合、経済理論上、需要曲線における限界効用と限界費用が等しいため、赤字を定額税で賄うことができれば、消費者余剰が最

大となるパレート最適を達成する。

　ただし，上・下水道は，地方公営企業法の「**独立採算制**」のもとで，「**平均費用**」価格形成原理で平均費用に等しい料金を設定している。この独立採算制は，収支均衡の制約にすぎず，経営効率のインセンティブがないので，営利企業のように最も効率的な費用曲線に従う保証はない。そこで，経営効率化の競争を促すには，同じ事業者のなかで，とくに優位な事業者の平均費用を物差し（ヤード・スティック）として，劣位の事業者との格差を明らかにする「**ヤード・スティック規制方式**」が求められる。

　また，地方公営企業のなかでも，上・下水道は建設の時代から経営の時代に移行し，ゴミ焼却場等の他の公共施設と同様，施設の老朽化が目立つようになり，更新の時代になっている。事業継続に不可欠な施設の更新費用の捻出（ねんしゅつ）には，料金値上げの前に，用水供給事業からの受水や流域下水道との接続，法適用など，会計制度の抜本的見直しにより，経営効率を図る必要がある。

| **自治体病院の財政危機** | 自治体病院の財政は，1968（昭和43）年度に地方公営企業法の財務規定が適用さ |

れて以来，医薬品の評価（公定価格）を1点10円の点数で表す薬価基準を含む診療報酬の改定などによって，事業の半数以上が赤字と黒字を繰り返してきた（自治体病院経営研究会［2017］）。病院の料金収入のほとんどは，社会保険診療報酬支払基金から各医療機関に支払われる**診療報酬**である。この診療報酬は2年に一度，中央社会保険医療協議会（中医協）の答申で改定されるため，医療行為に関しては全国一律の料金となる。この料金制度が，各事業が独立採算制をめざして料金改定している上・下水道と異なる点である。国が診療報酬を引き上げれば，赤字は解消されてきた。

　2006年度，事業数の約8割が赤字という近年の自治体病院の財政危機も，02年度（764事業，1007病院）以降の診療報酬の引

下げ，とくに06年度の実質3.16％の引下げに起因する。実際，2006年度の料金収入3兆2796億円は前年度の3兆4294億円と比べても，▲1498億円（4.4％），16年度の料金収入3兆1396億円は，06年度と比べても▲1400億円の減収になっている。しかし，より深刻な問題は，患者数の落ち込みにあり，自治体病院のそれは，2001年度2億1583万人から07年度1億6908万人と▲22％，16年度1億2621万人と▲42％も減少した。これでは，2008年度に診療報酬が実質0.82％引下げにとどまり，その後の若干の引上げで赤字の事業数は50％前後（2016年度635事業〔792病院〕のうち，384事業の60.5％が赤字）で推移している（総務省HP［2009］『地方公営企業年鑑』136頁，同［2018］147頁）。

　自治体病院の患者数の落ち込みは，研修医などの医療制度自体にも原因がある。大学医学部卒業後の研修医制度は1968年に，1年以上のいわゆるインターン（実地修練）制度から2年以上の臨床研修制度に移行したが，研修医の7割以上が同じ大学の大学病院で研修を受けていた。ただし，この臨床研修制度は努力規定にすぎなかったので，2000年には医師法や医療法を改正し，04年度から研修を義務化する代わりに，研修先の病院を自由に選択できるようになった。新臨床研修制度のもとでは，多くの研修生が大都市の総合病院を希望し，大学病院を研修先に選ぶのは45％前後になった。その結果，地方の大学病院では医師不足が生じ，公立病院に派遣していた医師を引き上げることになったのである（上林［2009］）。

　僻地や離島の自治体病院では，以前から医師不足が叫ばれていた。現在では，東北，北陸，山陰，四国地方において研修医の県内への定着率が半分以下になり，地方の中核都市でも，公立病院の医師が不足するという地域格差が深刻になっている。自治体病院は，財政危機や医師不足で患者数の少ない診療科を休止せざる

をえなくなっており，それによってさらに，病院全体の患者数が激減して診療収入の落ち込みを引き起こすという，「負のスパイラル」に直面しているのである。

　病院事業についても，受益者負担の原則になじまない「経費の負担区分」の基準による一般会計からの繰出金がある。この繰出基準による交付税措置は 2007 年度 3286 億円であったが，決算額では 6961 億円と，基準を大きく上回り，16 年度決算でも他会計繰入金が 6790 億円に及んでいる（上林［2009］32 頁，総務省 HP［2018］『地方公営企業年鑑』157 頁）。また，総事業数が「平成の大合併」によって 2001 年度の 962 から 07 年度 667 事業に減少したにもかかわらず，不良債務（第 3 章で述べたように 08 年度から資金不足）が生じた病院会計は，84 から 114 事業に増加し，不良債務の総額も 717 億円から 1186 億円に増大した。医業収益に対する不良債務比率が 10％ を超えると，企業債の発行が協議制から許可制の対象になり，起債が制限される。

　過去の病院事業経営健全化措置を見ると，赤字の事業数が 7 割（不良債務事業数割合が 50％）を超えた第 1 次（1974～79 年度）では，図 4-3 のように 74 年度限りの措置として全国 303 事業に対して 569 億円の「特例債」の発行を許可した。その後の赤字比率は 7 割を超えることがなかったため，第 2 次（1980～87 年度）では 103 自治体に 350 億円，第 3 次（88～94 年度）では 49 自治体に 246 億円，第 4 次（95～2001 年度）では 49 自治体に 274 億円がすべて「特別交付税」で措置された。第 5 次（2002～08 年度）でも，15 自治体に対して 121 億円が特別交付税で措置されたが，06 年度は赤字比率が 7 割を超えた。このため，2007 年 12 月には，「公立病院ガイドライン」に基づいて，08 年度限りの特例措置として不良債務を「公立病院特例債」で肩代わりし，7 年間で返済することになったのである。2007 年度 114 事業，1186 億円の不

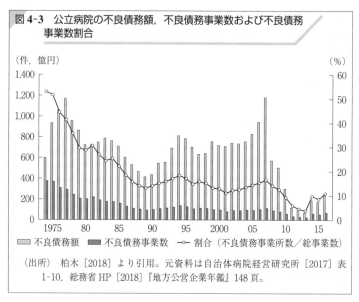

図4-3 公立病院の不良債務額，不良債務事業数および不良債務事業数割合

（件，億円）

1,400
1,200
1,000
800
600
400
200
0

1975　80　85　90　95　2000　05　10　15

（%）

60
50
40
30
20
10
0

凡例：
▢ 不良債務額　■ 不良債務事業数　—○— 割合（不良債務事業所数／総事業数）

（出所）　柏木［2018］より引用。元資料は自治体病院経営研究所［2017］表1-10，総務省HP［2018］『地方公営企業年鑑』148頁。

良債務は，第3章で述べたように，52事業が572億円の公立病院特例債を発行し，経営健全化計画に従って，不良債務の解消に努めた結果，13年度25事業，93億円に激減し，16年度69事業，233億円の低い水準で推移している（自治体病院経営研究会［2017］66-69頁，柏木［2018］）。

　安心・安全を目的とした自治体病院は，過疎地や離島の町村部の不採算地区病院（病床数が150床未満で，一般病院までの移動距離が15km以上など：総務省HP［2018］『地方公営企業年鑑』145頁参照）では国や自治体の財政支援が不可欠である。これに対し，民間病院や大学病院の多い都市部では，高度医療や救急医療体制の中軸を担わせるようにすると同時に，2004年の地方独立行政法人制度の施行や，06年の民間事業者のノウハウを活用する指定管理者制度の本格導入など，民間の経営手法の導入が求められている。また，2013年の「地域医療構想」では，都道府県がそ

の地域の医療提供体制の将来構想を策定し，消費税増収分を活用した「地域医療介護総合確保基金」が14年に設置された。

これらを踏まえて，2015年からの「新公立病院改革ガイドライン」では，従前の①経営効率化，②再編・ネットワーク化，③経営形態の見直しに加えて，④「地域医療構想を踏まえた（公立病院の）役割の明確化」が要請されている。

3 土地開発公社と第三セクター

土地開発公社の塩漬け土地

地方三公社のなかで最も深刻なのが，都道府県や多くの市町村が抱える**土地開発公社**である。この公社は1972年の「公有地の拡大の推進に関する法律」（公拡法）に基づき，73年度までに614社が設立された（林［2003］270頁，総務省HP「平成28年度 土地開発公社事業実績結果概要」）。1999年度には1597社まで増えたが，「平成の大合併」で2008年度1075社（都道府県44公社含む），17年度682社（都道府県34公社含む）に減少している。

この公社は，地価が高騰する前に土地を先行取得し，自治体の債務保証で金融機関から融資を受け，自治体の予算成立後に一般会計で公社から土地を買い取る仕組みになっている。この仕組みは，地価が上昇しているときには有効に機能するが，地価が下落すると，自治体が債務保証した不良資産を抱え込むことになり，本体の自治体財政（一般会計）を逼迫させる。実際，福岡県の赤池町が1992〜2001年まで財政再建団体に陥ったのも，土地開発公社の不良資産にその原因があった（宮本・遠藤［2006］177頁）。

この公社の土地保有総額は，バブル期当初の1988年度に3兆2908億円（総面積2万3542ha）であったが，バブル崩壊後も代

替用地の確保や融資規制の対象から外されて先行取得が進められ，96年度9兆1432億円（98年度3万4475 ha）をピークとしている（総務省HP「平成19年度土地開発公社事業実績調査結果」）。自治体独自では，不良資産の処理が進まないので，2000年には公拡法を改正し，土地の処分を特別交付税で措置する「**土地開発公社経営健全化対策**」（以下，経営健全化対策）を策定した。2004年には，2005～09年度までの経営健全化計画を策定すべき対象自治体を指定し，特別交付税だけでなく，地方債措置も加える新たな経営健全化対策を策定した（赤井［2006］179-183頁）。その結果，この公社の土地保有総額は，2007年度には4兆881億円（1万8094 ha）と，ピーク時の約半分に削減されている。

さらに2008年には，2008～12年度までの経営健全化対策を打ち出しているが，公社が抱える「**塩漬け土地**」の問題が深刻であった。確かに，5年以上保有する土地保有総額は，2002年度末の4兆1514億円（1万4875 ha）から，07年度末には3兆1819億円（1万3547 ha），16年度末には7761億円（4286 ha）と減少している。だが，10年以上保有する土地保有総額は，2002年度末1兆9937億円（7540 ha）であり，07年度末には2兆4763億円（9743 ha）に増したが，16年度末には7009億円（3810 ha）に減少し，塩漬け土地の問題は解消しつつある。

会社法法人の第三セクターの経営破綻

地方公共団体が出資する第三セクターは，民法第34条に基づく社団や財団の**民法法人**（2008年12月1日より**公益社団法人・公益財団法人**）と，**会社法法人**（2006年度まで商法法人）の株式会社等に区分される。前者の民法法人は，アメリカのインディペンデント・セクターやイギリスのボランタリー部門のような**サード・セクター**（広義の非営利活動組織：**NPO**）に類似し，「非営利」・公的・フォーマル（法制度）な組織で**行政補完型**という特徴

Column ⑧　地方公営企業

　地方自治体は，一般会計を通じて教育や福祉サービスを提供するとともに，地方公営企業を通じて，上下水道，公共交通，公立病院などの事業を行い，住民への社会インフラの提供と住民福祉の増進に寄与している。つまり地方公営企業は，地方自治体が住民の福祉の増進を目的として，直接経営する企業である。そのため，このような地方公営企業は，企業としての性格と一般行政サービスを提供する公共部門としての性格を有し，前者の事業については料金による独立採算制によって経営がなされ，後者の事業については租税によって運営がなされるという特徴がある。

　たとえば公立病院について見ると，公立病院の経営は診療報酬による独立採算制を基本とするが，診療報酬によって採算がとれない場合であっても，一般会計から病院事業会計への繰出金によって，すなわち病院の経費の一部を一般会計が負担することによって，社会インフラとしてすべての住民に一定の医療サービスが提供されるように運営されている。また，このような一般会計からの繰出金については，国によって交付税による財源の措置がなされている。

　しかし，今後，地方財政がますます厳しくなることが予想され，上下水道，公共交通，公立病院などの地方公営企業の事業についても，これまでのサービス水準を提供することは難しくなることも考えられる。一般会計の負担による繰出金によって住民にどの程度のサービス水準を維持して提供するか，あるいは公共部門がこのようなサービスを提供すべきかどうかという，地方自治体の役割とも深く関わる問題が問われることとなる。

がある。他方，会社法法人は，「営利」・公的・フォーマルな組織で，欧米のサード・セクターに属さない日本特有の**公民協調型**という特徴がある（堀場・望月［2007］24-36 頁）。

　利益追求の会社法法人が官民共同出資の第三セクターとなったのは，地域振興という「公的」観点から出資が望ましいと判断さ

れたからである。戦前にも官民共同出資の株式会社はあったが，とくに 1969 年の「新全国総合開発計画」や田中角栄元首相が唱えた「日本列島改造論」で第三セクターの活用が論じられた。大規模開発型の代表事例としては，1971 年のむつ小河原開発株式会社や 72 年の苫小牧東部開発株式会社がある。

第三セクターの設立ラッシュは，東京一極集中が問題になった 1980 年代後半に始まり，地域振興プロジェクトを支援する 86 年の民活法，87 年のリゾート法が追い風となった。バブル崩壊後も政府の総合経済対策の一環として，設立のラッシュは続き，会社法法人のそれは，1988〜96 年の 9 年間で毎年 150 件前後が設立された（堀場・望月［2007］30-33 頁）。

しかし，第三セクターの大規模な経営破綻は，1998 年の泉佐野コスモポリス（大阪府）を皮切りに，99 年に苫小牧東部開発（北海道），2000 年にシーガイア（フェニックスリゾート：宮崎県）が法的整理の申立てを行った（深澤［2008］）。2003 年には大阪市が出資した大阪ワールドトレードセンター（WTC），アジアトレードセンター（ATC），湊町開発センターの 3 法人の特定調停や，翌 2004 年以降の東京臨海副都心開発の民事再生など，大都市の第三セクターも破綻した（宮本・遠藤［2006］178-182 頁）。

このため，総務省（旧自治省）は，1999 年の「第三セクターに関する指針」を 2003 年に改訂し，単なる赤字補填を目的に補助金等で公的支援すべきでないことや，損失補償を原則行わないようにした。地方の出資割合が 25％ 以上，またはそれ未満でも財政的支援を受けている「経営状況等調査対象法人」（地方三公社含む）のうち，観光・レジャー業種の会社法法人数は，**表 4-4** のように，2004〜08 年度で 859 法人から 789 法人，17 年度 668 法人と経営破綻等により減少している。同じ期間に赤字法人数の割合は 31.3％ から 37.4％ と増えたが，2017 年度には 31.3％ に減少し

表4-4　第三セクターの業種別経営状況

（単位：100万円）

調査年度	2004	2008	2017	2004	2008	2017
	経営状況調査法人数			赤字法人数割合：%		
観光・レジャー	859	789	668	31.3	37.4	31.3
農林水産	574	577	529	28.9	32.1	25.5
運輸・交通	333	333	338	37.2	36.9	29.9
そ の 他	979	957	885	28.6	24.6	18.4
会社法法人計	2,745	2,656	2,420	30.6	31.6	25.1
観光・レジャー	389	322	249	39.3	43.8	41.8
農林水産	646	601	479	40.1	38.9	46.6
商　　工	319	297	260	38.6	39.1	51.9
社会福祉	512	419	309	35.2	33.4	51.5
教育・文化	1,110	1,045	898	33.1	33.1	42.4
そ の 他	1,228	1,070	743	34.0	33.2	43.6
社団法人・財団法人計	4,204	3,754	2,938	35.7	35.5	45.1
	補助金法人数割合：%			（補助額／法人数）		
会社法法人	18.8	15.1	24.4	134.2	29.3	68.7
社団法人・財団法人	65.6	65.3	63.2	128.7	121.0	122.7

（注）　民法法人は「一般社団法人及び一般財団法人に関する法律」（2008年12月1日施行）により，社団法人・財団法人に名称変更された。なお，この法人の赤字法人とは，当期正味財産減少法人のことである。

（出所）　総務省HP［各年度版］「第三セクター等の状況に関する調査結果」より筆者作成。

ている。会社法法人全体でも，赤字法人の割合は，2004年度の30.6％から08年度の31.6％の微増であったが，17年度には25.1％に減少している。これに対し，旧民法法人の社団法人・財団法人の全体は2004年度の35.7％，08年度35.5％から，17年度には45.1％に増加している。

　この間，総務省は，2007年の地方財政健全化法の全面施行を踏まえて，2009年の「第三セクター等の抜本的改革等に関する

指針」による抜本改革において，損失補償契約があって採算性のない法人を点検評価し，その法人を指定することによって，問題の先送りを避けようとしたのである。実際，2009～13 年度（経過措置対象団体は 16 年度まで）の**第三セクター等改革推進債**は，第 3 章で述べたように，地方公共団体が破産手続等の法的整理に伴う損失補償の経費に 100％充当し，基本 10 年間で償還できる仕組みである。ただし，この仕組みを利用したのは 2016 年度までに 214 件，地方債発行許可額は 1 兆 826 億円にとどまった。

　2016 年 10 月，青森市長は第三セクター「青森駅前再開発ビル」の責務超過の責任をとって辞職を表明し，職員給与の減額を決定したとしている（東京商工リサーチ HP，2017 年 6 月 2 日）。このため，総務省は，地方公共団体が損失補償等を行っている約 1000 法人を公表し，財政リスクの「見える化」を試みている。これにより，たとえば損失補償等の標準財政規模に対する割合が，早期健全化基準に達している第三セクターは 2014 年度の 16 法人から 16 年度 12 法人，地方公社は同じ期間で 82 社から 48 社に減少している（総務省 HP「第三セクター等について地方公共団体が有する財政的リスクの状況の概要」）。

第三セクターの社団・財団法人と公益法人改革

　第三セクターの社団法人・財団法人（旧民法法人，以下，社団・財団法人）には，2008 年（17 年）調査で 414（343）の社団と 3559（2796）の財団がある。**社団法人**は，一定の目的のために結集した人（社員または構成員）の集団である（山下［1997］409 頁）。これに対し，**財団法人**は，一定の目的のために提供された財産を運営するための組織で，社団・財団法人全体（3973 団体）のほとんどを占める。第三セクターの財団法人は，会社法法人（古くは商法法人）のそれと同様に，1988～96 年の 9 年間で毎年 200 件前後が設立された。経営状況等調査対象法人で見ると，

社団・財団法人は，表4-4のように教育・文化や社会福祉，農林水産の分野を中心としている。ただし，社団・財団法人の数は「平成の大合併」等により，2004年度の4204法人から08年度の3754法人となり，17年度2938法人に減少している。

第三セクターのなかでも，利益を追求する会社法法人は，自治体の出資が想定されていないので，補助金が交付される法人数は2割弱しかない。これに対し，社団・財団法人は，行政補完型の公益法人であるため，補助金を受ける法人数は6割にも及んでいる。また，社団・財団法人は，上述のように，財産を管理する財団がほとんどを占めるため，行政が財産にかかる債務を保証することが多い。この債務保証残高の法人数当たり金額は大きく，会社法人のほぼ3倍に及んでいるが，2004年度の62億円から08年度に53億円，16年度46億円に改善している。

しかし，社団・財団法人の赤字（当期正味資産の減）法人数の割合は2008年度35.5％（16年度45.1％）で，会社法法人の31.6％（25.1％）に比べて多い。表4-4のように赤字法人の割合が，商工や社会福祉分野で50％を超えたため，社団・財団法人全体としては増加傾向にある。ただし，第三セクターの社団・財団法人には，2016年度公益社団の154法人，公益財団の1909法人が含まれる。

とくに，公益法人自体は，第三セクターに限定されず，2007年度で1万2530の旧・社団と1万2118の旧・財団で合計2万4648法人あった。2006年の関連3法案（一般社団・財団法人法，公益法人認定法，関係法律整備法）の成立によって**公益法人制度改革**が2008年12月1日に施行された。従来は，主務官庁が縦割りで，法人の設立と公益性を一体で判断する許可主義をとっていた。だが，制度改革では，法人の設立と公益性の判断を分離し，登記のみで**一般社団**と**一般財団**を設立できるようになった。さらに，

公益社団と**公益財団**になるには，法令に基づいた基準に従って公益性の認定委員会が判断するようになったのである。また，公益法人の透明性と指導監督を強めるため，一般の企業会計手法に近い「新公益法人会計基準」が設けられた。

　複数の都道府県域に事務所があって公益目的事業を行う法人は，内閣府を行政庁とし，2016年12月1日現在，公益社団797，公益財団1613である。これに対し，1つの都道府県に事務所があり都道府県を行政庁とする公益社団は3353で，公益財団は3695であり，内閣府を行政庁とする公益法人よりも圧倒的に多い。全体では公益社団4150，公益財団5308，合計9458法人となっている。このうち，第三セクターに属する公益社団は154，公益財団は1909法人である（内閣府HP［各年度版］「公益法人の概況及び公益認定等委員会の活動報告」）

　なお，第三セクターや地方三公社とは別に，地方独立行政法人が2004年，設立されており，2018年4月1日現在で，大学75，公営企業型の病院55，試験研究機関11，社会福祉1法人の合計142法人となっている（総務省HP「地方独立行政法人の設立状況」）。

　欧米のサード・セクターは，補助金よりも寄付や会費で運営されることが多く，時代のニーズに合わなくなると自然消滅するという「もろい」組織である。日本の第三セクター等も，成功例や失敗例を精査した上で，時代の変化に対応した存廃問題が検討されている。

…▶参考文献

　赤井伸郎［2006］『行政組織とガバナンスの経済学——官民分担と統治システムを考える』有斐閣。

　柏木恵［2018］「財政健全化法施行初期の公営企業と財政措置」『公営企業』第49巻第12号，4-15頁。

　上林得郎［2009］「地域医療の危機と自治体病院財政」『自治総研』第35

巻第 5 号，1-36 頁。

自治体病院経営研究会編［2008, 2017］『自治体病院経営ハンドブック』ぎょうせい。

総務省 HP［2018］「第三セクター等の出資・経営等の状況（概要）」。

第三セクター等のあり方に関する研究会［2014］「第三セクター等のあり方に関する研究会報告書——健全化と活用の両立を目指して」総務省。

中井英雄［1997］「下水道事業の連携可能性——標準化原理の観点から」『経済論集』（大阪学院大学）第 11 巻第 1・2 号，19-41 頁。

中井英雄［2001］「水道財政のヤード・スティック——受水選択の中立性と用水供給事業の良識的関与」『現代経済学の展望と課題』（近畿大学）177-197 頁。

林健久編［2003］『地方財政読本（第 5 版）』東洋経済新報社。

深澤映司［2008］「第三セクターの破綻処理と地方財政」『レファレンス』6 月号，31-51 頁。

堀場勇夫・望月正光編著［2007］『第三セクター——再生への指針』東洋経済新報社。

満田誉・松崎茂・室田哲男［2002］『地方公営企業（地方自治総合講座11）』ぎょうせい。

宮本憲一・遠藤宏一編著［2006］『セミナー現代地方財政Ⅰ——「地域共同社会」再生の政治経済学』勁草書房。

山下茂編著［1997］『特別地方公共団体と地方公社・第三セクター・NPO（新地方自治総合講座⑩）』ぎょうせい。

練習問題

1 水道の用水供給と末端給水事業の違いや，下水道の法適用と法非適用事業の違いを調べ，上・下水道料金のあり方を考えなさい。

2 自治体病院の財政赤字について，上・下水道との料金制度の違いや，患者数の落ち込みといった医療制度の問題点を調べなさい。

3 土地開発公社の役割と設立時期や，第三セクターの社団・財団法人と会社法人の違いを調べ，それらのあり方を考えなさい。

<table>
<tr><td>第5章</td><td>公共投資と地方財政</td></tr>
</table>

生活基盤の充実をめざして

● **イントロダクション…▶**

　本章では，戦後60年間あまり続けてきた公共投資の結果，どの程度の社会資本が整備されたのかを見てみたい。日本の社会資本整備は，永らく，欧米に比べて遅れているとされてきたが，今や「建設」の時代から「経営」の時代であり，耐用年数を過ぎた公共施設の更新が課題となりつつある。ただし，社会資本には多くの種類があり，すべてを把握することは難しいため，代表的な社会資本についていくつかの資料で確認し，国と地方の役割分担について考えてみよう。また，公共投資が地域の活性化に及ぼす経済効果について，社会資本ストックによる地域生産力の向上と，有効需要の創出効果とに分けて，考えてみよう。

1 公共投資の現状

社会資本とは

　道路，橋や港湾などの公共施設は「**社会資本**」と呼ばれ，その整備は民間では担えない政府の重要な役割である。社会資本形成の目的は，国土を保全し，国民生活を豊かにすること，あるいは企業などの生産力を高めることである。社会資本は，大まかには5分野に分けることができ，①生活基盤や②産業基盤，③農林水産，④国土保全，⑤その他の分野からなる。①**生活基盤**の例としては，市町村道や住宅，病院，文教施設，水道および下水道などがある。②**産業基**

盤には国・県道，港湾，空港および工業用水がある。③**農林水産**には，農道・林道や漁港整備などが含まれる。④**国土保全**には，治山治水や海岸保全があり，⑤**その他**には，鉄道や地下鉄，電気，ガスなどが含まれる。

内閣府の推計によると，上記5分野の主要18部門の**社会資本ストック**（純資本ストック，2011暦年価格）は，戦後すぐの1953年の約30兆円から2014年までの61年間で約638兆円となり，ほぼ21倍に増加している。このうちで，最もストック額が大きいのは，道路35％であり，以下，下水道10％，治水10％，農業8％，学校施設6％と続く。

このような社会資本を形成するために，**公共投資**（行政投資ともいう）が行われる。その事業主体は，国と地方公共団体であり，2016年度の構成比は，国19％，都道府県33％，市町村47％と市町村の占める割合が高い。1980年度では，この割合がそれぞれ，国30.4％，都道府県28.8％，市町村40.7％であったから，40年の間に，国の割合が減少し，都道府県と市町村の構成比が増加していることがわかる。ただし，この間に国鉄・電電・専売の旧3公社の**民営化**という大きな組織形態の変化があり，比較には注意が必要である。国分には，1985年度以降，専売公社と電電公社が含まれず，また87年度以降には国鉄が含まれていない。

日米構造協議までの拡大路線

日本の公共投資は，第2次世界大戦で破壊された社会資本の不足を解消し，また戦後の経済成長に応じた**社会的インフラ**を拡充するため，半世紀近く一貫して拡充の方向にあった。大幅な社会資本整備を実現するため，国の計画が40年以上続いてきた。1962（昭和37）年に池田勇人内閣が策定した**全国総合開発計画**（以下，「全総」）は，これ以降，第10章でも述べるように第4次までの全国総合開発計画として，ほぼ10年ごとに改定された。

その後の橋本龍太郎内閣時の「全国総合開発計画・21世紀の国土のグランドデザイン」(1998年)までは，ほぼ一貫して公共投資拡充の方向にあった。

このように公共投資は，長期的には「社会資本整備」のためになされるものであるが，短期的には景気対策の手段としての側面も持つ。景気後退期には，ケインズ政策に基づいて「**有効需要**」を創出するため，公共投資が積極的に活用されてきた。とくに1990年代前半からは，公共投資がそれ以前よりも積極的に行われてきた。その主要な理由は，1989年から行われたアメリカとの間での「日米構造協議」である。この協議によって，貿易の不均衡是正の一環として10年間で総額430兆円にものぼる「**公共投資基本計画**」が1990年に策定された。この計画はさらに，1994年に見直され，95年度からの10年間の総投資額を200兆円も積み増し，630兆円とする新たな「公共投資基本計画」が策定された。その60％は，生活環境，福祉，文化などへ配分され，産業基盤から生活基盤へ完全に移行した。

これらの基本計画により，公共投資額は急増した。その増加中にバブル経済が崩壊し，国・地方の税収が大幅に減少した後でも，公共投資が高水準で推移したのは，日米構造協議に大きく起因している。

小泉構造改革の縮小路線

しかし，その後の公共投資は，**図5-1**のように，1990年代中頃をピークとして，その後急減し，拡充の方向は，小泉純一郎内閣が2003年に制定した「社会資本整備重点計画」で大きく方向転換した。

公共投資が減少した理由は，財政悪化や，景気対策としての需要創出効果の低下，そして社会資本整備の充実の3点に求めることができる。第1の財政悪化とは，国および地方の財政状況が極

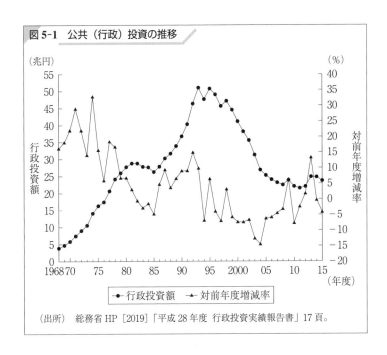

図5-1 公共（行政）投資の推移

（兆円）

（出所）　総務省 HP［2019］「平成 28 年度 行政投資実績報告書」17 頁。

端に悪化し，そのため行財政の構造改革が必要になったことである。第2の需要創出効果の低下とは，毎年行われる公共投資が景気を刺激する効果（**乗数効果**）が，とくに最近では弱くなったことである。第3の社会資本整備の充実とは，巨額の公共投資が毎年行われた結果として，国全体としてはある程度の水準まで社会資本が整備されたことである。

　さらに，小泉構造改革では，2001 年 6 月に閣議決定された「今後の経済財政運営及び経済社会の構造改革に関する基本方針」（いわゆる「骨太の方針第一弾」）において，公共投資の規模や中身を見直すこととなり，02 年度以降，国の公共事業費が減少している。また，地方の行う公共投資である**普通建設事業費**も，国の公共投資の減少と連動し，地方の財政状況も悪化したため，

2001年度以降は減少し続けており，ピーク時の対GDP比9%程度に比べて4%とほぼ半減している。

　ところが，地方圏では，公共投資が減少したため，地域の経済が疲弊しているといわれる。公共投資が果たしてきたもう1つの大きな役割には，地方部での需要創出がある。公共投資は，経済活動の弱い地域において雇用を維持する機能を担っており，その結果として「**地域間の所得格差是正**」に大きな役割を果たしてきた。このため，県民の平均的な所得水準が低い地域ほど，公共事業への依存度が大きくなっていたのである。

2 公共投資の国・地方の役割分担

地方が実施の主役　　公共投資は国と地方が行うが，そのなかには多様なものが含まれる。前節で説明した社会資本の5分野において，住民に最も身近な市町村は，①生活基盤投資の大きな部分を担い，また農林水産業に関連する③農林水産投資もする。都道府県は，②産業基盤や③農林水産，④国土保全投資などを行い，国全体として必要と考えられる②産業基盤や④国土保全投資は，国が行っている。

　2016年度資料に基づいて，もう少し詳しく見てみると，生活基盤投資では，市町村が76%，都道府県が21%，国が3%の構成比である。農林水産投資では，市町村26%，都道府県53%，国21%である。産業基盤と国土保全投資に関する都道府県の割合は，それぞれ47%と51%であり，国はそれぞれ，51%と43%を占める。

　このように見てくると，通常考えられる以上に地方の割合が多いことに驚くかもしれない。実際に，公共投資全体でも，実施主

体（事業主体）別状況は，比率を前述したように，国が4兆6748億円（19%），都道府県が8兆365億円（33%），市町村が11兆4263億円（47%）となっている。しかし，公共投資の経費を負担した区分で見ると，国費が8兆1456億円（34%），都道府県費が6兆6516億円（28%），市町村費が9兆3405億円（39%）となっており，実施主体別よりも国の割合が多いことがわかる。実施主体別と経費負担区分の差の大きな部分は，国から地方への補助金や都道府県から市町村への補助金が担っており，また金額は少ないが，国への**直轄事業負担金**もその要因の1つである。

国主導の「全総」計画

公共投資は，国や地方によって実施されるが，国の枠組みで決定される部分も多く，長く省庁の縦割り行政が問題とされてきた。

「全国総合開発計画」は，前述したように，昭和30年代からほぼ10年おきに制定され，それぞれの目標と時代背景を持つ。1962（昭和37）年10月に池田内閣のもとで閣議決定された全総は，**所得倍増計画**としても有名であるが，「地域間の均衡ある発展」を基本目標としている。そのために「住宅，上下水道，交通，文教および保健衛生施設等の国民生活に直接関連する公共施設」整備と，「道路，港湾，鉄道，用水等産業発展のための公共的基礎施設」整備を行うとしている。興味深いのは，当時すでに「たんに経済効果等にとらわれることなく，地域間の格差是正に重点をおいて，その整備拡充をはかること」とされている点である。当時は，高度成長期への移行期であり，第1の課題として，「既成大工業地帯における用地，用水，交通等の隘路が一段と激化し，とくに東京および大阪への資本，労働，技術等の集積がはなはだしく，いわゆる『集積の利益』以上に『密集の弊害』をもたらし」ていることを指摘している。

第2次の**新全国総合開発計画**（新全総）は，佐藤栄作内閣当時

の 1969（昭和 44）年 5 月に制定され，85 年を目標年次としていた。この「新全総」は，ちょうど 1966 年から始まっていた「いざなぎ景気」と呼ばれる長く続いた好景気の最中につくられた計画であった。その基本目標は「豊かな環境の創造」に置かれ，計画期間（1966～85 年）の 20 年間で累積総固定資本形成を 450 兆～550 兆円（65 年価格）と想定していた。昭和 30 年代の 10 年間に形成された累積総固定資本形成が，63 兆円とされているので，その約 8 倍に達し，当時としてはかなり大規模な公共投資計画である。

　具体的には，新幹線，高速道路などのネットワークを整備して，既存の中枢管理機能の集積地を結びながら，開発可能性を全国土に拡大するように進め，国土利用の偏在を是正することとしていた。なお，東海道新幹線は，1964（昭和 39）年 10 月 1 日に開業し，日本の社会資本ストックの一翼を担っていたが，旧国鉄が民営化されたことによって社会資本ストックから除かれた（民営化については第 6 章参照）。

　1973（昭和 48）年 10 月には，第 1 次石油ショックが起こり，経済成長率が戦後初のマイナスとなった。その後の経済成長率はほぼ半減し，日本経済は高度成長から安定成長へ移行したといわれている。このような状況下で福田赳夫内閣は，1977（昭和 52）年 11 月に**第 3 次全国総合開発計画**（三全総）を策定したのである。「三全総」は，「人間居住の総合的環境」の整備をめざし，居住環境の総合的整備，国土の保全と利用，経済社会の新しい変化への対応を基本目標に掲げた。また，「定住構想」を実現するため，大都市圏への人口・産業の集中を抑制し，一方では地方を振興して国土利用の均衡を図りながら，人間居住の総合的環境の形成を図ることとした。

　「**第 4 次全国総合開発計画**」（四全総）は，1987（昭和 62）年 6 月

に中曽根康弘内閣が策定したものである。この「四全総」は，「多極分散型国土」を実現するため，地方分権の観点に立って国と地方の役割分担の検討を進めることとされた。1986年度から2000年度の間に広義の国土基盤投資として，おおむね累積1000兆円程度（1980年価格）を想定したが，最大の特徴は民間投資も含んでいたことである。

　直近の全国総合開発計画である「21世紀の国土のグランドデザイン」は，1998年3月に，橋本内閣が策定したものである。2015年までの計画期間中に「自立の促進と誇り」や「国土の安全と暮らしの安心」「恵み豊かな自然」「活力ある経済社会」などの5つの基本的課題を設定し，基本的課題の達成に向けて「多自然居住地域の創造」や「地域連携軸の展開」など4つの戦略を推進していくことになっていた。

　40年以上にわたる5つの国土開発計画を概観したが，高度経済成長期の経済開発指向から徐々に国民生活に重点が移っていること，また国主導であった計画が地方および民間との連携を模索していることが見てとれる。

| 国の直轄事業と地方の補助・単独事業 |

地方との関係をもう少し具体的に見るために，地方団体の公共投資の中心となっている普通建設事業費（純計）の金額の推移と，これに占める国の補助事業費の割合を示す。「三全総」が策定された1977（昭和52）年度の普通建設事業費は，10兆2042億円（補助事業費の割合は59.4％），「四全総」の87（昭和62）年度では，17兆8550億円（同50.3％），「21世紀の国土のグランドデザイン」策定時の98年度では，28兆2874億円（同42.2％）と，総事業費が毎年増加している。ただし，地方が国の補助金をもらって公共投資を行う補助事業の割合は，下がってきている。

　このように補助事業が減少しているにもかかわらず，多額の公

表5-1　事業主体別に見た公共（行政）投資額（構成比）

（単位：％）

主体区分＼事業区分	道路	港湾	空港	国土保全	農林水産	住宅	都市計画	環境衛生	厚生福祉	文教施設
国	31.5	48.0	90.4	43.0	21.1	20.3	2.3	1.2	2.0	3.5
都道府県	36.7	35.9	9.0	50.7	53.3	30.5	21.1	7.1	29.3	18.8
市町村	31.8	16.1	0.5	6.4	25.6	49.3	76.6	91.7	68.7	77.7
合計	100	100	100	100	100	100	100	100	100	100

（出所）　総務省HP「平成28年度　行政投資実績報告書」。

共投資を行えるのは，地方団体の税収増加も大きな要因であるが，地方交付税による財政調整効果も大きい。とくに地方団体の公共投資は，景気対策の一環として交付税による財源補填の割合が大きかった。このように，地方分権の進展によって，国の各省庁の関与が徐々に弱まる方向にある一方で，地方財政も悪化したため，国の補助金に依存しない**単独事業**による地方の公共投資の割合も，近年，相対的に減少している。

　最後に，2016年度における分野別の公共投資の国と地方の事業主体別構成比を**表5-1**に示す。このように，公共事業は国と地方によって分担されている。国が中心となっている事業は，空港（投資額に占める割合が90％），港湾（同48％），国土保全（同43％）などがある。都道府県の割合が高いのは，農林水産（同53％）と国土保全（同51％）であり，市町村が大きな役割を担うのは，環境衛生（同92％），都市計画（同77％）および文教施設（同78％）である。

　もちろん，この傾向は都道府県や市町村を全体として見たものであり，個別には異なっている。たとえば，都道府県は農林水産

で大きな割合を示すと説明したが，当然のことながら，大都市圏の都道府県ではその割合は高くない。

3 社会資本の整備水準

道路・公園・空港の整備水準

戦後 60 年間あまり続けてきた公共投資の結果，どの程度の社会資本が整備されたのかを見てみたい。ただし，社会資本には多くの種類があり，すべてを把握することは難しいので，代表的な道路・公園・空港の社会資本について各省の HP データで確認してみよう。

　まず第 1 に，市町村道が生活基盤に，都道府県道が産業基盤に含まれる**道路**に関して，国土交通省 HP『道路統計年報 2018』から道路の延べ距離を見てみよう。道路の総実延長は，2017 年 4 月 1 日現在，122 万 3887 km とされている。その内訳は，高速自動車国道 8795 km（0.7％），一般国道 5 万 5637 km（4.6％），一般都道府県道 7 万 1762 km（5.9％），市町村道 102 万 9787 km（84.1％）などであり，かなりの部分が市町村道であることがわかる。ただし，道路幅や舗装状態が異なるし，市町村道には 4 車線以上の道路はほとんどないことに注意が必要である。

　第 2 に，**公園**は都市公園に代表される公園と，国立公園等自然公園などに分けられる。このなかで，私たちの生活に身近な都市公園には，国営公園と地方公共団体が設置する公園および緑地がある。2017 年度末の都市公園等の整備量を全国で見ると，箇所数は 10 万 9229 カ所であり，面積は 12 万 6332 ha（ヘクタール）となっている。人口 1 人当たり都市公園等面積は 10.5 m²／人である。1989 年では 5 万 7227 カ所，面積が 6 万 5037 ha であった

ので，箇所数・面積ともほぼ2倍に増加している。

　時代とともに都市公園に期待される機能も拡大してきている。市街地における，ゆとりとうるおいの場という本来の役割に加えて，近年ではヒート・アイランド現象の緩和や，災害に強い都市構造形成などの役割も果たすようになってきている。

　第3に，インバウンドなどとの関連で取り上げられることの多い空港に移ろう。日本の空港は拠点空港，地方管理空港，その他の空港，および共用空港の4種類に分類される。拠点空港は成田国際空港や関西国際空港などの会社管理空港と，東京国際空港（羽田）などの国管理空港など28空港からなる（関西国際空港などへの民間活力導入については第6章を参照）。地方管理空港は神戸空港など54空港である。

　近年，訪日客数が急激に増加し続け，2018年では3000万人を超えた。訪日客に国内旅行を加えた国内線旅客数（定期航空輸送）の同年旅客数は，ほぼ1億人（対前年比1.2%）で，2014年以降少しづつ増加傾向にある。他方で，国際航空輸送旅客数は2330万人と急増しており，7年間でほぼ倍増している。このため羽田空港や大阪国際空港（伊丹）および関西国際空港などの都市圏の空港に加えて地方圏の空港の旅客数も増加している。

先進国に追いついた下水道整備

　地方公営企業の下水道は，第4章で述べたように，下水（汚水または雨水）を排除するために設けられる排水管などの排水施設と，これに接続して下水を処理するために設けられる処理施設またはポンプ施設その他の施設の総体とされている（1958年下水道法）。総人口に占める下水道利用人口を「**下水道普及率**」とすれば，2017年3月31日現在79%となっている。1960年代には10%未満であったが，70年代に入ってから普及率が高まり始め，94年頃には50%を突破し，現在に至っている。ただし，現

在でも普及率には，地域間でかなりの差があり，都市圏ではほぼ普及している一方で，人口5万人未満の市町村等ではまだ普及率は低い。

諸外国との比較では，国土の広さ，人口，経済活動規模や都市化の程度などが異なるので単純な比較は難しいが，日本もかなり整備されていると考えられよう。

少子高齢時代の社会資本整備

前節で説明したように，必要とされる社会資本は，時代によって変わってくるし，その質も変化せざるをえない。今後は人口が減少し，少子高齢時代を迎えると，これまで想定していただけの社会資本が必要かどうかを検討する必要がある。とくに，質的には，高齢者に優しい社会資本などが必要とされる。

国・地方とも財政状況が極度に悪いなかで，どの社会資本を，どのように，どの程度整備するかについての国民的議論が必要である。その際に最も考えるべきことは，どこまで社会資本を整備すべきかである。この点については，地域によって必要度が違うし，また整備状況が異なるので，なかなか合意が難しいように思われる。ただし，国全体としての必要性を考えるためには，諸外国の整備水準も参考になるものと思われる。

さらに，今日的な問題は，公共事業の重点化・効率化である。限られた財源を効率的に用いるための手法としては，第6章で述べるように，コスト縮減や入札・契約制度改革の取組みも進められている。国は2008年5月に「**公共事業コスト構造改善プログラム**」を決定し，5年間で15%の総合コスト改善率の達成を目標としている。

今後の重要な課題は，既存設備の老朽化対策とユニバーサル・サービスの再検討にある。社会資本はこれまで長期間にわたり整備されてきたため，老朽化しているものが増加してきている。私

表 5-2　建設後 50 年以上経過する社会資本の割合

	2018 年 3 月	2023 年 3 月	2033 年 3 月
道路橋 （約 73 万橋〔橋長 2 m 以上の橋〕）	約 25%	約 39%	約 63%
トンネル （約 1 万 1000 本）	約 20%	約 27%	約 42%
河川管理施設（水門等） （約 1 万施設）	約 32%	約 42%	約 62%
下水道管きょ （総延長：約 47 万 km）	約 4%	約 8%	約 21%
港湾岸壁 （約 5000 施設〔水深 −4.5 m 以深〕）	約 17%	約 32%	約 58%

（出所）　国土交通省 HP「社会資本の老朽化の現状と将来」。

たちの生活に直接関係する社会資本で多くの問題が起きている。水道および下水道でも老朽化は深刻であり，施設や上水道管の老朽化が進行し，漏水事故も増加している。橋梁やトンネルも同様である。代表的な社会資本の老朽化の状況を**表 5-2**に示した。国土交通省の調査「老朽化の現状・老朽化対策の課題」では，高度経済成長期に建設された橋が多く，建設後 50 年以上経過している割合が 2018 年では 25％ であるが，28 年には 50％ に達するとされている。インフラ整備が日本より先行して行われたアメリカでは，1980 年代初頭から橋や道路が壊れるなど老朽化問題が顕在化し，「荒廃するアメリカ」といわれた。

　日本では，政府全体の取組みとして，2013 年に「インフラ長寿命化基本計画」がとりまとめられた。メンテナンス・サイクルを構築することなどにより，トータル・コストの縮減・平準化を

めざし，その際に，新技術の公開により民間メンテナンス産業を育成するとした。

次に，ユニバーサル・サービスとは，全国共通で安定的に提供されるサービスをいい，通信，電気，水道，郵便などのサービスが代表例である。電話に関しては NTT 東西・NTT 持株会社にユニバーサル・サービス提供の責務を課している。当然のことであるが，国内のあらゆるところでサービスを提供するのには費用がかかる。電話の場合は，コストは事業者から電話利用者に転嫁され，月額 2 円程度をユニバーサル・サービス料として電話料金とまとめて徴収している。「Society 5.0 時代のまちづくり，社会資本整備に向けて」（経済財政諮問会議民間議員提案，2019 年 4 月 19日）では，「水道，電力・ガス，郵便，通信等のユニバーサル・サービスについて，過疎化や人口減少の下でも引き続き維持していくためのコストを明らかにするとともに，その維持に向けたネットワークの考え方，財源等について検討を開始すべき」とされている。

人口が減少する時代に入り，安価で全国一律に社会資本のサービスを提供することが難しくなってきている。とくに地方部では老朽化した施設の維持とサービス提供が難しくなってきている。この点を踏まえ，「早急に公共施設等の全体の状況を把握し，長期的な視点をもって，更新・統廃合・長寿命化などを計画的に行うことにより，財政負担を軽減・平準化するとともに，公共施設等の最適な配置を実現することが必要」と総務省 HP「公共施設等総合管理計画の策定にあたっての指針」（2018 年 2 月 27 日改訂）で指摘されている。現在の住民にサービスを提供することが，将来的に人口が減少した際に，結果的に過大設備になる可能性がある点が最も難しいことである。その 1 つの解決策が，都市の中心地を活用し，商業・業務機能に加え居住空間を整備して，周辺地

域からの人口流入を促すコンパクト・シティである。

4 公共投資と地域の活性化

公共投資の地域間配分

戦後，高度経済成長期の前半では，経済成長を支える産業基盤型の社会資本を早急に整備するために公共投資が行われてきた。当時の3大工業地帯であった東京都・川崎市・横浜市を中心とする**京浜工業地帯**，名古屋市を中心とする**中京工業地帯**，大阪市・神戸市を中心とする**阪神工業地帯**を中心に産業基盤型の社会資本が整備された。具体的には，鹿島臨海工業地帯をはじめとする臨海工業地帯の形成であり，また新幹線，高速道路などの交通網整備や都市近郊で開発されるニュータウンなどの大規模プロジェクトが行われた。

池田内閣の「国民所得倍増計画」は，1960（昭和35）年に閣議決定され，文字どおり，計画期間内に1人当たり国民所得を倍増させようとした。この計画は，経済発展に即応した公共投資の実施でもあり，結果的には計画以上の成果をあげ，「東洋の奇蹟」と呼ばれた。

しかし，経済発展は，第10章で述べるように，工業地帯に人口集中や公害などの社会問題をもたらすとともに，他方で都市部と地方部との所得格差を生み出した。一方で，前述したように，地方部の経済は，公共事業などの「公需」への依存度が高いといわれる。それでは，公共投資の地域間の配分が，どのように変化してきたかを総務省「平成28年度　行政投資実績」で見てみよう。

全国を大都市圏（関東，東海，近畿）とそれ以外の地方圏に分けてみると，2016年度には大都市圏での公共投資は11兆6897億円に対し，地方圏は11兆5200億円（東日本大震災分を除く）

　夏の異常な暑さや大雨などは地球温暖化の結果と指摘されるし，他方では，日本列島は地震と噴火が続く激動の時代に入ったともいわれる。そのため，毎年のように自然災害が各地で起こっている。政府活動で対処できることは限られるが，大規模災害時に自衛隊の活動が復旧に果たす役割は大きい。さらに，このように緊急時の身近な活動だけではなく，国と地方自治体は生活の基盤になっている社会資本の復旧活動を行う。復旧事業は地方が行い，国は特別の財政支援をすることが多く，基本補助率は3分の2である。残りの3分の1についても地方債を発行することが可能である。

　阪神・淡路大震災（被害推計額9.9兆円）や東日本大震災（同16.9兆円）などの大規模災害時には，国が補正予算や特別の復興予算を組んでいる。後者は2011年度から20年度までの10年間で32兆円を投じて復興を行っており，前半の5年間ですでに29兆円が支払われている。2011年に設定された財源フレームでは，10.5兆円程度を復興増税として，個人と企業に負担を求めた。2013年から37年まで所得税に2.1％上乗せし，23年まで道府県民税と市町村民税の均等割にそれぞれ500円ずつ上乗せ等を行っている。なお，法人税への付加税は1年前倒しで2014年に終了している。

〜〜

とほぼ同規模になっている。また，大都市圏のなかでも東京，神奈川，千葉，埼玉からなる関東臨海部が圧倒的に多く，4兆9347億円と全体の21.3％を占める。ブロック別に見ると，東北がこれに次ぎ3兆5775億円（15.4％）となっており，東海2兆2008億円（9.5％），近畿臨海部1兆9857億円（8.6％）と続く。

　大都市圏と地方圏のシェアは，時代によって明確な拡大・縮小の傾向を持つ。1960年代後半は，大都市圏の割合が60％以上と圧倒的に大きかったが，「新全国総合開発計画」が策定された70年代中頃から急激に減少し始め，この傾向が80年代前半まで続く。実際，79年頃には大都市圏の52％程度に対し，地方圏が48

％くらいにまで接近している。「第3次全国総合開発計画」の策定以降に，一転して大都市圏のシェアが，バブル経済を反映して増加した。

　次の転換点は，バブル経済の絶頂期を少し過ぎた1991年頃であり，地方税収がピークを迎えた頃である。この頃以降，大都市圏の投資額は急減し，1999年頃からはほぼ一定となり，大都市圏と地方圏がそれぞれ50％前後で現在に至っている。もちろん，それぞれの圏域で行われている公共投資は，国分と地方団体分とに分けられ，ここで示した傾向とは少し異なる動きをする。同様に，大都市圏と地方圏の動向だけで，個別の都道府県の傾向がわかるわけではない。

| 社会資本の地域生産力と公共投資の需要創出効果 | 公共投資は，国土保全や，豊かな国民生活と企業の生産力を高めるなどのために社会資本を整備するのが本来の目的である。その点では，中長期的な観点から必要度の高い社会資本整備が重要であり，どのような社会資本をどのように整備するかの計画性が問われる。しかし，他方で公共投資は，景気対策のために有効需要を創出する主要な手段となっており，短期的な側面も有している。

　それでは，公共投資の経済効果について考察してみよう。効果は大きく2つに分けられる。まず第1は，社会資本ストック自身の効果であり，第2は有効需要の創出効果である。第1の「**社会資本が地域生産力**」に及ぼす効果は，公共投資累積の結果，社会資本ストックが形成され，民間企業等の生産力を高める効果を持つことである。この効果はさらに，民間の生産力が社会資本ストックの充実によって高まる「直接的な効果」と，そのことによって誘発される民間設備投資の増加という「間接的な効果」に分けることができる。第2の「**有効需要の創出効果**」は，公共投資が

　現在の景気対策としての公共投資は，財源の中心が**国債**である。第2次世界大戦後は，戦時中の公債大量発行の反省から**均衡財政主義**をとってきたが，昭和40年不況に対応するため，国は戦後初の**国債（歳入補填債）**を発行し，補正予算で景気悪化に歯止めをかけようとした。その後，**建設国債**の発行が続くが，**国債依存度**は10％前後にとどまっていた。

　一転して，赤字国債（**特例公債**）が継続して発行され出したのは，1975（昭和50）年の補正予算時からであり，この年の国債依存度は25.3％に跳ね上がった。その主たる要因は，1973年10月の第1次石油ショックである。このため，日本経済は当初激しいインフレーションに見舞われ，その後は景気が急激に下降し，1974年度には戦後初のマイナス成長を記録した。これに対処するため，5兆6961億円もの国債が発行され，景気対策がなされた。その後は毎年，建設国債と赤字国債が発行され，1990年前後のバブル期には一時的に赤字国債の発行を回避するが，バブル崩壊とともに再び赤字国債が発行され続け，現在に至っている。

　このように景気が好不況にかかわらず大量の国債を発行し，積極的に公共投資を行ってきた結果，必要性の薄い社会資本まで整備され，さらに景気対策の乗数効果も弱くなってきたと指摘されている。

有効需要の一環をなすことによるものであり，とくに需要が減少する不況期に有効とされてきた。

　このうちで，第1の社会資本ストック自身の効果は，第2次産業および第3次産業に対して大きく，それらの多くは都市部に位置すると考えられる。第2の有効需要の創出効果は，前述のとおり「乗数効果」ともいわれ，投資額が何倍になって経済全体の生産額に影響を与えるかで測られる。かつては大きな乗数効果があるといわれてきたが，現在ではその効果がかなり小さくなってきていると指摘されている（*Column* ⑩参照）。

> **社会資本整備のあり方**

近年，国・地方とも，かなり財政状況が悪いなかで公共投資が削減され続けてきたが，今後も限られた予算のなかで，効果の高い社会資本整備を効率的に行う必要がある。第6章で述べられるように，民間活力を活用した効率的な整備手法や，入札制度改革などで，真に必要な社会資本整備を地域ごとに行うことが望まれる。とりわけ，人口減少や少子高齢化の進展がほぼ確実であり，それに見合う社会資本の配置・適正量が変化していくことが予想され，長期的な見通しが必要である。

他方で，新たな整備ではなく，社会資本に恵まれているといわれる都市部における資本の老朽化が深刻な問題となってくる可能性が高い。都市部にある既存の社会資本ストックは，比較的古くから整備され，また巨大なストックであるため，維持・更新にかなりの費用を要するのではないかと考えられる。

以上をまとめよう。長期的な見通しのもとで，どういう社会資本を，どの程度，どの地域で，どのように整備していくのかについて真摯な検討が必要である。また，その財源のあり方についても，特定財源で行うのか一般財源で実施するのかを国民的視点で意思決定する必要がある。

…▶参考文献

赤井伸郎編［2017］『実践 財政学——基礎・理論・政策を学ぶ』有斐閣。
井堀利宏［2001］『公共事業の正しい考え方——財政赤字の病理』中央公論新社。
齊藤愼・林宜嗣・中井英雄［1991］『地方財政論』新世社。
内閣府 HP［2017］「日本の社会資本 2017」。
橋本信之［2006］『21 世紀の都市活力——大阪再生への多角的アプローチ』都市問題研究会。
吉野直行・中島隆信［1999］『公共投資の経済効果』日本評論社。

1 公共投資の実施と計画に関する国と地方の役割分担を説明しなさい。

2 公共投資の効果を社会資本ストックの効果と需要創出効果に区分して説明しなさい。

3 時代の変化に対応した社会資本整備のあり方を考えなさい。

第6章 行政改革と地方財政

ニーズの多様化を受けて

● イントロダクション…▶

　第2部の「自治体経営を学ぶ」では，第4章にて地方公営企業や第三セクター等の経営，第5章で公共投資のあり方について解説してきたが，本章では，新しい行政改革の手法であるニュー・パブリック・マネジメント（NPM）を中心に解説する。

　旧来の行政改革は，1980年代までは増分主義の予算編成のもとで給与水準の見直しや行政項目ごとに一律マイナス・シーリングなどによるコスト削減にとどまっていた。

　1990年代に欧米から日本に広がりを見せたNPMによる行政改革は，民間活力の活用手法と，公会計改革を含む新しい行政管理手法とに大別される。NPMには，諸外国や日本でも多様な解釈がある。本章では欧米を事例とした理念と手法を整理し，2000年代初頭からの日本での実践事例を解説し，最近の動向を説明する。

1 行政の効率化

予算編成の増分主義と
一律シーリング

　市町村は，公共部門において住民に最も身近な行政サービスを提供しており，現実には民生や国土開発，教育などの分野で膨大な事務を担当している。より具体的な例としては，第2章で述べたように，住民に身近な消防の救急車の運用やゴミ処理，住民票の取扱い事務などがわかりやすい。他方，都道府県は，警

察や河川管理，学校教育など，主として広域的な行政を担当しているが，住民の目に触れるのは，パトカーや飲酒検問，道路建設などである。それだけに，地方は，国が行う行政よりも，住民から非効率性を指摘されやすい分野が多い。

　しかし，それら以外にも地方団体は，多くの行政を行っており，それぞれについて，どの程度効率的であるかは，長く検証されてこなかった。その背景として，行政は，法律などに基づき全国的に同様の手法で行われることが多く，また必要と思われる費用を積み上げ計算して予算が作成されるため，効率化の誘因がもともと，あまりなかったことが挙げられる。

　さらには，毎年の予算が，使いきりの「**単年度主義**」で作成されるため，予算の消化が関心の中心であり，効率化を必ずしも指向してこなかった。よく指摘されるように，地方団体の予算は，**前年実績主義**や**増分主義**で作成され，あるいは財源の乏しい状況では，一律のマイナス・シーリング的な考え方が採用されてきた。この考え方は，前年度予算にどの程度の上積みあるいは削減を行うかが，判断の基準であったとさえいえよう。その点では，ある行政サービスを行うために「どれだけのコストが最低限，必要か」という評価手法が，確立していないといえる。

　とはいえ，戦後，地方財政にも危機的状況が何度かあった。終戦直後の激動期を除いても，東京オリンピックの翌年に起こった昭和40年不況や1972（昭和47）年の第1次石油ショック後の不況，85年の円高不況など，何回もの景気後退を経験してきた。

　だが，いずれもそれほど深刻なものとはいえず，またすぐに回復するという予想のもとに，行政は，ほとんどすべての予算の項目を同率で削減する**一律シーリング**などの「行革」手法で乗り切ってきた。

バブル経済の崩壊と地方歳入の減少

このような状況が一変したのは，バブル経済の崩壊に起因する地方財政危機に直面したときである。毎年度増加すると信じられていた地方税収が，1991年度に突然，減少に転じた。地方税収はその後，15年以上にわたって増減を繰り返しながらも，91年度の税収水準をそれほど超えることができない状態が続いている。

しかし，注意すべきなのは，地方団体の歳入に占める地方税の割合は，時代により多少の差はあるが3割前後を維持していたにもかかわらず（3割自治），他方で1991年度以降も，国の景気対策等の影響を受けて地方債収入や国庫支出金，地方交付税の増加により，歳入総額は増加し続けた点である。その結果，税収減にもかかわらず，地方歳出の総額が，急激に増加していった。歳入総額が初めて減少に転じるのは，税収減の始まった実に5年後であり，都道府県および市町村とも1996年度からである。

このことは，歳入増加を前提としていた地方団体の財政運営に大きな影響を与えた。限られた貴重な財源を有効に活用すべきことは，「地方公共団体の経費は，その目的を達成するための必要且つ最少の限度をこえて，これを支出してはならない」（地方財政法第4条）と法律で規定されているが，どの程度厳密に実行されていたかについては，疑問が残る。しかし，財源の減少は地方団体の財政を直撃し，それまでと同様の予算編成を困難にさせた。まず削減対象とされたのは，普通建設事業費を中心とする**投資的経費**であり，一方で，人件費や扶助費などの**経常経費**は増加し続けた。

ニュー・パブリック・マネジメントを導入した三重県

バブル崩壊の当初は，バブル期に積み立てた基金を取り崩すなどにより，何とか凌げた。だが，その後は基金も底をつき，

またこの間に発行した地方債が累積し，歳出に占める公債費の比率が20％を超えるまでになった。そのため，地方団体も，行財政の効率化が最重要の課題となり，諸外国で実施されてきたニュー・パブリック・マネジメント（NPM）の手法を取り入れた構造改革が，行われるようになったのである。NPMの手法は，民間部門のマネジメント手法等の考え方を公的部門に導入して，質の高いサービスを効率的に供給する総合的な取組みのことをいい，イギリスが起源とされている。

わが国で行政の大胆な改革にいち早く取り組んだのは，三重県である。行政システムの改革のうちで最も先行して取り組まれたのが，職員の意識改革や事務事業の見直しという「さわやか運動」であり，1995年7月に開始されている。**事務事業評価システム**は，1995年度に試行され，翌96年度から他団体に先駆けて本格的に導入された。三重県での改革手法が伝統的な行革手法と大きく異なっていたのは，NPM的な考え方を取り入れ，成果指標（**アウトカム**）を掲げ，人件費も含めたコストを明確にして，情報公開による客観化も行ったことである。それまでの行政が，道路延長などの直接生産物（アウトプット）を管理していたことに比べると，道路の社会的成果を測る成果指標の導入は，考え方の大転換である。

さらに，新しい総合計画と予算との結びつきを試みたことも，高く評価されるべきである。今日でもなお，事務事業の評価が，予算にそれほど密接に反映されていないケースが多い。この点を考えると，先進的な試みであったといえる。また，このとき用いられた評価の方法は，その後の各地方団体が用いるよき先例となった。

もう1つの大きな特徴としては，NPMの主要な部分である「**発生主義会計**」を導入し，収支計算書と貸借対照表などを1998

年3月に公表したことである。これにより，これまでの予算・決算ベースの「現金主義会計」による数値のみでは，経済計算が不十分であることが明らかにされた。発生主義会計の導入はその後，総務省が「自治省方式」を提示する大きな原動力となり，現在行われつつある基準モデルと総務省方式の改訂モデルからなる「**公会計改革**」に大きな影響を及ぼした。

まず府県から始まった行財政改革が，その後市町村にも波及している。とくに，財政状況が極度に悪化している地域では，改革が著しく進展している。

市町村合併と NPM **市町村合併**は，第9章でも述べるように，2005年4月に施行された「市町村の合併の特例等に関する法律」により，行政体制の整備と確立を主たる目的として推進されることになった。

それ以前からの合併推進の動きとあわせて，「明治の大合併」や「昭和の大合併」に次ぐ大規模な「**平成の大合併**」となった。以前の合併は，人口増加のもとで行われたのであるが，平成の大合併は，今後の人口減少への対応と地方分権への準備のために行われたことに大きな違いがある。

現在1億2700万人程度である人口は，40年後の2050年頃には1億人程度にまで減少すると推計されており，地方部での減少が著しいと思われる（国立社会保障・人口問題研究所HP「人口の将来推計」）。現在でもすでに，65歳以上の高齢者が半数を超えるなど将来の存立が危ぶまれる**限界自治体**や**限界集落**がある。6万2273ある集落のうち，10年以内に消滅が423集落，いずれ消滅が2220集落とされている（国土交通省HP「国土形成計画策定のための集落の状況に関する現況把握調査最終報告について」2007年8月）。また，消滅した集落の過半については，跡地管理が十分に行われていないという結果となっている。

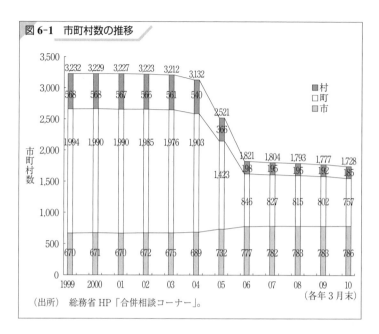

図6-1　市町村数の推移

（出所）　総務省 HP「合併相談コーナー」。

　「平成の大合併」により，1999年頃に3232団体といわれた市町村数は，2010年3月末までに図6-1のように激減し，2014年4月には1718市町村へと半分近くに激減した。なかでも町の数がほぼ4割に，村の数は3分の1程度にまで減少した。

　合併は全国的に活発に行われたが，地域によってかなりの差があり，都市圏ではそれほど進展していない。市町村数が7割程度減少したところもあり，他方，東京や大阪のように合併がほとんど進まなかったところもある（第9章の *Column* ⑮参照）。

　平成の合併のもう1つの特徴は，**行政改革**を大きな目的としているところにもある。このことは，地方分権推進委員会「市町村合併の推進についての意見」（2000年11月27日）において，市町村合併の必要性が指摘されているとともに，地方団体のあり方自体を変えるという点で，地方行革の究極の姿であるともいえる。

NPM 手法を大胆に適用したことで世界的にも注目されたニュージーランドでも，大規模な市町村合併が実施されている。

　市町村合併には，当然のことながらメリットとデメリットがあり，地域への愛着や連帯感が希薄になるなどのデメリットが指摘されることが多い。今後は，デメリットを解消するような方向で地方行財政制度を改正する必要がある。だが，これまでのあり方で今後の少子高齢化および人口減少社会に対応できたかどうかについては，疑問が残る。今回行われた「平成の大合併」を評価するには，ここ数年の動きだけでなく，もう少し長期の観点から考えるのがふさわしいだろう。

　地方分権の観点から市町村合併を見れば，分権を担うべき基礎自治体である市町村の体制を整備し，よりいっそうの分権を求める姿勢が明らかにされたといえる。都道府県や国からの権限移譲を受け，事業を実施するためには，市町村の行政能力を向上させることが必須である。そのためには，ある程度の行財政規模やより多くの優能な職員を確保する必要がある。小規模な地方団体ではできなかった行政を行えることになるのが最大のメリットになる，ということを期待したい。

2 行政の外部化・市場化と NPM の理念

NPM の理念と手法

　地方団体が提供しているサービスは，必ずしも地方団体自身が行う必要はない。このことは，1980 年代半ば以降，イギリスのサッチャー政権下で始まった新しい考え方である。つまり，それまでは，公共サービスを提供するのは地方団体であったが，住民が受ける公共サービスを民間が提供してもよいという考え方の大転換が，前述の

NPMと称される理念と実践に表れている。

　NPMは，諸外国の政府部門や研究者などにより多様な使われ方をするが，日本では，通常，以下のように考えられてきた。それは，民間企業の経営理念や手法などを国・地方などの公共部門に適用し，効率化・活性化を図るものである。具体的には，第1に競争原理の導入，第2に政策の企画と実施の分離，第3に行政評価の導入などにより，伝統的な「行政管理」から「**行政経営**」に転換し，その結果として，より効率的で質の高い行政サービスの提供を行おうというものである。

　NPMの考え方は，「民間活力の活用手法」と「経営管理手法」の2つに大きく分けることができる。前者の民間活力を直接活用する手法には，①民営化・独立行政法人（エイジェンシー）化や市場化テスト，②強制競争入札制度（compulsory competitive tendering：日本では指定管理者制度），③PFI（private finance initiative）などがある。後者の経営管理手法は，新しい行政管理手法であり，①評価制度（政策・施策・事務事業など）や②費用対効果分析あるいは費用便益分析（cost benefit analysis），③発生主義会計（accrual accounting）の導入による公会計改革などがある。以下では，NPMの理念を明確にするために，これらの具体的な手法を詳しく説明しよう。

民間活力の活用手法

　前者の「**民間活力の活用手法**」において，①民営化・独立行政法人化や市場化テストなどは，国・地方からなる政府部門のあり方を大きく変えるものである。政府の一部門を完全に民間企業にするのが**民営化**である。**独立行政法人化**も，同様に独立した法人に移行するが，政府の関与が残る点で民営化と異なる。**市場化テスト**とは「民でできるものは民へ」の具体化や，公共サービスの質の維持向上と経費の削減などを図るための手法である。

より具体的には，政府部門と民間企業などを競争させて，効率的な運営が行える方を選ぶことになる。実際，2006年に成立した「競争の導入による公共サービスの改革に関する法律」では，民間開放が難しかった公共サービスが特例として認められた。これらの手法は，肥大化した政府規模を縮小することで，政府の効率化を図ろうとするものである。

　イギリスで実施された②**強制競争入札制度**は，そのままでは日本に導入されていない。だが，類似した考え方で発想されたと思われるのが，2003年9月2日から施行された「**指定管理者制度**」である。この制度は，「地方自治法の一部を改正する法律」により，地方公共団体の出資法人や公共的団体等のみが受託可能であった「公（おおやけ）」の施設の管理を，民間企業等も含めて指定が受けられるようにしたものである。

　公の施設とは，第1に野球場や体育館，プール，スキー場などのレクリエーション・スポーツ施設，第2に産業振興センターや農産物加工所などの産業振興施設，第3に駐車場や大規模公園などの基盤施設，第4に文化会館や博物館，美術館などの文化施設，第5に病院や老人福祉センターなどの社会福祉施設からなる。

　③**PFI**とは，これまでは政府部門が直接行ってきた公共施設の建設・維持管理・運営などに対し，民間の資金・経営能力・技術的能力を活用する新しい手法である。これにより，国や地方団体が直接実施するよりも，効率的かつ効果的に公共サービスを提供できる事業については，PFIの手法で実施することができる。PFIの導入により，事業コストの削減や，より質の高い公共サービスの提供が可能となるとされている。政府部門が公共サービスを提供する費用と，民間事業者が提供する費用との差を**VFM**（value for money）と呼び，これがPFIの費用削減効果となる。

　また，PFIは，公共サービス購入型やジョイント・ベンチャー

型，独立採算型などに分けることができる。多くの PFI は「公共サービス購入型」であり，民間部門が公共施設の設計・建設や維持管理・運営を行い，政府部門はそのサービスに対して納税者の代わりに対価を支払うので購入型という。通常の PFI では，建設のハード面と維持管理・運営のソフト面を行うため，「ハード＋ソフト」型と呼ばれることもある。事例は少ないが，運営を中心とする「ソフト」型もある。なお，上述の指定管理者制度は，すでに存在する施設の運営を目的とするため，「ソフト」型 PFI と位置づけることも可能である。

指定管理者制度および PFI は，それまで政府部門が内部で行ってきた業務を民間企業等に解放するものであるから，業務の効率化以外に経済を活性化する効果が期待される。

2010 年代半ば以降，PFI の一形態としてコンセッション（公共施設等運営権）方式が活用されている。料金徴収を行う公共施設の所有権を公共主体が保有したまま，施設の運営権を民間事業者に設定する方式であり，2011 年 PFI 法改正により導入された。空港，道路，水道，下水道などが重点分野とされているが，大規模空港のコンセッション第 1 号は関西国際空港と大阪国際空港を対象として 2016 年 4 月から実施されている。44 年間，両空港を運営し，2 兆円超を新関空会社に支払う契約である。2018 年 4 月からは，神戸空港を含め 3 空港を一体として運営している。

このように政府部門と民間が協働することを**官民パートナーシップ（PPP）**と呼ぶ。

> ### 新しい行政管理手法と公会計改革

「**経営管理手法**」において，評価制度や費用便益分析，発生主義会計は，新しい行政管理手法である。また，それらは，前者の「民間活力の活用手法」とも次元が異なり，政府部門内部の効率化および経営管理の徹底化を図るものである。

①評価制度は，政府部門の行う事務事業や施策，および政策などを客観的な指標で評価し，本来的にはそれにより不要な事業の廃止や効率化につなげるべきものである。評価基準としては，NPM でよく用いられる「3E」つまり経済性（economy：投入する資源の最少化），効率性（efficiency：アウトプットの最大化），有効性（effectiveness：成果の最大化）以外に，合目的性，必要性などが使われることが多い。

　②費用便益分析とは，これまで主として公共事業に用いられてきた手法である。B/C（ビー・バイ・シー）は，事業から生じる便益（B：ベネフィット）を，実施に要する費用（C：コスト）で割った比率であり，その事業の効果を判定するものである。その比率が大きいほど，投下した費用に比して便益が大きいことになる。事業を実施するかどうかは，通常は前もって定められた 1 より大きい基準値（カットオフ・レート）と比較して判定される。費用便益分析のポイントは，何を便益に含め，それをどのように計算するかという点と，基準値をどの水準に設定するかという点にある。この費用便益分析に対し，より広い概念である**費用対効果分析**では，環境面などで貨幣換算しにくい要因も考慮して，総合的に判断されることが多い。

　最後に，企業会計的手法である③**発生主義会計**は，欧米諸国ではかなり以前から実施されているものである。日本では，前述のとおり三重県が 1998 年 3 月に初めて公表し，東京都や宮城県，神奈川県藤沢市，大分県杵築市などが，先進的に取り組んできた。ほぼ同時期の 1999 年 2 月，小渕恵三内閣が提出した経済戦略会議の答申において，会計改革に関する提言が行われていることは記憶されてよい。

　それまでの日本の公会計の原則は「**（修正）現金主義**」といわれ，現金取引の発生時に記帳するフロー中心主義であり，資産・負債

などのストック情報が乏しかった。毎年度の財政運営の結果として政府部門の負債が膨張し続けているときには、資産・負債の把握がきわめて重要である。これについては、「2007年問題」が、わかりやすい例となろう。2007年頃には、1947（昭和22）年から49年に生まれた団塊の世代が、数多く退職するといわれ、地方団体で大きな問題となったのが、退職金の資金確保である。企業会計に従って考えると、退職手当引当金を積んでおくのが常識である。だが、かなりの数の地方団体は、資金を準備しておらず、すなわち負債として認識しておらず、結果的には、地方債である退職手当債が2007年度だけでも5300億円も発行された。

また、行政の効率化の観点からも、行政コストを正確に把握できる発生主義会計の導入が必要である。多くの場合、行政が認識しているコストは直接経費であり、人件費などが含まれていない。このような現金主義の限定された情報では、十分な行政評価が行えないことはいうまでもない。

2017年からすべての地方公共団体において、発生主義・複式簿記の考え方を取り入れた統一的な基準による地方公会計を整備することになった。さらに今後の少子高齢社会における公共施設のあり方を考えるために固定資産台帳の整備が推奨されている。

3 新しい運営手法の実践と役割分担の変化

民間活用の実践事例

NPM手法が体系的に日本で導入されたのは、前述のとおり1996年の三重県における事務事業評価システムであるが、国でも小泉純一郎内閣の発足とともに、本格的にさまざまな手法が導入され始めた。これに伴い、地方団体でも新たな手法が導入され始め、行財政のあり

方が変わりつつある。

「民間活力の活用手法」において，まず第1に，最も端的な手法である①民営化・独立行政法人化や市場化テストの実践事例を取り上げよう。まず，国では国鉄・電電・専売の旧3公社は民営化により，JR，NTT，JTなどの民間企業となった。このため，旧3公社の施設は，第5章で述べたように，社会資本ストックから除外されたのである。最近では道路公団や郵政の民営化が試みられている。

また，研究機関や病院などの独立行政法人化，大学の**国立大学法人化**が行われた。地方団体でも，ガス事業やバスなどの地方公営企業のほか，保育所などの民営化が行われ，病院や研究所などは国と同じように**地方独立行政法人化**されている。また，**公立大学法人制度**により，2009年度では45大学が法人化されている。

市場化テストは，まだそれほど大きな効果をあげているとはいい難いが，国では**官民競争入札等監理委員会**が統括しており，厚生労働省所管のハローワーク関係（求人開拓事業，キャリア交流プラザ事業）での試みがよく知られている。地方団体の取組みは，「法に基づく市場化テスト」，官民競争型および民間提案型の市場化テストなどに分けることができる。

「**法に基づく市場化テスト**」の全国初の事例は，長野県南牧村における野辺山出張所窓口6業務の民間委託であり，（株）南牧村振興公社が落札している。「**官民競争型市場化テスト**」の代表的な事例は，全国に先駆けて東京都が取り組んだ都立技術専門校における求職者向け公共職業訓練7科目であり，そのうちの6件は民間が落札している。「**民間提案型市場化テスト**」の代表例として大阪府の事例を取り上げよう。2007年に設置された「大阪版市場化テスト監理委員会」では，全業務を対象として民間事業者からの提案を募集した。対象業務は，税務や府営水道管理運営，監

査，府立図書館の管理運営，宅建業免許の申請受付等，居宅サービス事業者等の指定申請受付等の業務に決定している。これらについては，民間事業者から事業の提案を公募し，「民間に任せた方がよい」と考えられる業務を民間委託することにしている。

第2に，②指定管理者制度は，短期間できわめて多くの地方団体が実施した制度である。その結果，全施設数の約2割において，民間企業・NPO法人等が指定管理者になった（2007年1月31日，総務省自治行政局調べ）。指定管理者制度の効果は，政府部門の効率化にとって有益であるが，直接的には，公の施設をこれまで管理してきた外郭団体の存立に大きく影響する。

第3に，③PFI事業は，1999年7月30日に「民間資金等の活用による公共施設等の整備等の促進に関する法律」が成立してからほぼ20年間が超過し，順調に増加している。2018年度末では，事業数は740件にのぼり，事業費も6.2兆円に達している。このうち，国の事業が11%，地方82%およびその他7%となる。また，総事業数を分野別に見ると，学校などの「教育と文化」が34%と最も多く，まちづくり（23%），病院・廃棄物処理事業などの「健康と環境」15%がこれに次ぐ。以下，庁舎と宿舎（9%），安心（4%），生活と福祉（3%），産業（2%），その他（10%）と続いている。

行政評価と公会計の導入

「経営管理手法」の実践事例では，すでに説明したように，①評価制度が三重県の事務事業評価システムから始まった。その後の評価制度は，複数の事務事業を施策ごとにまとめて評価する**施策評価**，さらには複数の施策評価をグループ化した**政策評価**も試みられている。また，評価制度は，評価するタイミングにより，事前，事中，事後評価に分かれる。これまで多く用いられてきたのは，事業が終了した後に評価する「事後評価」，あるい

　NPM の各種手法を用いた成果については，以下のように多様な評価の視点がある。①組織改革を含む行財政がどの程度「効率化」されたのか。②これまでと異なって「成果指標」による行財政のコントロールができているのか。③「顧客指向」という面から見て公共サービスの質が向上しているのか。④行政の「透明化」がなされているのか。⑤「説明責任」が十分に果たされているのか，等々である。

　たとえば，①効率化の視点から見ると，民間活力の活用手法である民営化・独立行政法人化および PFI・指定管理者制度などは，経費の削減をめざしているが，同時に公共サービスの質的な向上も目的にしている。施設や事業が真に民営化されると，行政にとっては経費削減効果が大きい。だが，結果的には国民や住民が負担していた租税の一部が，料金の形で利用者負担になることにも注意が必要である。また，PFI・指定管理者制度は，民間活力を導入して施設の建設・運営などを行うものであるが，これまでの事例を見る限り，驚くほどの効率化ができるわけではない。PFI による経費削減率は，VFM（value for money）の指標で測られ，10％ 程度のケースが多い。指定管理者制度の効果は，一般的にはこれより小さいと思われる。

　いずれにしても，民間・NPO などが行うときの成果は，行政が実施するときに比べてどの程度，人件費が異なり，また民間等のノウハウが活用できるのかに依存する。ただし，注意すべき点は，権限が弱くなった途端に，行政の関心も薄くなることである。2005年に発覚した耐震強度の偽装問題に代表されるように，民間活力の活用中に「目標がどの程度達成されているか」を監視するモニタリングが，十分になされているとはいえない。モニタリング費用も含めて削減効果を検証することが必要である。

❀❀

は毎年行われている事務に関しては「事中評価」である。本来的には「事前評価」が望ましいことはいうまでもない。**事前評価**は,大型公共事業などで実施されているが,事業を実施する前提での評価になりがちであり,その効果には疑問が残る。

もう1つの問題は,誰が評価するかに関してである。組織内で評価を行うものを**内部評価**,外部の視点が入る評価を**外部評価**という。当初は内部評価が多かったが,最近では外部評価を積極的に取り入れる割合が増加している。

以上のような政策評価や施策評価,事務事業評価を一括して「**行政評価**」と呼ぶ。2008年10月1日現在,いずれかを導入済みの団体の比率を見ると,都道府県および政令指定都市ではすべての団体が,中核市および特例市では90%以上の団体,市区では65%の団体,町村でも25%の団体が,なんらかの行政評価を導入しているとされている。

②費用便益分析は,国土交通省や農林水産省が公共事業を実施する際に多く用いられており,最もよく知られているのが道路である。道路を事例として「費用便益分析マニュアル」(国土交通省道路局,2008年11月)に沿って簡単に説明しよう。道路を50年間使えるものと想定し,道路から得られる便益を走行時間短縮便益,走行経費減少便益および交通事故減少便益として便益の**現在価値**を計算する。他方で,費用として事業費と維持管理費の現在価値を割引率4%として求め,これらから費用便益比率が計算され,基準値より大きければ効率的な事業と判定される。

③発生主義会計については,2000年3月に公表された「自治省方式」(総務省方式)からバランスシートや行政コスト作成団体が一挙に増加した。その後,2007年10月には,「公会計の整備推進について(通知)」が総務省自治財政局長名で出され,「取り組みが進んでいる団体,都道府県,人口3万人以上の都市は,3

年後までに，取り組みが進んでいない団体，町村，人口3万人未満の都市は，5年後までに貸借対照表，行政コスト計算書，資金収支計算書，純資産変動計算書の4表の整備又は4表の作成に必要な情報の開示に取り組む」ように要請した。これが**財務4表**作成のいわゆる「**公会計改革**」と呼ばれた動向である。この連結ベースでの「財務4表」の作成は，より企業会計に近い「基準モデル」か，あるいは以前から存在した総務省方式を修正した「総務省方式改訂モデル」，あるいは独自方式，のいずれかを用いてほぼすべての団体で作成されていた。

これらの数値の比較が困難であることと，限られた財源を「賢く使う」ために，2015年1月に「統一的な基準による地方公会計の整備促進について」が総務大臣名で出され，2017年度までに「統一的な基準」による財務書類を作成するよう要請された。この方式では，現金主義・単式簿記から発生主義・複式簿記に仕訳変換表を用いて複式仕訳の自動処理化が可能となった。この結果，一般会計等財務書類については1695団体（全団体の94.8%）が作成済みとなり，発生主義会計導入がかなり進展したといえる。

NPMによる行政の役割分担の変化

このように行財政の効率化を行うNPM手法は多岐にわたるが，日本でもいろいろな形で取り入れられてきた。しかし，その手法を導入すれば，すぐさま効率化に直結するわけではないことに注意が必要である。三重県での事務事業評価システム導入は，確かに対象275事業のうち202事業を廃止し，約35億円を削減することに成功した。しかし，その後，事務事業評価システムを導入した他の地方団体で同じような成果をあげた団体は，それほど多くない。その要因を考える必要がある。

第1に，「なぜ，その手法を導入するのか」という行政の意識改革こそが，第1節で述べた三重県の「さわやか運動」のように，

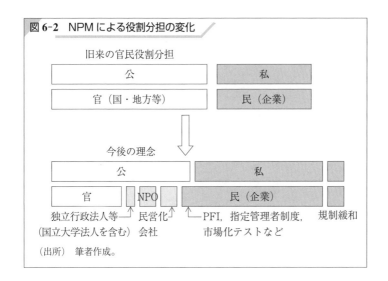

図6-2　NPMによる役割分担の変化

旧来の官民役割分担

| 公 | 私 |

| 官（国・地方等） | 民（企業） |

今後の理念

| 公 | 私 |

| 官 | NPO | 民（企業） |

独立行政法人等──┘　└民営化　　└PFI, 指定管理者制度,　　規制緩和
（国立大学法人を含む）　会社　　　市場化テストなど

（出所）　筆者作成。

最も重要なのである。第2に，手法を個別に説明してきたが，本来はそれぞれの手法が有機的に関連していることも重要である。第3に，行政評価の際に用いるコストは，発生主義で計算すべきであり，また費用対効果分析のような科学的手法を評価に活用すべきという点が，今後の課題と思われる。

　最後に，NPM手法を活用した行財政の構造改革により，日本での政府部門の役割分担とその提供主体が，どのように変わりつつあるのかを図6-2を参照しながら説明してみよう。「**官民の役割分担**」の見直しにより，政府の果たすべき部分は縮小すべきであり，また政府が果たすべき役割のすべてを国・地方が直接行う必要もない。民間活力などを用いることができる部分は，「組織」ごとに独立行政法人・国立大学法人，NPOに委ねるか，あるいは「業務」ごとにPFI, 指定管理者制度の活用，市場化テストなどによって民間企業やNPOに委ねることになる。その結果，国・地方団体が実際に活動する分野は，政策形成や規制などの限

られた分野になるものと思われる。

…▶参考文献

北川正恭［2004］『生活者起点の「行政革命」』ぎょうせい。

経済協力開発機構編著（平井文三訳）［2006］『世界の行政改革』明石書店。

東洋大学PPP研究センター監修［2019］『実践！ インフラビジネス』日本経済新聞出版社。

中村征之［1999］『三重が，燃えている』公人の友社。

本間正明・齊藤愼編［2001］『地方財政改革──ニュー・パブリック・マネジメント手法の適用』有斐閣。

村松岐夫・稲継裕昭［2003］『包括的地方自治ガバナンス改革』東洋経済新報社。

和田明子［2007］『ニュージーランドの公的部門改革──New Public Management の検証』第一法規。

▣ **練習問題**

1 旧来の行政改革の問題点と新しい行政改革が必要になった時代背景を説明しなさい。

2 NPM の理念を民間活力の活用手法と新しい行政管理手法に区分して，それぞれ具体的に説明しなさい。

3 NPM に関する三重県の先進事例と日本全体の実践事例を調べて，新しい行政改革のあり方を考えなさい。

第 **3** 部

理論を学ぶ

狭山市はふるさと納税の返礼品として，航空自衛隊入間基地で開かれる「入間航空祭の観覧席」を用意。市役所屋上の特等席からは航空祭を一望できる。返礼品の観覧席は，寄付額 5 万円以上を対象に地上 8 階建て高層棟の屋上に 65 席，同 2 万円以上を対象に地上 3 階建て低層棟の屋上に 135 席を設置した（2019 年，狭山市役所高層棟屋上）（時事提供）

第7章 政府の役割と地方政府の役割

地方政府の役割を理論で考える

● イントロダクション…▶

　現代の経済では，資源配分が市場と政府によってなされている。市場では適当な価格のもとで総供給と総需要が等しくなり，その価格と需給量の組みを均衡，あるいは競争均衡と呼んでいる（西村［1990］245頁）。ところで，市場によるこのような均衡は果たして社会的に好ましいのであろうか。また，そもそも社会的に好ましい資源配分とはどのような性質を有する配分なのであろうか。われわれは，この問題について，ミクロ経済学で各経済主体の行動や市場の働きを通して学んでいる。そして，市場による資源配分が好ましい状態を基本的に生み出すことを見出した。

　しかし，その市場の働きも決して完全ではない。そこで，市場がうまく機能しないときに，市場を補完する役割が政府に与えられる。これらの市場や政府の役割について，本章では，まず市場の資源配分機能について簡単に説明する。次にその議論を踏まえて，政府はどのような役割を担うのか，また中央政府と地方政府がどのように機能を分担すべきなのかについて考える。

1 競争市場の帰結

パレート効率性の概念

　資源配分が好ましいということは，どのような基準が満たされるときにいえるのであろうか。この基準を明確にすることが，ここでの問題である。

経済学では，好ましい基準として**パレート効率性**あるいは**パレー
ト最適**という基準を用いている。資源の配分がパレート効率であ
るとは，「ある経済主体の状態をよりよくするためには，他の経
済主体の状態を悪くせざるをえないとき」をいう。別言すれば，
他のすべての人々の状態を維持したままで，ある人をよくする配
分が存在しないような配分をパレート効率であると定義する。

純粋交換経済での効率性条件

最初に与えられた資源を保有している各
個人を考え，個人が互いに交換をする経
済モデルを**純粋交換経済**という。ここで
は，この最も単純な純粋交換経済でのパレート効率な資源配分か
ら検討を始めよう。

(1)　仮　　定

　今，次のような最も単純な社会を考えてみよう。

[1]　消費者はA, Bの2人のみ

[2]　財はX, Yの2財のみ

純粋交換経済の仮定によってすでに生産活動は終了し，財X，Yの社会全体で生産された量は$\bar{X}$，$\bar{Y}$であるとする。このとき，この生産された量をA，Bの2人にどのように配分するときに，この社会において上で定義されたパレート効率な配分が達成されるであろうか。

(2) 図による説明

図7-1は，いわゆる「エッジワースのボックス・ダイアグラム」と呼ばれている図である。O_A，O_Bは個人A，Bにとっての原点を，横軸，縦軸の長さが生産物X，Yのそれぞれの与えられた生産量$\bar{X}$，$\bar{Y}$である。また個人A，Bの無差別曲線がそれぞれの原点に対して描かれている。

当初，d点で個人A，Bが生産物X，Yを所有していたとする。このd点はパレート効率性の条件を満たしていない。なぜならば，d点と無差別曲線U_1^A，U_1^Bからつくられるレンズ状のなかの点，たとえばe点への移動を考えると，無差別曲線の性質から，A，Bともに効用水準は増加する。したがって，パレート効率の定義からするとd点はパレート効率な配分ではない。また，同様にe点もパレート効率な配分ではない。それに対してa点はパレート効率な配分となっている。図7-1で，無差別曲線が互いに接するaのような点を結んだ軌跡O_AO_B曲線を**契約曲線**（contract curve）と呼び，この契約曲線上のすべての点はパレート効率性の条件を満足している。

(3) **純粋交換経済でのパレート効率性の条件と市場の役割**

図を用いた議論では，無差別曲線が互いに接している点でパレート効率な配分が達成されていた。また，その点では互いの無差別曲線の傾きが等しいことがわかる。無差別曲線の傾きの絶対値は，「**限界代替率**」と呼ばれているので，パレート効率配分が満たすべき条件は，消費者の限界代替率が等しいことで示される。

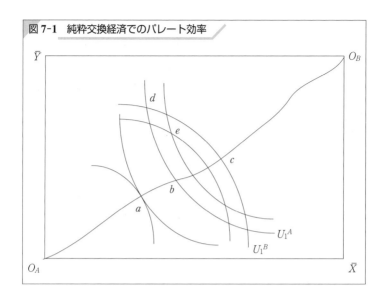

図 7-1　純粋交換経済でのパレート効率

今，i という個人の X 財の Y 財に対する「限界代替率」を MRS_{XY}^{i}，$i=A$，B とすると，この無差別曲線が互いに接する条件は（7-1）式で表される。

$$MRS_{XY}^{A} = MRS_{XY}^{B} \tag{7-1}$$

次の問題は，上で求めたパレート効率のための条件が市場によって達成されるのかという問題である。もし，市場にそのような機能があるならば，市場によってパレート効率性の状態が人々の自発的行動によって達せられ，市場を経済システムの基本に据える根拠が与えられる。ここで一定の条件のもとで，市場による価格メカニズムによって効率的な資源配分が達成されることが示される。

イントロダクションで述べたように，市場では適当な価格のもとで総供給と総需要が等しくなり，その価格と需給量の組み合わせを均衡，あるいは**競争均衡**と呼んでいる。したがって，競争均

衡とは，市場における価格のメカニズムによって到達する価格と需給量の組み合わせをいう。この競争均衡の配分はパレート効率な配分であるという命題が「**厚生経済学の第1基本定理**」と呼ばれるものである。これは，当初パレート効率性の条件を満たさない配分が最初に与えられたとしても，分権的に得られる競争均衡の配分が存在すれば，市場の価格メカニズムによって，パレート効率となることを示している。

　その基本的な考え方は次のようなものである。効用の最大化をめざす消費者は当初，保有の配分と市場で提示されている財の相対価格によって，市場において財を供給または需要する。しかし，人々の財の総供給額と総需要額が市場において一致していない場合には，ワルラスの価格調整メカニズムと呼ばれる価格の変化によって，人々は新たに需要・供給量の計画の変更を行う。相対価格の変化に伴う人々の需要・供給量の変化を示す曲線は「**オッファー・カーブ**」（価格消費曲線）と呼ばれており，消費者のオッファー・カーブが交わる点で人々の効用は最大化され，かつ市場の需給は一致する。このとき，競争均衡の配分において，消費者の無差別曲線は予算線に接し，各個人の無差別曲線も互いに接することで各個人の限界代替率は等しくなる。このことによって，完全競争均衡はパレート効率性の条件を満たすという厚生経済学の第1基本定理が証明される。

　最終的に競争均衡では（7-2）式が示すように，相対価格に各個人の限界代替率が等しく，結果として各個人の限界代替率が等しく，また総需要と総供給が一致している。ここで P_X, P_Y はそれぞれ X, Y 財の市場価格を表している。

$$MRS_{XY}^A = \frac{P_X}{P_Y} = MRS_{XY}^B \qquad (7\text{-}2)$$

以上の点を図を用いて説明してみよう。**図7-2** の(a)には均衡以

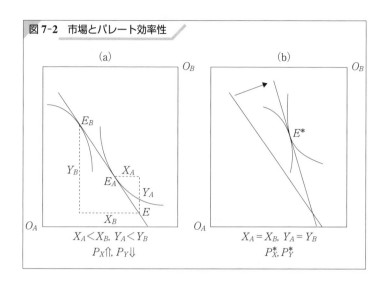

図7-2　市場とパレート効率性

(a)

$X_A < X_B,\ Y_A < Y_B$
$P_X \Uparrow,\ P_Y \Downarrow$

(b)

$X_A = X_B,\ Y_A = Y_B$
$P_X^*,\ P_Y^*$

前の，(b)には均衡が達成された後の状態が示されている。最初に
A と B が初期に E 点で財を所有していたと仮定する。ここで市
場においてそれぞれ財 X，財 Y の価格が P_X，P_Y で提示されたと
しよう。(a)では直線の予算線で表されている。この予算線に対し
て，それぞれの消費者は E_A，E_B で最適な消費をするであろう。
このとき，A は市場において過大となっている X_A を売り，過少
である Y_A を買おうとする。他方，B は市場において同様に X_B
を買い，Y_B を売ろうとする。市場では $X_A < X_B$，の状態で，売り
に出された X_A よりも買われる X_B の量が大きい。X 財は超過需
要と呼ばれる状態であり，反対に $Y_A < Y_B$ となる Y 財は超過供給
となる。ワルラスの価格調整メカニズムによって超過需要の X
財の価格は上昇し，超過供給の Y 財の価格は下落する。結果と
して(b)のように相対価格が変化し，E^* のような点になるまで価
格による調整が続く。

　最終的には，E^* のような状態で市場は競争均衡に至る。この

とき，E^* ではおのおのの消費者の無差別曲線は接し，互いの限界代替率は一致する。すなわち（7-2）式が満たされる。したがって，市場の価格メカニズムによる各消費者の最適化行動がなされ，パレート効率性が達成される。

生産のパレート効率性

次に，どの財を何単位生産し，**生産要素**（労働力や資本など）をいかに配分したら生産が効率的かを分析することが，生産におけるパレート効率性の問題である。

(1) 仮定とパレート効率の条件

生産のパレート効率な資源配分を分析するために，単純化して次のような社会を考える。

[1] 生産される財は X, Y の 2 財

[2] 生産要素は労働 N と資本 K の 2 財のみで，社会全体でそれぞれの生産要素の総量は与えられている。

財 X, Y の生産関数を

$$X = f(K_X, N_X)$$
$$Y = g(K_Y, N_Y)$$

で表す。この生産技術のもとで，財 X と財 Y を生産するための労働 N の資本 K に対する**技術的限界代替率**をおのおの $MRTS_{NK}^X$, $MRTS_{NK}^Y$ とすると，純粋交換経済での議論と同様に等産出量曲線が接するときに，パレート効率な生産要素の配分が達成され，効率的な生産がなされる。このとき，次の式で示される条件が満たされなければならない。

$$MRTS_{NK}^X = MRTS_{NK}^Y \tag{7-3}$$

(2) 生産要素市場とパレート効率性

完全競争市場が，以上で述べられた生産におけるパレート効率性の条件を達成することは，純粋交換経済での議論とまったく同様に証明することができる。すなわち，生産要素市場の完全競争

を仮定するとき，企業にとっては生産要素価格が所与として与えられ，その与えられる生産要素価格のもとで企業は費用を最小化するように生産要素である労働と資本を需要する。また，生産要素市場で生産要素の総需要と総供給が一致するように生産要素価格が調整される。それらの結果，次の式で表されるように生産要素市場のパレート効率のための条件が達成されることは，先の純粋交換経済で見たとおりである。

$$MRTS_{NK}^X = \frac{w}{r} = MRTS_{NK}^Y \qquad (7\text{-}4)$$

ここで w は労働賃金率，r は資本サービスの価格を表している。

経済全体での効率性

(1) 生産可能性曲線と限界変形率

図 **7-3** に示されている PP 曲線は**生産可能性曲線**で，生産における契約曲線上の生産量を財の座標軸で表した財空間の曲線である。またその傾きの絶対値は，いわゆる限界変形率と呼ばれ，MRT_{XY} で示される。**限界変形率**とは，生産が効率的になされているときに，X 財 1 単位を限界的に生産するため，何単位の Y の生産を犠牲にしなければならないかを示し，Y で測られた X の限界費用の概念である。効率的な生産がなされるのには，少なくとも 1 つの生産要素を Y 財の生産から X 財への生産に移すことが必要となる。たとえば，X の生産を減少し Y の生産を増加するために，労働という生産要素を X 財から Y 財へと移動させるとする。このとき，労働投入による各財の生産については，$dX=MP_N^X dN$，$dY=MP_N^Y dN$ の式が成立している。ここで，dN を他方の式に代入して整理すると（7-5）式が導出される。同様に，dK についても成立し（7-6）式も得られる。したがって，図 7-3 の限界変形率は，労働と資本の**限界生産力**によって（7-5）（7-6）式のように示される。

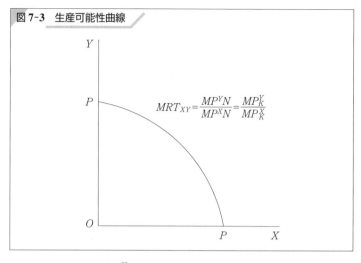

図7-3　生産可能性曲線

$$MRT_{XY} = \frac{MP^Y N}{MP^X N} = \frac{MP^Y_K}{MP^X_K}$$

$$MRT_{XY} = \frac{MP^Y_N}{MP^X_N} \tag{7-5}$$

$$MRT_{XY} = \frac{MP^Y_K}{MP^X_K} \tag{7-6}$$

ただし MP^X_N, MP^Y_N は X 財, Y 財の労働の限界生産力である。同様に MP^X_K, MP^Y_K は X 財, Y 財の資本の限界生産力である。

(2) 経済全体での生産物の効率的組み合わせ

以上の議論を受け，消費および生産を含む経済全体でのパレート効率な生産の組み合わせは，次の式として与えられる。

$$MRT_{XY} = MRS_{XY} \tag{7-7}$$

限界変形率とは，効率的に生産がなされているとき，X 財を追加的に生産するのに必要な犠牲にされなければならない Y の量で，Y の量によって測られた**限界費用**であった。また，限界代替率は消費者が X 財を追加的1単位と交換に犠牲にしてもよいと思う Y 財の量で示された X 財の主観的な価値であった。もし，犠牲にしてもよいと考えている Y 財の量が，しなければならな

い量を超えているならば，すなわち限界代替率が限界変形率を超えているならば，X の生産を増加することで社会的によりよい状態が生ずるであろう。すなわち，経済全体での生産物の効率的組み合わせは，消費者の価値がその生産に必要な限界費用に等しいときに達成されるのである。したがって，経済全体での生産物のパレート効率性は（7-7）式によって示される。

(3) 経済全体でのパレート効率性と市場

労働市場が完全であり，企業が利潤最大化行動をとるならば，$w = p_X MP_N^X$，$w = p_Y MP_N^Y$ が満たされるから，以下のようになる。

$$p_X MP_N^X = p_Y MP_N^Y$$

左辺を相対価格で表せば，

$$\frac{p_X}{p_Y} = \frac{MP_N^Y}{MP_N^X} \tag{7-8}$$

が導出される。諸式（7-2），(7-5)，(7-6)，(7-8) から，（7-7）式で表される経済全体でのパレート効率性のための条件が競争市場によって達成されることは明らかであろう。

したがって，完全競争を仮定するときには，すべての市場の価格メカニズムによって，社会全体の資源配分は効率的となり，われわれは一般的に市場の資源配分機能を評価することができる。

2 資源配分と政府の役割

純粋公共財とパレート効率性

以上に示したようなとき，市場は機能するが，財によっては市場が資源を適切に配分することに失敗するケースがある。そのなかで，とくに公共財と呼ばれる財が重要であり，主として公共経済学の分野で研究がなされてきた（Boadway and Wildasin

[1984]，井堀［1996］［2005］が参考となる）。本節では，純粋公共財とパレート効率性の問題を取り上げた後に，地方財政論でとくに議論がなされる地方公共財について考えよう。

(1) 公共財の性質

公共経済学では，財を私的財と公共財に大別する。**純粋公共財**とは，第9章でも述べられるように非排除性と非競合性という性質を有している財である。ここで，排除性とは対価を払わない人に対して消費を排除できる性質であり，反対に**非排除性**とは対価を払わなくとも消費から排除できない性質である。競合性とはある人の消費が他の人の消費を減少させる性質であり，**非競合性**とはある人が消費しても他の人の消費量が減少しない性質である。

したがって，純粋公共財では Y の供給がなされると，すべての人々が Y の水準を等しく消費することとなる。すなわち，Y_i を第 i 番目の個人の公共財消費量とすると，次の式が成り立つ。

$$Y = Y_1 = Y_2 = \cdots = Y_n \tag{7-9}$$

この性質は**等量消費**と呼ばれている。

純粋公共財は，非排除性と非競合性という性質を完全な意味で有している財である。また，逆に排除性と競合性という性質を完全に有している財を純粋私的財と呼んでいる。この純粋公共財と純粋私的財の間に，部分的に競合性を有する財などの中間的な財がある。これらを**準公共財**と呼び，後述するように地方公共財やクラブ財などの財が含まれる。

(2) 図によるパレート効率性の導出

ここでは純粋公共財でのパレート効率性の条件について P. A. サミュエルソンによる図を用いて導出しよう。単純化のために，2人の消費者 A と B，また純粋私的財と純粋公共財の2財のみを考える。このとき，純粋公共財の生産量を Y とすると，非排除性と非競合性の性質から，等量消費と呼ばれる

$$Y = Y_A = Y_B \qquad (7\text{-}10)$$

が成り立つ。すなわち，Y_A, Y_B をそれぞれ消費者 A と B が消費する純粋公共財の量とすると，純粋公共財の生産量 Y が同時に A と B によって等量消費されることを示している。

他方，純粋私的財 X については完全な競合性によって，

$$X = X_A + X_B \qquad (7\text{-}11)$$

が成立する。すなわち，X は純粋私的財の生産量を表し，X_A, X_B は，それぞれ消費者 A と B の純粋私的財の消費量を表している。（7-11）式は，純粋私的財では競合性が完全に成立しているので，ある消費者の消費は他の消費者の消費を同量減額することを示している。

生産については効率的になされていると仮定する。その結果，図 7-4 のように，純粋私的財 X と純粋公共財 Y は生産可能性曲線 PP 上で生産されている。このとき，公共財の経済全体のパレート効率性の条件はいかに導出されるのであろうか。

資源配分がパレート効率な状態であるためには，ある消費者の効用水準を所与として，他の消費者の効用を最大化する条件を求めればよい。今，消費者 A の効用水準が無差別曲線 $I_A I_A$ で与えられ，公共財供給量は Y_0，したがって A と B の消費量も等量消費によって Y_0 であるとする。したがって，純粋私的財の総生産量は生産可能性曲線上の E_1 に対応する X_0 である。このとき，消費者 A は純粋私的財を X_1，純粋公共財を Y_0 消費して，無差別曲線 $I_A I_A$ の水準の効用を得ている。

ところで，純粋私的財の配分を示す（7-11）式から，生産された純粋私的財 X_0 のうち，消費者 A が X_1 を消費するので，消費者 B に残された純粋私的財の量は $X_2 = X_0 - X_1$ となる。このように，それぞれの純粋公共財の供給量に対して，消費者 B にとって用いることのできる純粋公共財と純粋私的財の組み合わせが，

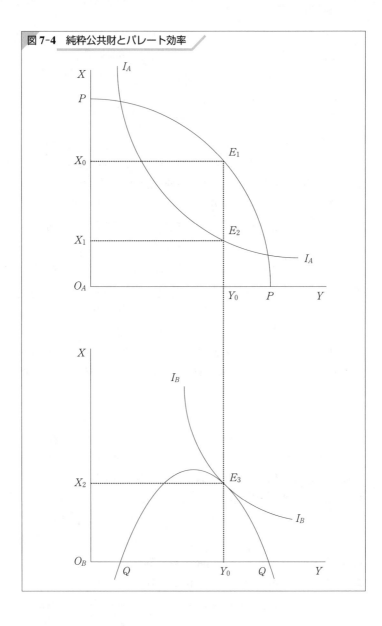

図 7-4 純粋公共財とパレート効率

図7-4のQQ曲線で示されている。したがって，資源制約のもとで消費者Bが効用水準の最大化をめざすとき，E_3がパレート効率な資源配分に対応した点となっている。

生産可能性曲線上のE_1の傾きMRTは，E_2の無差別曲線の傾きMRS_AとE_3の無差別曲線の傾きMRS_Bの合計になっていることは，QQ曲線の導出した方法から示すことができる。すなわち，それぞれの純粋公共財の量に対して，パレート効率のための条件は，

$$MRS_A + MRS_B = MRT \qquad (7\text{-}12)$$

で与えられる。

一般的には純粋私的財の供給を1単位減らして，純粋公共財の供給を増加したとき，全員がその増加した公共財を同時に等量消費することができるので，この公共財の供給に伴う社会全体の価値は全員の公共財消費による価値の合計額となろう。ところで，社会全体のパレート効率性は，社会全体での消費者の総価値と生産による社会的費用が一致した場合に達成されるので，純粋公共財の場合のパレート効率性は，次の式によって表すことができる。

$$\sum_{i=1}^{n} MRS_i = MRT \qquad (7\text{-}13)$$

ここで左辺は消費による総価値を，右辺は社会的費用を表している。純粋公共財が存在するときのパレート効率であるための条件を表すこの式は，とくに重要であるので，**サミュエルソン条件**と呼ばれている。

この条件は同様に貨幣単位で次の式で表されることがある。

$$MB_1 + MB_2 + \cdots + MB_n = MC \qquad (7\text{-}14)$$

ここで，MB_iは個人iの限界便益，MCは限界費用を表している。この式もまたサミュエルソン条件と呼ばれている。(7-13) 式は，純粋私的財で費用を表したときのサミュエルソン条件であり，

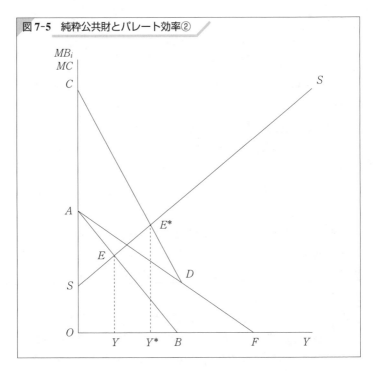

図7-5 純粋公共財とパレート効率②

（7-14）式は金額で表したときのサミュエルソン条件である。この両式は本質的には同じことを意味している。

さて，純粋公共財が存在する場合の資源の効率的配分を表すサミュエルソン条件は，完全競争均衡で満足されるであろうか。この場合も消費者A，Bを考える。

図7-5に，ABで個人Aの，AFで個人Bの限界便益曲線が描かれている。また，SSで限界費用曲線が描かれている。今，完全競争市場で個人Aがこの純粋公共財Yを購入するとき，E点に対応したY量を購入するであろう。また純粋公共財であることから，このYは同時に個人Bも等量消費できる。それに対して，社会全体では（7-14）式によって示されるサミュエルソン条

件を満たす E^* 点が最適となっている。したがって，完全競争市場では過小の供給しかなされないことが示される。

このとき，個人 B はどのような行動をとるであろうか。これがフリーライダー問題と呼ばれる公共財の問題である。

もし，純粋私的財のときのように個人 B が排除性によってこの財の消費に預かれないときには，個人 B も市場に参入し購入するであろう。しかしながら，もし個人 A が E に対応する純粋公共財の購入 Y をした場合，非排除性によって個人 B も等量の消費 Y が可能となる。これが，（7-9）式で示された等量消費である。その結果，個人 B は何の負担もなく公共財供給の恩恵に預かることが可能となる。したがって，社会的な供給水準は，その最適な水準 Y^* より低い水準 Y となる。これが，公共財の私的供給は過小供給となるという「市場の失敗」である。

| 地方公共財とは |

(1) 公共財の種類

ここまでは純粋公共財の効率性について説明してきたが，次に公共財の種類について考えよう。広く公共財と呼ばれる財は，図 **7-6** のように，排除性と競合性という性質によって分類することができる。

図 7-6 の横軸には，財の排除性と競合性の程度がとられ，左端では排除性と競合性が完全に成立し，右端では排除性と競合性がまったく成立しない，すなわち非排除性と非競合性が完全に成立している。したがって，左端には完全に排除が可能でかつ競合的な純粋私的財が示され，右端には，非排除性と非競合性という性質を完全に有する純粋公共財が示されている。たとえば，国防という財は純粋公共財であるが，国全体に便益が及んでいるという意味で国家公共財と呼ばれる場合もある。反対に，左端には純粋私的財が示されている。財の性質からは私的財であるが，多くの国で公共部門によって提供されている，医療・介護・教育・福祉

図7-6 公共財の種類

排除性・競合性　　　　　　　　　　　　　　　　非排除性・非競合性

準公共財

純粋私的財　　　　　　　　地方公共財　　　　純粋公共財
価値財　　　　　　　　　　クラブ財　　　　　国家公共財

等の**価値財**と呼ばれる財もこの位置に示されている。これらの財
は，近年「**公的に供給される私的財**」あるいは「**対人サービス**」
と呼ばれている。

　これらの純粋私的財と純粋公共財の間に，非排除性と非競合性
の性質を不完全に有する財が存在する。それらの財を準公共財と
呼んでいる。この準公共財のなかで，とくに注目される財がわれ
われが扱う地方公共財である。

(2)　地方公共財とは

　地方政府は公共サービスを人々に提供しているが，それらの多
くは地方公共財である。図7-6で準公共財の一種類と位置づけら
れているこの地方公共財とは，どのような財であろうか。また，
国で供給されている公共財とは，どこが異なるのであろうか。

　この**地方公共財**は「その便益が空間の一部分に限定される公共
財」と定義される公共財である。たとえば，**図7-7**のように市民
プールという地方公共財がA地点にあるとする。この市民プー
ルを利用できる人は，ある範囲の住民に限られ，この市民プール
の便益の範囲は，経済的観点から空間的に限られる。この便益範
囲がBによって示されている。したがって，このような地方公
共財は，一般的に次のような特徴を有している公共財と考えられ
る。

　[1]　便益範囲の外側では便益を受けられないので，Bの外側で

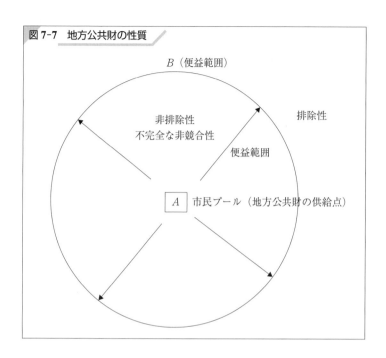

図 7-7　地方公共財の性質

B（便益範囲）

非排除性
不完全な非競合性

排除性

便益範囲

A　市民プール（地方公共財の供給点）

は排除性が成り立つ。すなわち，この便益範囲の内側の住民になることによって初めてこの公共財の便益を受けることが可能となる。

[2]　その便益範囲にいる住民の人数によって「**混雑現象**」が生ずる。すなわち，経済学では混雑とはある人の消費が他人の消費量を減少させることであり，非競合性が不完全となることを意味している。したがって，このように便益範囲が限定される公共財は，完全には非競合性が成り立たなくなっているといえる。

以上の意味から，地方公共財は準公共財といわれ，地方公共財の場合には，第9章で述べられるように，純粋公共財では問題とならなかった混雑現象や最適な住民数の問題が発生する。

| 地方分権化定理 | 上で述べたように，地方公共財の便益の範囲は特定の地域に限定される。したが |

って，その便益を受けられる人々の需要あるいは選好に沿って，その公共財を提供することが，社会的に好ましい状態を作り出すであろう。このことを，地方分権の議論では，「地域の人々の選好に従って地方政府が公共サービスを地域ごとに供給することが好ましい」と表現される。直観的には，高齢者が多く住む地域には高齢者用福祉施設が，また学齢期の子どもが多く住む地域には小学校を供給することが好ましい。しかし，「好ましい」とは何を意味するのか，なぜ地方政府が供給する方がいいのかについて厳密に考えなければならない。この問題について W. E. オーツは，次のような地方分権化定理にまとめた（地方分権化定理については，Oates［1972］やBoadway and Wildasin［1984］を参照）。

地方分権化定理（または簡略化して分権化定理）とは，「総人口のうちの地域的部分集合のみが消費し，供給費用がいずれの産出量水準においても国および各地方団体においてすべて等しいような公共財については，地方政府がそれぞれの地域に対してパレート効率的な産出量水準を供給することが，中央政府がすべての地方団体に対して一様にある一定の水準を供給するよりも，必ず効率的になる（少なくとも同程度には効率的になる）」（Oates［1972］訳書38-39頁）という定理である。

　このように，上で述べた「地域の人々の選好に従って地方政府が公共サービスを供給することが好ましい」という簡単なことが，経済学に従って厳密に示すとこのように難しい表現となる。その解説を行ってみよう。

　第1に「総人口のうちの地域的部分集合のみが消費し」という部分は，その財が前項で述べたような地方公共財であることを示している。すなわち，地方分権化定理は地方公共財について述べ

ている。

第2に，条件として「供給費用がいずれの産出量水準においても国および各地方団体においてすべて等しいような公共財については」の部分は，中央政府によって供給しても規模の利益といわれる要素は存在しない，または供給についてはどの水準の政府でも同じように費用がかかることが前提とされているということである。もし，この点が前提とされないと，大規模に中央政府によって地方に供給する方が費用の点から好ましく，人々の選好という需要側の点からだけでは議論できなくなる。

第3に，「中央政府がすべての地方団体に対して一様にある一定の水準を供給するよりも」というように，中央政府による供給は地域を通して一律水準を供給するという前提が設けられている。この点についても，中央政府が地域ごとに地域の選好に従って供給すればよいではないか，という疑問が生じるであろう。この点については，あまり議論されず前提とされてきたが，最近の研究によって中央政府は地域ごとに供給しない方がいい，ということが理論的に明らかになってきている。

以上のようにオーツが仮定した前提のもとでは，地方政府が公共サービスを提供することが，中央政府によって一律に提供するよりも社会的に好ましくなることは，**図 7-8** によって説明することができる。オーツの議論で仮定されているように，地方公共財の生産については地方政府であろうと中央政府であろうと同じ生産技術を有し，その地方公共財を提供する費用は私的財によって測られた同一の *MRT* で示されている。

まず，地域1と地域2の地方政府が地方公共財を提供する場合を考えよう。それぞれの地域には移動しない住民が住み，この地方公共財はその地域内では純粋公共財と仮定すると，その地域の総便益は住民全員の便益を加えたものとなるので，それぞれの便

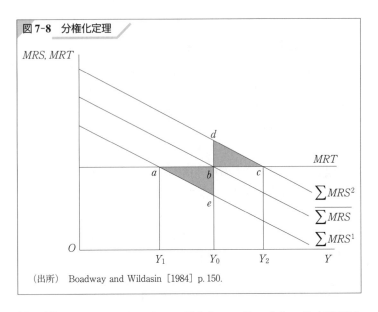

図 7-8　分権化定理

MRS, MRT

d

MRT

a　　　b　　c

$\sum MRS^2$

e

$\overline{\sum MRS}$

$\sum MRS^1$

O　　　　Y_1　　　Y_0　　　Y_2　　　　Y

（出所）　Boadway and Wildasin [1984] p. 150.

益は $\sum MRS^i$, $i=1, 2$ によって示されている。また，地方政府は
サミュエルソン条件を満たす効率的な水準で公共財を供給する。
ここで，地域1と地域2を比べると，この地方公共財に対しては
地域2の住民が地域1の住民よりも選好が強いことが $\sum MRS^2$
$> \sum MRS^1$ によって示される。したがって，地域1の地方政府
は住民の効用最大化をめざして地方公共財 Y_1 を，地域2の地方
政府は地方公共財 Y_2 を供給し，$Y_2 > Y_1$ となる。

　他方，この2地域に中央政府がこの財を供給する場合，どの点
が選ばれるであろう。ここで，オーツの理論では，中央政府がす
べての地域に対してある一定の水準で供給することが仮定されて
いる。したがって，中央政府は適当な平均的便益水準 $\overline{\sum MRS}$ に
対応した公共財水準 Y_0 を供給するであろう。この場合，それぞ
れの地域に△abe と△bcd の「デット・ウェイト・ロス（**死重損
失**）」と呼ばれる社会的な費用が発生している。そこで，中央政

府が一律の水準で供給する場合，社会的な消費者便益の合計はその分減少することになる。

　一般的に，政府が供給する公共財の多くは地方公共財であり，結果として公共財を効率的に供給するためには，地方政府による供給が好ましいとされる。つまり，オーツの地方分権化定理によって，資源配分機能は地方政府の担うべき役割とされ，地方分権制度を是とする根拠の1つとなっている。

3 政府の機能配分論

財政の3機能

　以上のように，地方公共財については地方政府が提供することが好ましいと考えられている。あるいは，それぞれの公共財の便益の範囲に従って，それぞれの政府が公共サービスを供給することが社会的に効率的となる。しかし，政府の役割は必ずしも公共財を供給することのみではない。以下では，政府の役割について要約し，オーツによって示された，中央政府の機能と地方政府の機能の問題，すなわち政府の機能配分論を説明する（Oates [1972]，横山・馬場・堀場 [2009]，堀場 [1999] [2008] を参照）。

　R. A. マスグレイブは政府の役割について，資源配分機能，所得再分配機能，経済安定化機能を，「財政の3機能」と呼んだ。以下ではこの3機能について，より広い意味でとらえ，この3機能のうちどの機能を地方政府が担うかについて考える。

資源配分機能

　市場の資源配分機能を補完する機能は，第9章でも述べられるように，政府の資源配分機能と呼ぶ。広い意味では，経済外部性による市場の失敗の是正等，資源配分に関する多くの政府の機能を含むと考えられ

るが，ここでは議論を単純化するために，最も重要な政府の役割である公共財の供給を「資源配分機能」と呼ぼう。すなわち，**資源配分機能**とは公共財と呼ばれる特別な性質を持った財をパレート効率の意味で効率的に配分する政府の役割をいう。先述のとおり，純粋公共財の場合，市場メカニズムによる供給は過小な水準となることが知られ，そのため政府による供給がなされる。

　ところで，この資源配分機能は地方政府と中央政府のどちらが担うべきであろうか。上で詳細に論じたように，それはその配分されるべき財がいかなる性質を持つ財なのかによる。一般的には，公共財の多くは上で定義した意味で地方公共財であるので，便益が国全体に及ぶ特別な国家公共財を除いて，一般的にこの資源配分機能は地方政府によってなされるべき機能とされている。その根拠となる考え方が地方分権化定理であるのは，前述したとおりである。

| 所得再分配機能 |

次に，政府には人々の所得を再分配する機能がある。市場の価格メカニズムが機能すれば，図7-2で示されたように，初期にどのような所得配分がなされていても，パレート効率な資源配分が達成される。その意味では，資源配分は効率的になされる。しかし，人々の間に大きな所得格差が存在するとき，効率性の基準とは異なる公平性の基準に照らして，パレート効率な配分は，社会的に好ましいとは必ずしもいえないであろう。そこで，第2の政府の役割として，**所得再分配機能**があげられる。

　では，この所得再分配はどの政府が担うべき機能であろう。地域間では国家間に比べ，住民の移動はたやすいと考えられる。このことから，いわゆる**福祉移住**の問題が生ずる。すなわち，地域間で異なった所得再分配政策が実施されると，低所得者が高福祉の地域に移住するという問題である。もともと低所得者は租税負

担が少ないので，負担を増やすことなく，移住によって高福祉サービスを享受することができる。他方，高所得者は所得再分配政策の増加に伴う負担の増加を生じる。したがって，地域間の所得再分配機能に大きな差異があるときには福祉移住が生じ，制度を維持することが困難となる。このような視点から，オーツは所得再分配機能は地方政府の役割ではなく，中央政府が国全体で均等な水準で行うべきとした。

> **経済安定化機能**　J. M. ケインズによる提唱以降，政府の役割として**経済安定化機能**が加わった。

この機能は，経済をマクロ的に見て，完全雇用を達成し，インフレを抑制するような政府の機能をいう。このように，政府が裁量的に経済を安定化させるために行う財政政策を**フィスカル・ポリシー**と呼んでいる。また，制度に組み込まれて自動的に景気を安定化させる**ビルトイン・スタビライザー**も経済安定化機能に加えられる。このような景気の改善を図るのは，経済安定化機能と呼ばれる政府の役割である。

　この機能についても，以下の諸点から中央政府によってなされるべき機能といえる。第1の点は経済安定化機能をなすためには，地方政府の財政規模が小さいという理由が挙げられる。また，経済安定化機能は，財政政策とともに金融政策も同時になされることが多いが，地方政府はそのような機能を有していない。第2に，財政政策を行うとき，しばしば債券の発行によって財源調達が行われるが，地方債発行には国債にはない問題が発生する。第3に，地方政府の財政政策による効果は，一般的に地域の境界を越えて流出し，地方政府による経済安定化機能ではいわゆる地域間の外部性の問題が生じる。以上の諸点から，経済安定化機能は中央政府によって行うべき機能とされている。

　以上の内容を要約すると，**表7-1**としてまとめることができる。

表7-1　機能配分と政府

	担うべき政府	理　　由
資源配分機能	地 方 政 府	• 地方分権化定理
所得再分配機能	中 央 政 府	• 福祉移住問題（住民が移動するから実施できない） • 必要とされる地域は財政力が乏しい
経済安定化機能	中 央 政 府	• 財政規模と金融政策手段の欠如 • 地方債発行の問題 • 地域間の外部性

しかし，実際の国と地方の役割分担を見ると，必ずしもこのような機能配分となっていない。とくに，所得再分配機能は理論と異なり，多くの国において**実物給付**によって地方政府が担っている。すなわち，図7-6で私的財として分類された，価値財あるいは「公的に供給されている私的財」，具体的には医療，介護，教育，福祉については実物給付がなされ，所得再分配機能が，地方政府によって担われている。

····▶参考文献

井堀利宏［1996］『公共経済の理論』有斐閣。

井堀利宏［2005］『ゼミナール公共経済学』日本経済新聞社。

奥野正寛・鈴村興太郎［1988］『ミクロ経済学 II』岩波書店。

岸本哲也［1986］『公共経済学』有斐閣。

西村和雄編［1990］『ミクロ経済学』東洋経済新報社。

堀場勇夫［1999］『地方分権の経済分析』東洋経済新報社。

堀場勇夫［2008］『地方分権の経済理論──第1世代から第2世代へ』東洋経済新報社。

松下正弘・大住圭介・中込正樹・平澤典男［1990］『チャートで学ぶ経済

学』有斐閣。

横山彰・馬場義久・堀場勇夫［2009］『現代財政学』有斐閣。

Boadway, R. W. and D. E. Wildasin［1984］*Public Sector Economics*,
2nd edition, Little, Brown.

Oates, W. E.［1972］*Fiscal Federalism*, New York: Harcourt Brace
Jovanovich.（米原淳七郎・岸昌三・長峯純一訳『地方分権の財政理
論』第一法規出版，1997 年）。

◻ **練習問題**

　図 **7-9** では，長方形は行政区域を，円形は地方公共財の便益範
囲を模式的に表している。この図で示されているように，地方公共
財ではしばしばその便益が行政区域を越える便益のスピルオーバー
が発生する。図 7-9 では，L_1 地域で供給された地方公共財の便益
が地域 L_2 に L_4 の部分だけスピルオーバーしている。

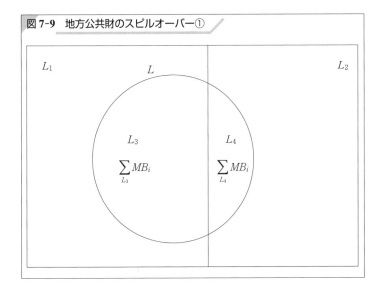

図 7-9　地方公共財のスピルオーバー①

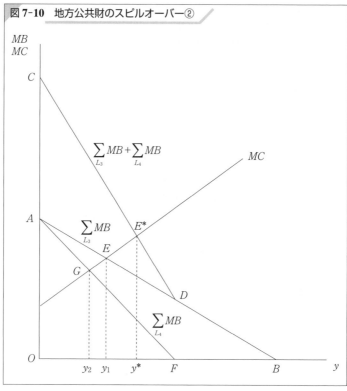

図 7-10 地方公共財のスピルオーバー②

　図 7-10 では，L_1 地域と L_2 地域の住民の限界便益がそれぞれ $\sum_{L_3} MB$ と $\sum_{L_4} MB$ によって，また L_1 地域の地方政府の限界費用が MC で示されている。

■　この地方公共財の社会的最適供給量はどの水準か。

■　もし地域 L_1 の地方政府が住民の厚生最大化をめざす慈悲深い地方政府であるとき，地方公共財をどの水準で供給するか。

■　中央政府が，地方政府 L_1 に補助金を出すことによって社会的に最適な地方公共財供給量を確保しようと試みるとき，どの水準の補助金を出せばよいか。

第8章

地方政府の歳入

地方税と補助金を理論で考える

● **イントロダクション…▶**

　地方財政理論では，第7章で検討を加えた，地方分権化定理に代表される地方分権を是とする考え方がある一方で，地方政府による自発的な行動が非効率的な状況を生み出す可能性を示唆する考え方もある。本章ではこれらの議論のうち，地方財政に関する歳入面の理論について，近年とくに注目されている租税の外部性とソフト・バジェット（ソフトな予算制約）の理論を中心として説明を加える。これらの理論は，ともにゲーム理論の発展によって分析が可能となってきた分野であり，複数の政府が自発的に行動することによって生じる非効率な資源配分の問題である。

　そこで，本章では第1に租税の外部性について，第2に補助金の経済効果とソフト・バジェットについて説明を加える。

1 租税の外部性

財政的外部性とは

　地方での歳入問題で，新しい理論として議論されている論題が財政的外部性である。**財政的外部性**とは，地方財政に関連した外部性を包括的にいう用語であり，「地方政府が地域住民の厚生を高めるため，財政を通じて，他地域の住民の厚生に直接・間接に効果を及ぼす政策あるいは行動」をいう。それは，歳出を用いたものと歳入を用いたものに大別され，歳入での外部性の多くが租税政策を通じたも

表8-1　租税の外部性

外部性のタイプ	例	経済的効果	実際の制度
水平的な直接財政的外部性	租税輸出	他の地域住民が租税の一部を負担することによって生じる資源配分の非効率	他地域の住民が負担するたばこ税，ホテル税，その他消費課税
水平的な間接財政的外部性	租税競争	課税標準の潜在的移動と税率への下方圧力によって生じる資源配分の非効率	投資誘因を目的とした資本所得税の減税競争，消費課税一般の減税とボーダー・ショッピングの問題
垂直的な間接財政的外部性	重複課税	同じ課税標準に課税することによって生じる資源配分の非効率	所得税における共通の課税標準をめぐっての国と地方の租税政策

（出所）　Dahlby［1996］p. 399, Table 1 より筆者作成。

のであるため，とくに租税の外部性を中心として議論されている。そこで，この問題について説明を加えよう（堀場［2008］参照）。

「**租税の外部性**」の内容が，**表8-1**に示されている。ここで，水平的とは同じ階層の，また垂直的とは異なった階層の政府を意味している。直接とは消費者価格，生産者価格，公共財供給等の変化を通じて他地域の住民の効用関数に直接影響を与える外部性，間接とは他地域の税収や歳入等の政府の予算制約式を通じて効用関数に影響を与える外部性と定義されている。

財政的外部性の類型化

「**水平的な直接財政的外部性**」の例としては租税輸出が挙げられる。**租税輸出**とは，租税負担を他地域の住民に転嫁することによって公共サービスの

費用の一部を負担させる地方政府の政策である。たとえば，ホテルに対して課税することで，ホテルの宿泊者である他地域の住民に租税の負担をさせることが租税輸出である。

「**水平的な間接財政的外部性**」の例としては，**租税競争**が挙げられる。課税標準が地域間を移動することが容易な場合，課税標準の流入を目的として，税率を引き下げる租税政策などがある。他地域の追随によって社会全体では非効率な資源配分となる。この効果については次の節で詳細に説明をする。

最後に「**垂直的な間接財政的外部性**」が挙げられる。同じ課税標準を異なった階層の政府が課税する**重複課税**の場合などが例として挙げられる。たとえば，消費活動に中央政府と地方政府が同時に課税するとき，地方政府が税率を引き上げると物の購入価格が課税に伴って上昇する場合がある。このとき，価格の上昇によって，消費者はその消費量を減少させるため，その結果，同じ消費に対して課税している中央政府の税収は税率を変化させなければ減少することになる（重複課税の問題は，横山・馬場・堀場 [2009] で詳細に論じている，同 148 頁参照）。

2 租税競争論

減税による工場誘致政策

租税の外部性として多くの問題が議論されているが，近年とくに注目されている問題に租税競争がある。周知のように，狭い地方行政区域の間では，国と国よりもヒト・モノ・カネが自由に移動する。地方政府が狭い管轄区域にのみ負担が及ぶ地方税を課税する場合，どのような影響が生じるのであろう。他の地域より負担が重い場合には，課税される財すなわち課税標準となる

財はその地域から流出し，より負担が少ない地域に向かうと考えられる。そのことを認識しているそれぞれの地方政府は何らかの対応をとるであろう。

　ここでは，工場に対する固定資産税を例として租税競争の問題を説明する。ただし，課税標準が容易に行政区域をまたいで移動しうる地方について，地方税全般にこの問題が生じると考えられ，地方税一般の問題として考えるべき問題である。

　今，2地域が隣接し，それぞれ地域A・地域Bと呼ぶ。それぞれの地域では，地方政府が工場に固定資産税を課税することで，公共サービスを住民に提供しているとする。当初，適正な税率で両方の地方政府が課税していたとすると，それぞれ固定資産税の税収が50単位得られ，50単位の公共サービスが提供される。**図8-1**では，地方政府Aと地方政府Bが税率を引き下げない場合，それぞれの地域住民が公共サービスから得られる利得が第1行1列の利得（50，50）となることが示されている。

　図8-1は，地方政府AとBが税率を引き下げた場合と引き下げない場合について，それぞれの地域の住民が公共サービスから得るであろう利得を仮説の数字で表している。それぞれかっこの左の数字は地域Aの，右の数字は地域Bの住民が公共サービスから得られる利得を表す。前述したように，工場の立地場所が租税負担によって変化すると仮定し，そのことをそれぞれの地方政府が知っているとする。したがって，地方政府は税率を引き下げることによって工場を自分の地域に誘致できる。また，「減税による工場誘致政策」の結果，工場が立地され，結果として課税標準の増加に伴って税収が増加すると，地方政府が考えるとする。

　図8-1の利得を見ながら，このときのそれぞれの地方政府の行動と住民の利得を考える。今，地方政府Aが工場誘致と税収増加をめざして税率を引き下げるとすると，地方政府Bが税率を

図 8-1　租税競争と利得

		地方政府 B	
		税率を引き下げない	税率を引き下げる
地方政府 A	税率を引き下げない	(50，50)	(25，75)
	税率を引き下げる	(75，25)	(30，30)

変化させないときには，確かに工場は地域 A に流入し，地域 A の税収は 75 に増加する。他方，地域 B からは工場が流出することで税収が 25 に減少し，したがって公共サービスから得られる利得も 25 となる。このことが第 2 行 1 列（75，25）に示されている。地域 A と B がまったく等しい**対称地域**を仮定すると，地方政府 B が税率を引き下げ，地方政府 A が税率を引き下げないとき，同じように地方政府 A の利得は 25，地方政府 B の利得は 75 となる。すなわち，第 1 行 2 列での利得（25，75）である。

税率引下げ競争

税率の引下げによってこのような状況が生じる場合，それぞれの地方政府は税率を引き下げない行動をとるであろうか。むろん，答えは否である。みすみす工場が流出することを放置すること，また地域住民の厚生が減少することを見過ごすことはできないであろう。したがって，一方の地方政府が減税した場合，他方の地方政府も減税する。このような租税を用いた地方政府の競争を租税競争という。

ところで，両方の地方政府が減税した場合，工場はどのような立地となるのであろう。まったく等しい対称地域を仮定するとき，税率引下げ競争の結果，両地域の工場立地は以前の適正な税率の場合と同じ状態に落ち着く。ところが，両方の地方政府が減税競争をした後では，図 8-1 の第 2 行 2 列（30，30）のように税収は

ともに減少しているであろう。つまり，この税収は当初適正とされた税率によって得られる公共サービスの水準を達成せず，地域A，Bとも厚生水準は下がっている。この状況はゲーム理論で**ナッシュ均衡**と呼ばれ，社会的に最適な状況（50，50）とは異なっている。

　では，地方政府AあるいはBがともにＢが税率を引き下げないように相談し，（50，50）を維持することは可能な政策であろうか。ある政府が引き下げないと約束を守っている場合，他方の政府は約束を破り，税率を引き下げることで75という大きな利得を得られるから，約束を守るよりもよい状態が可能となる。したがって，両方の政府にはつねに税率を引き下げようとする誘因が働く。

　以上のように，租税競争を地方政府が行うことによって社会的に好ましくない状況に至る問題を考察する議論が租税競争論である。これは，地方税の分野にナッシュ均衡の考え方を援用した問題である。あるいは，一般的に「**囚人のジレンマ**」と呼ばれてい

る問題の地方税への応用である。租税による地域振興政策によって，ある地域の産業育成を行うことは，必ずしも社会全体にとって好ましい状況ではないことを示している。つまり，自分の地域のことのみを考えて行動することによって，他地域の厚生が低下し，社会全体から見て決して好ましいことでないにもかかわらず，中央政府によって調整がなされない場合，地方政府は上で述べたような政策を採用せざるをえない問題が生じることを示している。

3 補助金とその経済効果

一般補助金とその経済
効果

地方政府の歳入のうちで地方税と並び大きな割合を占めている歳入項目が，いわゆる補助金と呼ばれる政府間財政移転である。それらの補助金は，経済効果によってそれぞれの役割を担っており，伝統的補助金論ではその経済効果によって分類がなされてきた。そこで，まず補助金の分類について説明しよう。

補助金の全体については，大きく一般補助金と特定補助金に分類される。**一般補助金**はその使途が特定されていない補助金であり，**特定補助金**は特定されている補助金である。一般補助金は定額一般補助金と定率一般補助金に分類され，前者は補助金額が一定のもの，後者はたとえば税収の一定割合の補助金が地方政府に交付されるものである。ともに，その使途は特定されていない。ここで，定額一般補助金についてその経済効果を図を用いて説明しよう。

定額一般補助金は使途に制限がない補助金であるので，その補助金は予算線を一定額増加させる。今，地方政府が2種類の財を供給していると仮定する。p_1，p_2をそれぞれの財の価格，Mを

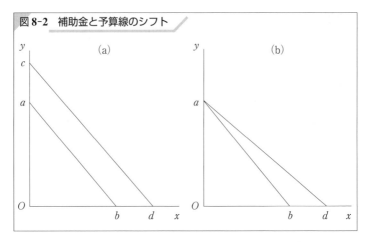

図8-2　補助金と予算線のシフト

外生的に与えられた所得（税収），それぞれの供給量を x, y とし，定額一般補助金額を S とする。このとき地方政府の予算線は，

$$p_1 x + p_2 y = M + S \qquad (8\text{-}1)$$

と表される。補助金がないときは $S = 0$ であるから，補助金は所得の変化による需要量の変化，すなわち**所得効果**のみを有し，**図8-2**(a)のように予算線が平行に ab から cd へとシフトする。

特定補助金とその経済効果

　これに対し，特定補助金では使途が制限される。今，特定補助金によって認められる財を補助対象財と呼び，x 財としよう。特定補助金も定額特定補助金と定率特定補助金に分類されるが，ここでは補助対象財の支出額に一定の率で補助金が支払われる特定補助金について説明しよう。したがって，**定率特定補助金**での補助率を s とすると，予算線は次の式で表される。

$$(1-s)p_1 x + p_2 y = M \qquad (8\text{-}2)$$

したがって，補助対象財の価格 p_1 を下げる効果を有し，その効果は図8-2(b)に示されている。

　以上のように，補助金は一般補助金と特定補助金に大別され，

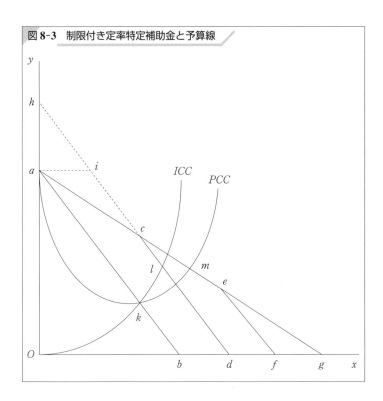

図8-3　制限付き定率特定補助金と予算線

それぞれ予算線のシフトの差異によって，地方政府の供給行動に変化を及ぼす。ところで，一般補助金，特定補助金それぞれの補助金額に制限がなされることがある。たとえば，定率特定補助金には，制限付き定率特定補助金と制限なし定率特定補助金がある。図8-2(b)は「**制限なし定率特定補助金**」を示している。

　定率特定補助金の金額に制限が与えられたときには，経済効果について少し複雑になることが知られている。**図8-3**には，当初 k 点で供給されていた財が「**制限付き定率特定補助金**」によっていかに変化するか，その場合の予算線のシフトが示されている。また ICC と PCC によって所得消費曲線と価格消費曲線が示され

ている。*ICC*とは所得が変化したときに地方政府の選ぶ供給の軌跡を示した曲線であり，*PCC*は価格が変化したときの地方政府が選ぶ供給の軌跡を示している。したがって，前者は一般補助金が与えられたときの供給水準の軌跡を，後者は定率補助金が与えられたときの供給水準の軌跡を示している。

　補助金のない場合 *k* 点で *x* 財と *y* 財が供給されていたとする。制限付き定率特定補助金が地方政府に提供されるときには，その制限の水準によってこの補助金は一般補助金の性質を有する場合と特定補助金の性質を有する場合がある。

　たとえば，*c* 点で制限が与えられるとき，地方政府の予算線は *acd* 曲線で示される。この場合，地方政府は *acd* 曲線と *ICC* の交点 *l* で財を供給するであろう。したがって，このときの補助金は制限付き定率特定補助金にもかかわらず，実際は一般補助金の効果を有する。他方，制限が *e* 点で与えられるときには，地方政府の予算線は *aef* で与えられ，このとき地方政府は *aef* の予算線と *PCC* の交点 *m* で財を供給する。したがって，この場合には特定補助金の効果を有している。

　このように，名称は制限付き定率特定補助金であるが，その効果は制限の水準に依存して，一般補助金あるいは特定補助金の経済的効果を有する。

4　地方交付税の役割

財政調整機能

　次に，一般補助金であるわが国の地方交付税制度の役割について考える。上述したとおり，一般補助金の経済効果は，地方政府に対して所得効果を与える。この一般補助金の役割を考えると，その機能は**図8-4**

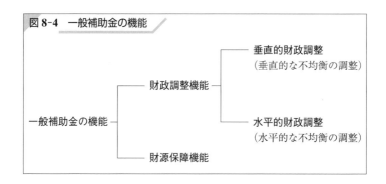

図 8-4　一般補助金の機能

```
一般補助金の機能 ─┬─ 財政調整機能 ─┬─ 垂直的財政調整
                 │                │    （垂直的な不均衡の調整）
                 │                │
                 │                └─ 水平的財政調整
                 │                     （水平的な不均衡の調整）
                 └─ 財源保障機能
```

のように要約される。

　地方交付税を含む一般補助金の機能は**財政調整機能**と**財源保障機能**に大別される。まず，財政調整機能について考えよう。国と地方では，歳出額と税収額がそれぞれ一致しているとは限らない。第1章などで述べたように，一般的に，税収額は国が多く，歳出額は地方が大きい。そこで，徴収された税収が国から地方へと財政移転されている。このように，国と地方政府など異なる階層の政府間で，歳出額と税収額を調整するためになされる一般補助金の財政調整機能は，**垂直的財政調整**と呼ばれている。また，地方政府の間で，地勢的条件や経済力などによって，財政需要と租税能力に格差が生じる。たとえば，都市部は税収が財政需要に比して大きく，過疎地では高齢化に伴って財政需要は大きいが税収は少ない。このように，財政需要から租税能力を差し引いた額，すなわち財政ギャップの格差あるいは財政力の格差を是正する財政調整機能は**水平的財政調整**と呼ばれている。つまり，財政調整機能とは，財政力の国と地方の格差および地域間の格差を是正する機能である。

　次に，国全体でどのような調整がなされているかについて，図を用いて考えてみる。**図8-5**には，縦軸に税収（T）と歳出額

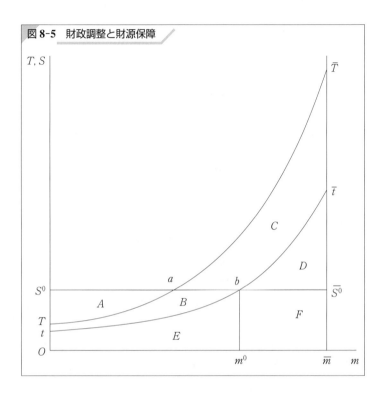

図8-5　財政調整と財源保障

（S）が，横軸に地方政府数（m）が与えられている。曲線 $t\bar{t}$ は高さが地方税収額を示し，横軸の一番左側では税収が最も少ない地方政府が Ot だけ税収を得ている。また最も税収の多い地方政府は $\bar{m}$ 番目の地方政府で，その税収額は $\bar{m}\bar{t}$ である。簡単化のために，今，財政需要はどの地方政府でも等しいと仮定し，財政需要は水平な直線 $S^0\overline{S^0}$ によって表されるとする。このとき，財政力格差は単純に地方政府間の税収格差のみとなる。

このときの水平的な財政調整制度を模式的に図8-5を用いて考える。垂直財政調整がない場合，つまり完全な水平的財政調整とは，面積 D の税収を用いて面積 $A+B$ の税収不足を補う財政移

転である。したがって，$D=A+B$ が成り立っている。

　次に，国から地方政府に対し国税の一定割合が垂直的財政移転される場合について，図8-5を用いて説明しよう。それぞれの地方で徴収される $T\bar{T}-t\bar{t}$ の幅によって表される国税の面積 $B+C$ が地方に垂直的財政移転されると仮定しよう。もし，まったく水平的な移転がなされず，垂直的財政移転のみがなされるとき，それぞれの地方政府の税収は $T\bar{T}$ の高さによって表される。このとき，垂直的財政調整のみがなされているので，税収格差はむしろ大きくなっている。

　さらに，水平的財政調整機能を伴う垂直的財政調整について考えると，国税の一定割合と地方税を用いて財政調整をすることとなる。今，調整後の税収が等しくなるように完全に財政調整をすると，$A+B=B+C+D$ すなわち $A=C+D$ となるように $S^0\bar{S^0}$ の水準が決定されることになる。むろん，地方税のみによる水平的財政調整に比べ，$S^0\bar{S^0}$ の水準は高くなる。

| 財源保障機能 |

　一般補助金の第2の機能は財源保障である。財政需要と税収との差額を「**財政ギャップ**」と呼ぶが，財源保障機能とは，この財政ギャップを埋めるように財源を保障する一般補助金の機能といえる。図8-5によってこの機能を説明すると，いま $S^0\bar{S^0}$ がすべての地域に共通でかつ均等な財政需要，すなわち満たすべき歳出の額とする。当面，この水準がどのように決定されたかについては考えないこととする。このとき，各地方政府が徴収する地方税額は $t\bar{t}$ で示されるから，この財政ギャップ $(S^0\bar{S^0}-t\bar{t})$ の額を，一般補助金によってすべての地域で財源措置する機能を**財源保障機能**という。

　この機能を国税と地方税によって担うとき，図8-5では面積でいえば $A+B=B+C+D$ あるいは $A=C+D$ の条件が成り立つ。あるいは，国税のみによって財源保障を担うと，$A+B=B+C$

すなわち $A=C$ が成り立つ。わが国の一般補助金である**地方交付税**を見ると，不交付団体の D は財源保障の財源として用いられていないので，後者の方式によって財源保障の機能が運用されていると考えられる。

今，地方税収の tt は外生的に与えられていると仮定する。そうした場合，地方交付税制度の実際の運用はどのようになされてきたのであろうか。図8-5からも明らかなように，実は変数は，あるべき財政需要すなわち基準財政需要額 $S^0\overline{S^0}$ の水準と，国からの移転税収額（$T\overline{T}-tt$）を決定する $T\overline{T}$ の水準という，互いに独立でなく関連した2つからなるのである。すなわち，$A=C$ を満足するように $T\overline{T}$ と $S^0\overline{S^0}$ の水準を決めているのが，地方交付税制度である（詳しくは堀場［2008］第8章を参照）。

5 補助金とソフトな予算制約

<u>ハードな予算制約</u>　中央政府が補助金を用いて地方政府に何らかの政策を委託する契約を結ぶとき，いわゆる計画立案するプリンシパルとしての中央政府とその政策を実施するエージェントとしての地方政府の関係を考えることができる。この構造を一般的に「**プリンシパル・エージェント・モデル**」と呼ぶ。このプリンシパル・エージェント・モデルを用いた**契約理論**は契約にコミットできる，すなわちエージェントがルールを守る，というように違反に対し罰を与えることが明らかなモデル（**ハードな予算制約**）とコミットできないモデルに分類できるが，後者のモデルの1つがソフトな予算制約の問題である。以下では，この契約理論とハードとソフトな予算制約の問題について説明しよう（赤井［2006a］第2章，清水・堀内［2003］第5章

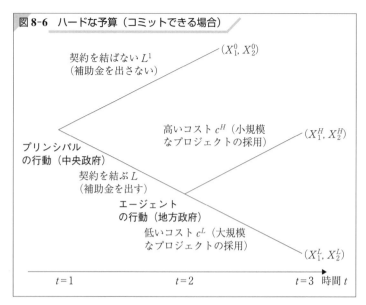

図8-6 ハードな予算（コミットできる場合）

契約を結ばない L^1
（補助金を出さない）

(X_1^0, X_2^0)

プリンシパル
の行動（中央政府）

高いコスト c^H（小規模
なプロジェクトの採用）

(X_1^H, X_2^H)

契約を結ぶ L
（補助金を出す）

エージェント
の行動（地方政府）

低いコスト c^L（大規模
なプロジェクトの採用）

(X_1^L, X_2^L)

$t=1$　　　　　　　$t=2$　　　　　　$t=3$　時間 t

参照）。

　前述した伝統的な補助金とその経済効果では，中央政府の補助
金は地方政府の予算制約を規定することが可能で，地方政府にと
っては外生的に予算が与えられ，その予算のもとで地方政府は公
共サービスを提供することになる。そこでは，中央政府が地方政
府に関する情報を有し，かつ補助金を用いて予算制約を変更する
ことで，地方政府の行動の結果を決定することが可能である。こ
れを契約理論の立場から見ると，コミットできるハードな予算制
約のモデルの例として，図8-6のように説明できる。

　ここで，$t=1$期にプリンシパルである中央政府にとって，地
方政府と契約を結ばないで，補助金を出さない行動（L^1 で中央政
府の利得 X_1^0）と，契約を結んで補助金を出す行動（L）の2つの
選択がある。また補助金を出すことが選択されたとき，地方政府
のコストが高い場合（c^H）には小規模なプロジェクト（中央政府

の利得 X_1^H）が，低いコストの場合（c^L）には大規模なプロジェクト（X_1^L）が中央政府によって採用され，それに対応した補助金と $t=2$ 期の地方政府の行動についての契約が地方政府との間で結ばれる。$t=2$ 期には，$t=1$ 期に結ばれた契約に従って，エージェントである地方政府が行動する。とくに，この地方政府のコストに関する情報に関して中央政府が完全に得ることが可能である点が重要である。最終的には $t=3$ 期には，$t=1$ 期において中央政府と地方政府の間に結ばれた契約に基づいて中央政府と地方政府が利得を受け取る。

どの政策が実施されるかについては，中央政府の利得 X_1^0，X_1^H，X_1^L の大小関係によって決定される。たとえば，中央政府にとって，補助金によるプロジェクトの実施は好ましいが，地方政府にとってのコストが高く，中央政府にとって小規模にプロジェクトを実施することが好ましいと考えるとき，すなわち中央政府の利得が $X_1^H > X_1^L > X_1^0$ である場合には，小規模な補助金を提供することが適切な選択となる。

ソフトな予算制約

近年の補助金の議論では，必ずしも地方政府にとって補助金の額は与えられたものとして考えられていない。すなわち，政策の実現をめざして政策立案をするプリンシパルとしての中央政府とその政策を実施するエージェントとしての地方政府は，それぞれゲームの参加者として利得を最大化するように戦略となる政策を選択する。このようなプリンシパルとしての中央政府とエージェントとしての地方政府の行動を分析するモデルが，前述のプリンシパル・エージェント・モデルである。プリンシパルとエージェントの間で結ばれる契約に関して，コミットできないモデルとして，とくに注目されている問題が「ソフトな予算制約」の問題あるいは救済措置の問題である。以下では，ソフトな予算制約の問題について説明し

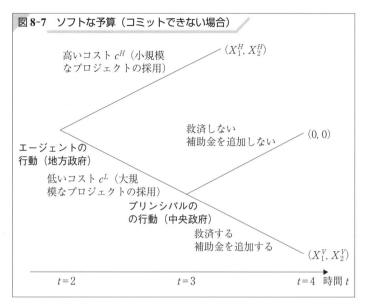

図8-7 ソフトな予算（コミットできない場合）

高いコスト c^H（小規模
なプロジェクトの採用） (X_1^H, X_2^H)

救済しない
補助金を追加しない $(0, 0)$

エージェントの
行動（地方政府）

低いコスト c^L（大規
模なプロジェクトの採用）

プリンシパルの
の行動（中央政府）

救済する
補助金を追加する (X_1^V, X_2^V)

$t=2$　　　　　　$t=3$　　　　　　$t=4$　時間 t

よう（赤井［2006a］参照）。

　まず非対称情報とサンクコスト（埋没費用）が，ソフトな予算
あるいは救済措置の原因として考えられる。先のハードな予算制
約のモデルと異なるのは，プリンシパルである中央政府が地方政
府のコストが高いのか，あるいは低いコストでプロジェクトが実
施できるのかに関する情報を有していない点である。すなわち，
地方政府のコストについては，地方政府のみが知っている**非対称
情報**となっている。

　中央政府は地方政府の表明するコスト情報に基づいて図8-6と
同様に契約を結ぶとする。今，実際はコストが高い地方政府があ
ったとしよう。**図8-7**は，コミットできない場合，図8-6の，エ
ージェントの $t=2$ 時点以降の行動が変化する様子を示している
ことに注目してほしい。図8-7での地方政府の利得について，も
し $X_2^L > X_2^H$ が成り立っているとすると，地方政府のコストに関

して非対称情報の場合，高いコスト（c^H）の地方政府は低いコスト（c^L）であると表明し，大規模プロジェクトに対する補助金を得てプロジェクトを実施することが最適な行動となる。当然，本来，高いコストにある地方政府であるので，プロジェクトは完成せず，未完成となり，政策として価値がゼロとなる。未完成の場合には，それまでに費やした費用は**サンクコスト**となる。これが図8-7の$t=3$期であり，このとき未完成のプロジェクトでは中央政府と地方政府の利得は（0，0）で与えられる。

ここで，中央政府は改めて再契約をし「**救済的な補助金**」を新たに提供することで大規模プロジェクトを完成するか，あるいはプロジェクトを中止するかを選択しなければならない。中央政府と地方政府にとって，前者の利得は（X_1^L，X_2^L）であり，後者の利得は（0，0）である。中央政府にとっては，新たな補助金額とX_1^Lの大きさを比較して，またサンクコストの大きさを勘案して，救済的な補助金を出すかあるいは出さないかを決定する。しばしば，補助金を用いたプロジェクトでは救済的な補助金を出さざるをえず，非効率な補助プロジェクトがさらに実施されているといわれる。

このように，$t=1$期に高いコストの地方政府が低いコスト（c^L）であるふりをした場合，$t=1$期に「救済しない」という契約を結んでいたとしても，図8-7で$t=3$に至ったときには，「救済する」ことが中央政府にとっても地方政府にとっても好ましい選択となり，改めて**再契約**をするということがある。また，高いコストの地方政府はそのような中央政府の選択を予測できるので，非対称情報のもとでは「低いコストのふり」をする。このように，時間とともに最適な選択が変化する状況を**時間的非整合性**（time inconsistency）と呼ぶ。また，「契約はコミットできない」ともいわれており，予算はソフトなものとなる。わが国の補助金が過

Column ⑭ 「実用」段階にきた行動経済学の処方箋 ∿∿∿∿∿∿

　発展著しい行動経済学のナッジ（肘で軽くつつくの意。人びとが
より望ましい行動を自発的に選択するよう導く手法）という処方箋
（公共政策）は，研究・応用の段階から，実際に使う「実用」段階
にきている。

　第1に，自然災害時の予防的避難において，広島県は「県民総ぐ
るみ運動」を展開し，避難所等を確認した住民の割合を 2012 年の
13.2% から 18 年の 57.2% に向上させたが，同年 7 月の豪雨災害で
実際に避難したのは 0.74% にすぎなかった。この避難行動へのナ
ッジの処方箋は，住民のタイプによって異なるが，①「避難所にい
けば食料が得られます」，②「いま，避難所にいけば食料が得られ
ます」，③「避難できた人は周囲の人が避難していたからという人
がほとんどです。あなたが避難すると，他の人の命を救えます」と
いったアナウンスが有効としている（大竹［2019］68-74 頁）。

　第2に，大腸がん検診の受診率を上げるメッセージは，「今年度
の検診を受診された方には，来年度『大腸がん検査キット』を自宅
に送ります」（受診率 22.7%）よりも，「今年度の検診を受診されな
いと，来年度『大腸がん検査キット』を自宅に送りません」（同
29.9%）の方が高かった（大竹［2019］143-144 頁）。

　第3に，通常の薬品よりも薬代が安い後発医ジェネリック医薬品
は，当初，医師が「変更可能」と判断した場合にのみ患者が使用で
きたが，2008 年に医師が「変更不可」と判断した場合にのみ患者
が使用できないことに改正された。このような初期設定を逆転させ
るナッジ処方箋は，ジェネリック医薬品の数量割合を 2005 年の
32.5% から 18 年 72.6% に急上昇させ，国民医療費の削減に貢献し
た（大竹［2019］158 頁）。

　（参照）大竹［2019］，大竹・平井［2018］。

∿∿∿∿∿∿∿∿∿∿∿∿∿∿∿∿∿∿∿∿∿∿∿∿∿∿∿∿∿∿∿∿∿∿

剰であるとされる根拠を明らかにするものの 1 つとして，このソ
フトな予算制約の理論が注目されている。

···▶参考文献

赤井伸郎［2006a］『行政組織とガバナンスの経済学——官民分担と統治システムを考える』有斐閣。

赤井伸郎［2006b］「政府間関係（国と地方）における契約問題——ソフトな予算制約問題（soft budget）を中心に」『フィナンシャル・レビュー』第82号，79-102頁。

赤井伸郎・佐藤主光・山下耕治［2003］『地方交付税の経済学——理論・実証に基づく改革』有斐閣。

大竹文雄［2019］『行動経済学の使い方』岩波書店。

大竹文雄・平井啓編著［2018］『医療現場の行動経済学——すれ違う医者と患者』東洋経済新報社。

清水克俊・堀内昭義［2003］『インセンティブの経済学』有斐閣。

堀場勇夫［1999］『地方分権の経済分析』東洋経済新報社。

堀場勇夫［2006］「地方交付税の機能に関する一考察」『地方財政』第45巻第8号，4-9頁。

堀場勇夫［2008］『地方分権の経済理論——第1世代から第2世代へ』東洋経済新報社。

横山彰・馬場義久・堀場勇夫［2009］『現代財政学』有斐閣。

Dahlby, B.［1996］"Fiscal Externalities and the Design of Intergovernmental Grants," *International Tax and Public Finance*, Vol. 3, pp. 397-412.

King, D.［1984］*Fiscal Tiers: The Economics of Multi-Level Government*, George Allen & Unwin.

▫ 練習問題

1 租税の外部性の1つに租税輸出の問題がある。地方政府が財源を賄うための租税負担を他地域の住民に転嫁する問題である。たとえば，京都で寺社の拝観料に対して観光税を賦課する場合や，フロリダ州で冬期のホテルにホテル税を賦課する場合などが例として挙げられる。これらの例を参考に，どのような場合に地方税が租税輸出されるか考えなさい。

2 同じ課税標準を，階層が異なる政府が共有するときに発生する租税の外部性が，重複課税の問題である。**図 8-8** では，ある財に対する需要曲線が D，供給曲線が S で示されている。当初，個別消

費税が国と地方政府によってそれぞれ T^0 と t^0 の税率で課税され，需給均衡量は x^0 で与えられている。このとき，国の税収は面積 $b+d$，地方政府の税収は面積 $c+e$ によって表される。

もし，国が税率を T^0 から T^1 へと引き上げた場合，図8-8では国の税収はどの面積で表されるか，また国の税率の引上げによって地方政府の税収はどの面積で表されるか，それぞれ記号で答えなさい。また，地方政府に生じている租税の外部性について説明しなさい。

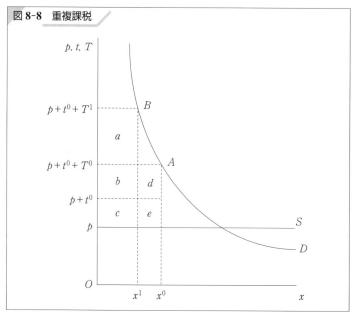

図8-8　重複課税

3　図8-5を参照して次の点を考えなさい。わが国の地方交付税制度では，交付税対象税目と呼ばれる国税4税等の一定割合を財源としている。図8-5でこのことを示しているのはどの曲線か。また，わが国の地方交付税制度をマクロの視点から見た場合，しばしば地方財政計画の歳出額が外生的に与えられ，結果として交付税額が決定されるといわれている。この点は図8-5によってどのように説明さ

れるか。

第4部

地方財政システムを学ぶ

JR宗谷線を走る特急「スーパー宗谷」。名寄まで
は北海道や地元自治体の出資で高速化が実現した
（2017年，上川管内比布町）（北海道新聞社／時
事通信フォト提供）

| 第9章 | 地方財政のすがた |

「平成の大合併」と「三位一体の改革」

● イントロダクション…▶

　これまで解説されてきた制度や経営，理論を学ぶことによって，地方財政とは，地方政府の行動や財政活動だけでなく，国と地方の財政関係までを含んだものであることが明らかになった。ただし，そのすがたをとらえるには，その制度的構造や非効率性の理論についてデータで実証する必要がある。実証された「すがた」が，国際比較を可能にする「地方財政システム」となり，このシステムが，近年の分権改革によって構造変化しているのである。

　わが国の地域づくりや国のかたちを考える準備として，本章では，第1に都道府県や市町村という地方政府組織，第2に国と地方の事務配分（機能配分）や国税と地方税の税源配分，第3に地方交付税や国庫支出金など国と地方の財政関係という視点から，「平成の大合併」や「三位一体の改革」を解説する。

1　地方財政の組織変化と対象拡大

「平成の大合併」

　わが国の地方政府組織は，都道府県と市町村からなる完全二層制である。都道府県は，1871（明治4）年の廃藩置県で261の藩が3府302県に，そして同年3府72県に統廃合された（久世［2015］79頁）。また，1890（明治23）年の府県制によって3府43県に，1943（昭和18）年に東京府が東京都に，1972年の沖縄復帰に伴って，現在の1

道1都2府43県になった。戦前の都道府県は，国が任命する官選知事に多くの権能が与えられていたが，戦後は，住民が選挙で選ぶ公選知事と，議会からなる完全な自治体となった。ただし，都道府県の組織自体は，明治以降，100年以上も変更されていないのである。

　この都道府県に比べると，より住民に身近な政府が市町村である。だが，約1700というその数はあまり知られていない。第6章で述べたように，2014年4月以降，16年10月10日現在も，1718市町村（791市744町183村）である。これまで約3000市町村（1999年3232市町村〔670市1994町568村〕）といわれてきたが，2006年1821市町村と，この間で▲1411（＝1821－3232）団体が減少し，多くの市町村が合併を選択した。これが，「**平成の大合併**」である。

　「平成の大合併」の起点は，1999年7月，地方分権一括法による「市町村の合併に関する法律」（合併旧法）の改正である。これにより，地方交付税が合併によってすぐさま減額されない措置（合併算定替の大幅延長）や合併に有利な地方債（**合併特例債**：事業費の95％を地方債で賄ってその元利償還は後年度の交付税で措置）が創設され，合併へのインセンティブが高まった。これらの特例は，2005年3月末までに合併手続きを完了した場合に限るとしたことから，上記の駆け込み合併につながったのである。また，小規模市町村に傾斜配分されていた地方交付税も，1998年度から効率化をめざして，人口4000人未満の町村に対する段階補正の割増を頭打ちとするように見直され，都市に比べてより大きく縮減されたこともその背景にあった。5年の時限法として施行された「市町村の合併の特例等に関する法律」（2005年4月合併新法）は，都道府県が積極的に関与する「合併の推進」にその目的があった。この法律は10年延長され，名称も「市町村の合併の

　「平成の大合併」を府県別に見ると，市町村数の減少率 50％ 以上は 22 県に及ぶが，合併の状況は都道府県間で大きな「温度差」がある。合併が大きく進んだ地域は，広島（1999 年 3 月末 86 団体→2008 年 11 月 1 日 23 団体），新潟（112→31），愛媛（70→20），長崎（79→23），大分県（58→18）とその減少率は約 7 割に及ぶ。

　他方，東京（40→39），神奈川（37→33），大阪（44→43）の大都市圏では，一定の人口規模を持つ都市が多いため，市町村合併の進捗率が低い。

　また，大都市圏以外で合併の進捗率が低いのは，北海道（212→180〈うち人口 1 万人未満 114 団体〉）と沖縄（53→41〈19〉）のほか，山形（44→35〈12〉），福島（90→59〈28〉），長野（120→81〈43〉），奈良（47→39〈18〉），高知（53→34〈19〉），宮崎（44→30〈10〉）である。人口 1 万人未満の市町村は，全国で 1999 年 3 月末の 1537 団体から 482 団体に減少したが，これらの北海道と県の合計 263 団体はその半分以上を占めている。

特例に関する法律」（2010 年 4 月）に改められ，推進から「円滑化」に緩められた。その結果，2010 年 3 月末には 1727 市町村と，06 年 3 月末から▲94（＝1727−1821）団体が減少したが，16 年 10 月現在までには▲9（＝1718−1727）団体の減少にとどまっている。

完全二層制と権能差

　市町村の大合併は明治，昭和，平成と 3 回あるが，合併を制度的に決定づけたのは，1923（大正 12）年の「郡」の廃止にある。郡は現在，地名表記として残っているにすぎない。しかし，それが小規模町村を補完する**広域自治体**として有効に機能していれば，ドイツの 1 万 1086 市町村のように合併を回避できた可能性がある（HP：Deutscher Städtetag-Statistik, 2016 年 6 月 30 日，また本書の第 11

章参照）。

　歴史を少し振り返っておくと，1884（明治17）年の市町村は，集落単位の自然村として7万1497団体もあった。1889（明治22）年の市制・町村制の施行によって，市町村は戸籍や小学校などの事務を処理することになり，300〜500戸を標準に1万5859市町村に合併された（久世［2015］87頁）。これが「明治の大合併」である。また，翌1890年には府県制・郡制が制定され，府県・郡・市町村による三層制の地方政府組織が形成された。だが，前述のとおり，郡制は，府県の下級機関に位置づけられたので大正期に廃止され，都道府県と市町村の「**完全二層制**」の地方政府組織が形成された（久世［2015］26頁）。

　完全二層制は，1950年のシャウプ勧告でも堅持され，市町村には，新制中学校の設置，消防，社会福祉，保健衛生など多くの事務が付与された。これらの事務を円滑に処理するため，1953年に町村合併促進法が施行され，9868市町村は中学校が合理的に運営できる人口8000人を基準に，56年には3975市町村に合併された。また，1956年には新市町村建設促進法が施行され，これが失効する61年には3472市町村になった。これが「昭和の大合併」である。

　完全二層制のもとで合併を回避する方法は，小規模町村の権限を縮小し，その事務を都道府県に移譲するような「**権能差**」を設けることである。市町村には，人口規模などの要件により権能差が設けられ，たとえば一般市の事務である生活保護は，町村分が都道府県の事務になっている。

　しかし，現状の権能差では，大規模自治体ほど都道府県から事務が移譲されるという権限拡大が主流である。第1に，**政令指定都市**（指定市または大都市）は制度上，人口50万人以上であるが，既存の指定市と同等の実態が考慮され，1999年3月末の12団体

から，「平成の大合併」によって新潟，さいたま，静岡，浜松，堺市が指定され，2009年4月から岡山市，10年4月から相模原市，12年4月から熊本市が加わって20団体である。1956年に制度化された指定市は，道府県の事務のうち，地方自治法第252条の19の規定による児童相談所の設置など社会福祉，保健衛生，まちづくりの分野で18項目のほか，道路特定財源が与えられる国・府県道の管理などの「大都市特例事務」を行っている。

第2に，**中核市**は，1994年に制度化され，当時の要件としては定義では人口30万人以上かつ面積100km²以上（50万人以上の場合は面積要件なし）で2009年度（18年度）41市（54市）があり，保健所の設置などの事務が加わる。

第3に，人口20万人以上の**特例市**は1999年に制度化され，2009年度で41市あったが，15年4月，中核市の要件が「人口20万人以上」に緩和され，特例市制度も廃止された。このための「施行時特例市」は中核市への移行によって18年度31市に減少している。いずれにしても，中核市や施行時特例市は，人口5万人以上の**一般市**に比べ，都市計画や環境保全などの事務が加わる。

> **財政健全化法による対象拡大**

2007年3月，北海道夕張市が「財政再建団体」に転落し，その財政破綻とほぼ同時に同年6月には「地方公共団体の財政の健全化に関する法律」（以下，**財政健全化法**）が成立した。

第3章で述べたように，財政健全化法では，地方税などを財源とする一般会計を中心とした従来の「実質収支比率」の赤字割合（実質赤字比率）だけではなく，使用料など特定の歳入を含む特別会計を一般会計に加えた「連結実質赤字比率」も健全化の判断基準に加わった。特別会計の主なものは，第2章や第4章で述べたように，上・下水道，公立病院などの地方公営企業や国民健康保険，介護保険，後期高額者医療などがあり，これらの赤字も含め

て判断基準としたのである。

　また，地方公共団体の借金の返済にあたる公債費も，一般会計と特別会計のほか，一部事務組合や広域連合をあわせた「実質公債費比率」に拡大され，「将来負担比率」では，さらに地方公社・第三セクター等の借金返済も対象に加えられている。

　都道府県や市町村は，地方自治法では「**普通地方公共団体**」と呼ばれている。このほかにも，東京都の 23 特別区や，いくつかの市町村が協同して消防やゴミ処理などを行う広域行政の一部事務組合や広域連合のほか，財産区や地方開発事業団があり，これらを総称して「**特別地方公共団体**」という。

　とくに**一部事務組合**は，1969（昭和 44）年度に広域市町村圏が設定され，66 年度 1877 団体から 73 年度 2573 団体に急増した。その後は 2001 年度 2066 団体と徐々に減少し，「平成の大合併」で 06 年度 1429 団体にまで急減したが，15 年度末 1330 団体にとどまっている。これに代わって，1995 年 6 月から施行された**広域連合**は，広域的・総合的な地域振興整備や事務処理の効率化をめざして 2006 年度までに 107 団体が設立され，17 年度 116 団体に増加している。この広域連合は，介護保険のほか，都道府県ごとにすべての市町村が加入する「後期高齢者医療」の運営主体として 2008 年度より施行され，06 年度までに各都道府県に 1 つの 47 団体が設立されている。

　第三セクター等は，第 4 章で述べたように，2009（2016）年 3 月末で地方三公社 1150（795），会社法人 3672（3459），社団・財団法人 3863（3156），地方独立行政法人 44（122）で，合計 8729（7532）法人に及んでいる（総務省 HP［各年度版］「第三セクター等の状況に関する調査結果」）。住宅，道路，土地開発の**地方三公社**は，全額地方出資したものであるが，その他の第三セクターは，地方自治体と民間企業の共同出資となっている。地方三公社

のうち，1972年制定の「公有地拡大の推進に関する法律」に基づく土地開発公社は，当時の地価高騰に対して，公共施設に必要な土地の先行取得をめざし，約1000法人が設立された（宮本・遠藤［2006］175頁）。また，1988～96年のバブル期には，会社法（商法）法人や社団・財団（民法）法人が毎年，約400前後設立されたが，近年では設立件数だけでなく，総数でも減少傾向にある。

2 事務配分と税源配分

財政の機能と事務配分

政府と民間部門から成り立つ**混合経済**（mixed economy）では，民間部門の市場メカニズムだけではうまく機能しないという「**市場の失敗**」という特性が着目される。そして，政府の財政活動には，第7章で述べたように，資源配分，所得再分配，経済安定化の3つの機能があるとされてきた。

第1に，**資源配分機能**とは，**公共財**を提供することである。経済学では，労働と資本を資源（または生産要素）という。民間部門では，たとえば自動車の生産に労働と資本が投入され，市場を通じて提供される。しかし，自動車は，道路という公共財がないと走行できず，この公共財は市場を通じて提供できない。このため，政府は税金をかけて労働と資本の一部を公共財の提供に配分するのである。これが資源配分機能である。

公共財は，**純粋公共財**と**準公共財**に区分され，純粋公共財は，第7章で述べたように，私的財とほぼ正反対の性質を持つ。第1に私的財は，個々人が価格を支払って自分のものにするという所有権が示すように，「**排除性**」という性質がある。反対に，純粋公共財は，他の人の使用を排除できない「**非排除性**」という性質

を持っている。たとえば，警察が犯人を逮捕すれば，安心・安全という便益は地域全体に及び，地域住民の誰をもその便益から排除できない。第2に私的財は，オークションで競い合い，最も高い価格を支払った人が手に入れられるように「競合性」という性質がある。反対に，純粋公共財は，地域全体で共同消費されるので，競合性のない「非競合性」という性質を持つ。第3に私的財は，個人の消費が他の個人の便益に影響を及ぼすことはないので「消費の外部性」はほぼゼロである。反対に，純粋公共財は，個人の消費が他の個人の便益にほぼ等しく影響を及ぼすので，「外部性100％」という性質がある。

　私的財と純粋公共財の関係を白と黒とすれば，グレーゾーンに準公共財が存在する。それは，もともと排除性や競合性といった私的財の性質を持っているが，消費の外部性が着目されて，政府が補助金を通じ価格を引き下げ，消費を促進させるものである。たとえば，教育は，江戸時代の寺子屋のように私的財であったが，明治以後，義務教育化され，準公共財に区分されるようになった。公立の小・中学校は，政府部門が経費を全額負担して無料であり，公立高校は2009年度まで経費の一部を授業料で賄っていた。

　資源配分機能に関する国と地方の事務配分は，国や都道府県，市町村が，表9-1のように，それぞれ純粋公共財の防衛，警察，消防を分担している。便益が国全体に及ぶ国防のようなものは，国が分担せざるをえないが，警察や教育，保健衛生（ゴミ処理），治山治水などは，便益の範囲が地域的に限定されることが多い。これらは「地方公共財」と呼ばれている。義務教育に関して，教員給与は，第2章で述べたように，国と都道府県が折半していたが，「三位一体の改革」により，2006年度からそれぞれ3分の1，3分の2を負担するようになった。学校施設は従来どおりで市町村，高等学校は都道府県や大都市が分担している。

表9-1　国と地方の事務配分

財政の機能	国	都 道 府 県	市町村（権能差）
資源配分：純粋公共財 　　　　　準公共財	防衛 (1/3)	警察 義務教育給与　(2/3)	消防（保健所） 学校施設
所得再分配：現物給付 　　　　　　現金給付	医療 年金	後期高齢者医療・国保 生活保護（町村部）	保育・国保・介護 生活保護（市部）
経済安定化：公共事業	直轄	補助・単独事業	補助・単独事業

（出所）　筆者作成。

　第2の**所得再分配機能**としては，国が年金・医療保険を担い，生活保護は75％の国庫負担のもとで市と都道府県（町村分）が分担していることが挙げられる。ただし，サラリーマン以外の世帯を対象とした国民健康保険（国保）は，第2章で述べたように，日本的特徴として市町村が担っていたが，2018年度から都道府県も分担するようになった。年金や生活保護は，**現金給付**であるが，市町村が分担する保育や高齢者介護の社会福祉は，従来は行政側が所得再分配の**現物給付**として利用者の入所施設を決定する「措置」制度であった。しかし，これらの社会福祉サービスは，2000年度の介護保険の導入によって，利用者が入所施設を選択できる「契約」制度に移行しつつあり，準公共財の性格が強くなった。

　第3の**経済安定化機能**は，インフレや失業対策のことである。**公共事業**は，景気対策として用いられるが，国が直接行う直轄事業はわずかであり，都道府県や市町村の補助・単独事業で支えられている。**補助事業**は，地方が国の補助金を受けて行う建設事業であり，**単独事業**は国の補助対象にならないものである。

　以上のように，年金や医療保険といった所得再分配は，全国的な統一性や画一性が求められ，経済安定化機能も，主に国全体の

経済問題であるので，国の意思決定が重要になる。ただし，地方は，所得再分配や経済安定化にまったく関与しないというのではない。実際，日本では，生活保護の認定などの所得再分配政策や，経済安定化にかかわる公共事業の多くが，地方を通じて実施されているのである。

シャウプ勧告　　1949年，第1次の**シャウプ勧告**は，戦後日本の税制を基礎づけたものであり，同時に「地方自治の理想」を具体化したものである。このシャウプ勧告は，**国と地方の事務配分**（divison of functions：機能配分）の原則として，①市町村優先，②行政責任の明確化，③行政の効率性（能率性）の3つの原則を挙げている。

　第1に，**市町村優先**の原則は，「人々の日常生活に密接に関連した事務はなるべく市町村の事務にすべき」とし，市町村のできないことは，都道府県が分担するということである（米原［1977］15頁）。したがって，この原則は，第11章で述べる今日の「補完性の原理」を意味している。

　第2に，**行政責任の明確化**とは，1つの事務に複数段階の政府が関与するのではなく，「計画から実施に至るまで一段階の政府にすべてを任せる」というものである。しかし，この原則は，権能付与（事務配分）の方式や地方政府の規模に依存しており，日本では実行されなかった。

　地方行政調査委員会議（議長：神戸正雄）の**神戸（かんべ）勧告**は，1950年12月，第2次のシャウプ勧告に基づいてなされ，これによって国の事務を除く「**包括的な権能**」が地方に付与されることになった（米原［1977］16頁）。これは，地方議会が認めれば，法令になくても独自の単独事業が実施できるというものである。その後，日本の地方団体は，国民経済の急速な発展に伴って，行政需要の拡大化傾向と行政処理の広域性・均等性が要請され，他の先進国

に例を見ないほど，多くの事務を引き受けることになった。その結果，1964年9月の第1次臨時行政調査会の答申は，「行政責任の明確化」という原則から，国，都道府県，市町村がそれぞれの機能に応じて計画と実施を分担し，相互に協力するという「**機能分担**」の考え方に転じている。たとえば，小・中学校の義務教育は，都道府県が教員給与を支払い，基礎自治体の市町村が学校施設を整備しているというように，機能分担している。

これに対し，イギリスの地方団体は，国が「限定列挙」した事務しか処理できない。その代わりに，合併で広域化した基礎自治体は，たとえば教員給与や学校施設整備の全体を担い，義務教育に関する「行政責任の明確化」が図られている。

第3に，**行政の効率性**（efficiency：能率性）の原則は，人口と地域的な広がりという規模，事務を執行する技術的な能力や財源に関して，最も効率的な政府レベルに割り当てるべきとしている。このため，市町村を優先するシャウプ勧告は，「市町村が学校，警察，その他の活動を独立して維持することが困難な場合には，比較的隣接地域と合併することを奨励すべきである。（中略）このようにすれば，小規模な行政による不利益を克服できるであろう」とした。驚くべきことに，J. M. ブキャナンが発表した「クラブ財の理論」より15年も早く，行政が規模の経済を追求すべきと指摘していたことになる。

行政学では，包括的権能付与と限定列挙の区分のほか，地方の仕事を固有事務と委任事務に区分してきた。**固有事務**は，地方団体が自らの責任と負担において任意に取捨選択できるものである。これに対して，国や都道府県から委任されたものを**委任事務**といい，団体委任事務と機関委任事務とに区分されてきた。ここでの「団体」とは，都道府県や市町村などの地方公共団体を指し，**団体委任事務**は固有事務と同じように議会の決議を経なければなら

ない。他方，**機関委任事務**の「機関」とは知事，市町町長，教育委員会を意味し，その事務については議会の関与を受けないため，意思決定（計画）は国が行い，地方はそれに従って実施するだけである。

　地方自治体の存在理由は住民ニーズを反映した行政が遂行されることにあり，その意思決定は地方議会が担っている。これを「**分権的な地方財政システム**」といい，固有事務と団体委任事務は議会の関与を受けるから，このシステムに従うものといえる。しかし，機関委任事務は議会の関与を受けず，地方の意思決定が反映されないため，集権的な地方財政システムに属する。このため，2000年4月から施行された地方分権一括法では，国の関与を整理縮小するため，委任事務を廃止し，**自治事務**と**法定受託事務**とに区分するようになった。法定受託事務は，生活保護のように，本来は国が直接執行すべきであるが，事務処理の効率化のため，地方が受託したものであり，これ以外は自治事務である。

| 国と地方の税源配分 |

戦前の地方税制は，国の所得税や地租（固定資産税の前身）を課税ベースとする付加税が中心であったが，1949年のシャウプ勧告では，国と地方の税源を分離した「**独立税主義**」がとられた。税目が重複すると，国税が改正されるたびに地方税も影響をこうむるからである。この勧告に基づく**税源配分**は，**表9-2**のように，国は所得税と法人税，都道府県は付加価値税，市町村は固定資産税を基幹税目とし，それぞれに所得，消費，資産といった税源の完全分離を試みている。さらに市町村には市町村優先の地方自治をめざして税源の充実を図るため，地方所得税の市町村民税を配分した。東京都は23特別区の区民税があるから例外とすると，道府県には入場税と遊興飲食税（旧の特別地方消費税に移行して2000年度末で廃止）などを配分して，消費課税中心の体系を考えた。

表 9-2　シャウプ税制と現在の主な国税・地方税制

	国	都 道 府 県	市 町 村
所得	所得税 法人税	都道府県民税 （1954 年導入） 事業税	市町村民税
消費	物品税 消費税	［付加価値税］ 地方消費税	電気・ガス税 地方消費税交付金
資産	相続税	自動車税	固定資産税 都市計画税（1956 年）

(注)　アミカケ部分はシャウプ税制，下線部は消費税の導入で廃止，なお，付加価値税は 1950 年に創設されたが，一度も課税されず廃止。

(出所)　中井［2007］158 頁。

　しかし，この新税の付加価値税は，現在の消費税のように価格転嫁が明示されず，事業活動に伴う営業税的な性格が強いため，産業界の猛反発にあって実施には至らなかった。これに代わる事業税は，個人や法人の利潤に対する所得課税であるため，都道府県間で財源の偏在化をもたらした。このため，1954（昭和 29）年の地方税改正では「税源の重複」を大幅に認め，市町村民税を減税し，都道府県民税を創設した。その結果，国と地方はともに，所得課税に偏重した税体系となり，地域間の「税源の偏在化」に直面することになるのである。

　竹下登首相のときの税制改革では，1989 年度から税率 3％ の**消費税**が導入された。これに伴って，都道府県では，ゴルフ場を除く娯楽施設利用税，料理飲食等消費税，不動産取得税が廃止あるいは改組され，市町村も電気税，ガス税，木材引取税が廃止された。これらの廃止・減額に伴って，国の消費税は，税収の 5 分の 1 を都道府県と市町村に 6 対 5 の割合で，消費譲与税として配分された。各団体への譲与基準は国勢調査人口と従業者数であり，

都道府県がそれぞれ1対3, 市町村が1対1のウェイトで配分された。

　消費譲与税から移行した**地方消費税**は, 1994年の税制改革で都道府県税として創設され, 税率が5%に引き上げられた97年度に, 国の消費税4%に対する1%分として実施された。税率が8%に引き上げられた2014年度には, 国税分6.3%, 地方税分が1.7%となり, 地方消費税が消費税全体に占める割合は, 21.25%（＝1.7÷8）となった。なお, 税率が2019年10月1日, 10%に引き上げられ, 国税分が7.8%, 地方税分2.2%となった。地方消費税は, 国が消費税と一緒に徴収し, 納税地の都道府県に払い込まれるが, この払込み金額を各自治体の「消費に相当する金額」で按分するという清算によって税源の偏在化が是正できる。地方消費税は, 税収の半分が地方消費税交付金として市町村に配分されるが, 都道府県税の新たな基幹税になった。

　住民税は, 都道府県民税と市町村民税の総称であり, それぞれ個人の均等割と所得割, 法人の均等割と法人税割に分かれる。**所得割**が, いわゆる地方所得税である。標準税率は, 「三位一体の改革」で2007年度から, 都道府県4%, 市町村6%, あわせて10%の比例税率になった。個人住民税の賦課徴収は, 「居住地主義」に基づき, 東京都を例外として道府県民税（利子割などを除く）も含めて市町村が行っている。

3 国と地方の財政関係

国庫支出金と地方交付税

　国と地方の財政関係とは, 国庫支出金や地方交付税などによる国から地方への**財源移転**のことである。GDPの統計であ

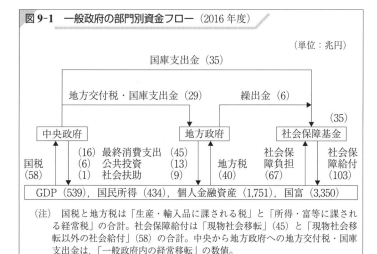

図9-1 一般政府の部門別資金フロー（2016年度）

（単位：兆円）

国庫支出金（35）

地方交付税・国庫支出金（29）　　繰出金（6）

（35）

| 中央政府 | | 地方政府 | | 社会保障基金 |

	（16）最終消費支出（45）		社会保障負担（67）	社会保障給付（103）
国税（58）	（6）公共投資（13）	地方税（40）		
	（1）社会扶助（9）			

GDP（539），国民所得（434），個人金融資産（1,751），国富（3,350）

（注）　国税と地方税は「生産・輸入品に課される税」と「所得・富等に課される経常税」の合計。社会保障給付は「現物社会移転」（45）と「現物社会移転以外の社会給付」（58）の合計。中央から地方政府への地方交付税・国庫支出金は，「一般政府内の経常移転」の数値。

（出所）　内閣府HP「6（1）．一般政府の部門別勘定」『国民経済計算』より作成。

る「国民経済計算」（SNA）では，税金や社会保険料などによる財政活動を包括的にとらえて「**一般政府**」と呼んでいる。

　国の政府関係機関や上・下水道などの地方公営企業など独立した運営主体は，「**公的企業**」として一般政府から分離してとらえられている。

　一般政府は，**図9-1**のように中央政府，地方政府，社会保障基金の3つに区分され，それぞれ国税，地方税，社会保障負担の独自の財源を持っている。**中央政府**は非企業特別会計を含むが，おおむね国の一般会計の財政活動を表している。**地方政府**は都道府県と市町村のことである。前節の「財政の機能と事務配分」の項で解説したように，中央政府自らが実施する公共サービスは防衛費等にすぎないが，地方政府の支出（最終消費支出や公共投資）は，それに比べて約3倍あり，国民生活に密着したサービスを提供している。**社会保障基金**は，年金や医療など国の保険特別会計等を

中心とするが，市町村の国民健康保険や介護保険を含むため，高齢化とともに地方政府からの繰出金がある。

社会保障基金は，給付と負担の差額を基礎年金や国民医療費などに使途が限定された**国庫支出金**（国庫補助負担金ともいう）で賄っている。また，地方税は，前節の「国と地方の税源配分」の項で解説したように，税源の重複によって国税とほぼ同じ税目を確保した。しかし，地方政府の支出は中央政府のそれを大きく上回っているにもかかわらず，地方税収は国税よりも少ない。このため，中央政府は，国庫支出金だけでなく，財源の使途が限定されない**地方交付税**によって財源移転しているのである。国の仕事の多くは，歳出の半分以上が地方交付税や国庫支出金など各種の補助金であることから，**補助金行政**といわれている。

| 地方財政計画 |

以上のように，地方財政を都道府県・市町村全体で集計してマクロ的に見るとき，国が一般会計予算とほぼ同時期に策定する「地方財政計画」が重要となる。**地方財政計画**は，第1章で述べたように，都道府県と市町村をあわせた地方団体の単なる収支見通しではなく，その歳出総額は国の地方に対する財源保障の担保という役割を果たしてきた。実際，地方団体は，地方税などの自主財源だけでなく，地方交付税，地方譲与税，国庫支出金など，国から移転される財源に大きく依存している。

第3章で述べたように，地方交付税は，国庫支出金のように使い道が限定された特定補助金と異なり，地方団体が自由に使うことのできる一般補助金である。同時に，それは，国が各自治体の財源不足を保障する制度でもある。このため，地方全体の財源不足額は，地方交付税法第7条による地方財政計画の策定を通じて，毎年マクロ的に算定され，地方交付税が充当されてきた。この「交付税総額」は，6％を**特別交付税**として，地域の特殊事情から

図9-2　地方財政計画と地方交付税の関係

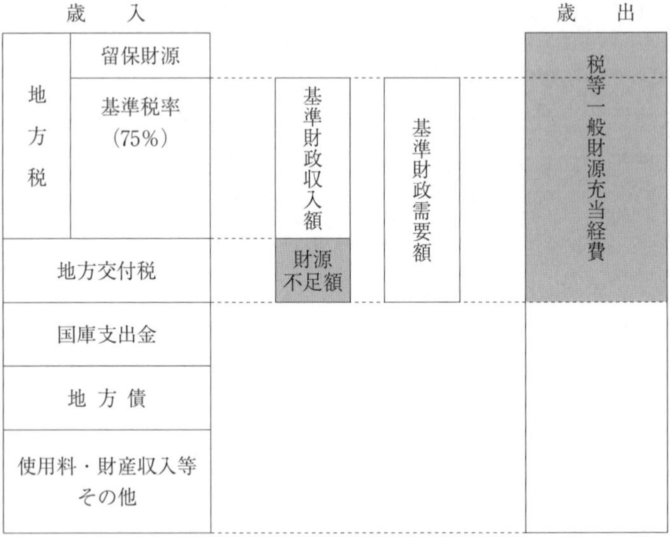

| 歳　　入 | | | | 歳　　出 |

（注）　簡略化のため，特別交付税や地方譲与税は除外した。
（出所）　中井 ［1988］。

生ずる財源不足を賄い，残りの94％を**普通交付税**として財源保障している。

地方財政計画の歳出総額は給与関係，一般行政，投資的経費，公債費などで構成され，地方全体が標準的な行政を実施するための「あるべき経費」を意味している。この歳出総額の一部は，**図9-2**のように，国庫支出金や地方債，使用料・財産収入などのその他が充当される。そこで，これらを除いた歳出部分が，地方財政計画上，地方税や地方交付税などの一般財源で賄われるべき「**税等一般財源充当経費**」となる。

また，地方税の25％は，**留保財源**とし，都道府県（2002年度まで20％）と市町村が，地方独自の施策に使っている。この留保

財源が充当される歳出分を税等一般財源充当経費から除いた金額が，**基準財政需要額**（以下，需要額）である。他方，**基準財政収入額**（以下，収入額）は，地方税の留保財源を除く基準税率分75％と地方譲与税の全額100％分などの合計である。この収入額が需要額に満たないマクロの「財源不足額」は，以下のように，地方財政計画の策定を通じて，地方交付税で財源保障される仕組みとなっている。

　　　普通交付税 ＝ 需要額−収入額

　地方交付税は，前述のとおり，普通交付税と特別交付税に区分されるが，以下では普通交付税を「交付税」とする。

　| 「三位一体の改革」 |　小泉純一郎内閣時代の「**三位一体の改革**」は，国から地方への財源移転である国庫支出金や地方交付税を削減し，自主財源である地方税を充実させるものであった。ただし，国庫支出金（国庫補助負担金ともいう）の大幅な削減は，過去にもあった。1981年に発足した**第2臨調**（第2次臨時行政調査会：土光敏夫「経団連」名誉会長）を引き継いだ臨時行政改革推進審議会は，第2章で述べたように，1985年度から生活保護や社会福祉など補助負担率の高いものを中心に国庫支出金を削減した。

　これに対して，首相の諮問機関として地方行財政制度を検討する**地方制度調査会**の第17次答申は，「単に国の財政負担を地方に転嫁するにすぎず，国・地方を通ずる行政改革の理念に反する」と批判した。この答申は，「地方」を都道府県・市町村全体のマクロ・レベルでとらえたものである。補助金カットが，地方税や交付税をあわせた税等一般財源の引上げに反映されなければ，国の負うべき財政負担が地方財源で賄われることになり，国の財政負担が地方に転嫁される，と指摘したのである。

　この指摘について，個別団体のミクロ・レベルで「短期的」に

見ると，補助金カットは，国の財政負担をすべての自治体に転嫁したとはいえない。前述のとおり，わが国では，地方財政計画の策定を通じて，国が地方全体の財源不足額を地方交付税で保障するシステムをとっている。地方に対する国庫支出金が削減されると，図9-2の国庫支出金の箇所にある点線が下方に下がり，需要額が補助金カット分だけ加算されることになる。収入額に変化がなければ，財源不足額が増大し，その増加分を交付税が財源保障する仕組みである。つまり，交付税をもらう交付団体では，補助金カット分が交付税に振り替えられたにすぎないのである（中井［1988］第6章）。

　他方，税等一般財源のレベルでは，**補助金カット**に対する地方負担は，地方たばこ消費税の税率引上げや国の一般会計からの交付税総額への特例加算によっていくらかは軽減された。だが，その財源の多くは，「地方債」の増発で対処された。この地方債の元利償還金は，各自治体の需要額に算入され，将来の交付税財源で措置される。結局，マクロ・レベルで「長期的」に見ると，前述の第17次答申のように，第2臨調の補助金カットは，地方債の増発を通じて，国の財政負担の多くを地方に転嫁したのである。

　このように第2臨調の補助金カットが，国の財政負担を地方へ転嫁したことを踏まえて，「三位一体の改革」では，交付税措置だけではなく，補助金の削減額に対応した住民税の確保という国から地方への**税源移譲**が重要課題になった。

　第1に，「三位一体の改革」では，2004〜06年度の間に国庫支出金の4.7兆円の削減が行われ，公共事業関連では1兆円が削減され，0.8兆円は地方の自由度を高めるように「交付金化」された。これらは地方財政の収支に影響を与えないため，税源移譲に結びつく国庫支出金の削減分は，残り2.9兆円に2003年度の削減分を含めた3.1兆円となる。その内訳は，義務教育の教員給与

に関する国庫負担の引下げ（2分の1から3分の1に）や共済組合への掛け金・退職手当などの国庫負担の廃止等で1.3兆円のほか，国民健康保険の国庫負担の廃止0.7兆円など，約2.2兆円が都道府県分である。市町村分は，公立保育所運営費や公営住宅家賃対策等の補助が0.8兆円廃止された。

第2に，地方税では，個人住民税の累進税率をかけてきた所得割を一律10％の比例税率化し，都道府県4％，市町村6％とした。都道府県では，それまでの累進税率2・3％と比例税率4％の税収差額2.2兆円，市町村では，それまでの3・8・10％と比例税率6％の税収差額0.8兆円，合計3兆円が税源移譲分となる。2006年度までは，暫定的に所得譲与税で人口を基準に配分され，2007年度から個人住民税として徴収されることになったが，税源の偏在は比例税率化によってある程度是正されることになる。

第3に，これらの改革が地方交付税に及ぼす影響である。国庫支出金の削減が，第2臨調の補助金カットの影響と同様に，需要額の引上げに振り替えられた。他方，地方税の税源移譲分は当分の間，100％が収入額に算入されるため，個別団体では，国庫支出金の削減や税源移譲によって，需要額と収入額の差額にそれほど大きな影響が生じることはないと考えられる。

しかし，「三位一体の改革」では，交付税が約5.1兆円の削減となり，地方財政計画の歳出総額も，2001年度の89.3兆円をピークに，06年度83.2兆円（児童手当拡充分を除くと82.3兆円）と毎年1兆円以上が削減されている。『地方財政白書』は，「地方交付税総額を抑制し，財源保障機能を縮小していく。この場合，歳入・歳出の両面における地方公共団体の自助努力を促していくことを進める」としている。このため，地方自治体の側では，より厳しい行財政運営が求められ，この財政危機をどのように乗り切るかが課題となったのである。

⋯▶参考文献

久世公堯［2015］『地方自治制度（第7次改訂版）』学陽書房。

総務省HP［各年度版］『地方財政白書』。

総務省HP［各年度版］「第三セクター等の状況に関する調査結果」。

総務省HP・市町村の合併に関する研究会［2008］「『平成の合併』の評価・検証・分析」。

地方財務協会［各年度版］『地方財政要覧』。

中井英雄［1988］『現代財政負担の数量分析——国・地方を通じた財政負担問題』有斐閣（オンデマンド版，2003年）。

中井英雄［2007］『地方財政学——公民連携の限界責任』有斐閣。

堀場勇夫［2017］「わが国の地方税財政制度と地方分権」『地方財政』第56巻第9号，4-26頁。

堀場勇夫・望月正光編著［2007］『第三セクター——再生への指針』東洋経済新報社。

宮本憲一・鶴田廣巳編著［2006］『セミナー現代地方財政Ⅰ——「地域共同社会」再生の政治経済学』勁草書房。

米原淳七郎［1977］『地方財政学』有斐閣。

▱ 練習問題

1 都道府県・市町村の完全二層制と政令指定都市などの権能差との関係を説明しなさい。

2 シャウプ勧告による国と地方の事務配分や税源配分を調べ，現在との違いを説明しなさい。

3 地方財政計画を踏まえて，第2臨調の補助金カットと「三位一体の改革」の違いを説明しなさい。

地域づくりと地方財政

「豊かさ」の実現

● イントロダクション…▶

　人口と企業の東京一極集中は，過疎・過密問題に示されているように，地域格差を拡大させた。これに対する財政の対応は，都道府県や市町村の財政構造をデータで実証した「地方財政システム」の構造変化によって示される。ただし，中山間地の過疎化・高齢化による限界集落の問題は，過疎対策法に基づく財政措置では解消されなかった。

　地域づくりには，市町村レベルによる地域おこしと，都道府県の地域政策が不可欠である。そのため，本章では第1に，都市への人口移動による過疎・過密問題を概観する。第2に，「平成の大合併」による地方交付税の構造変化を踏まえて，これまでの過疎対策や最近の地域の絆を見直す動きを説明する。第3に，都道府県の地方交付税の構造変化，とくに需要額が公共事業の社会資本から医療・介護などの社会保障にシフトしたこと，そしてその意義を解説する。

1 東京一極集中と過疎・過密問題

3大都市圏への人口集中と過疎問題

「地域とは，地理的空間において，全体のなかの部分である」とされる（山田・徳岡［2007］ii頁）。わが国では，国を全体とすれば，都道府県が部分であり，後者を全体とすれば，市町

村が部分となってくる。このとき，**地域づくりの主体**は，全体と部分のどちらの側にあるのが望ましいかが，問題になる。1995年の地方分権推進法や2000年の地方分権一括法の制定によって，その主体が国から地方の側に転換しつつあり，地域づくりを支える地方財政が注目されてきている。

地域は，住民の生活や雇用の場であるから，住民や企業の地域間移動は，地域づくりに最も大きな影響を及ぼす。わが国では戦後，地方圏から大都市圏への人口移動が，3つの波として観察されている。大都市圏は，東京，大阪，名古屋の3大都市を中心とし，これらに隣接する周辺都市を含んでいる。わが国では，都道府県別に東京，神奈川，埼玉，千葉の東京圏（首都圏は茨城，栃木，群馬，山梨を含む），大阪，兵庫，京都，奈良の大阪圏，愛知，三重，岐阜の名古屋圏を**3大都市圏**といい，それ以外の道県は地方圏となる。

人口移動の第1の波は，**図10-1**の3大都市圏への転入超過数が示すように，高度経済成長期の1960年代前半から70年代前半で生じている。このときの人口移動は，大都市圏と地方圏の所得格差に起因し，そのため，3大都市圏に集中した（山田・徳岡 [2007] 109頁）。地域別の人口統計には，転入・転出を住民票によって市町村が管理する**住民基本台帳人口**（住基人口）と，5年ごとの**国勢調査人口**（国調人口）がある。この国調人口は，全国で1955年の9000万人から75年の1億1200万人に増加しており，その大半は大都市圏で生じたため，3大都市圏の人口構成比は，この間に36.9％から47.6％と約半分を占めるまでになった。

この大都市圏の「過密現象」は，劣悪な住宅環境，通勤ラッシュや交通渋滞，逼迫する水資源，大気汚染や水質汚濁などの公害といった**大都市問題**を引き起こした。他方，地方圏の農山漁村では，第1次産業の従事者や新規卒業者が雇用の機会を求めて大都

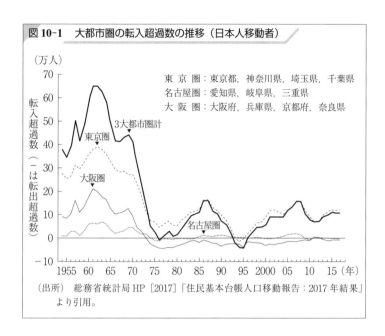

図 10-1　大都市圏の転入超過数の推移（日本人移動者）

（出所）　総務省統計局 HP［2017］「住民基本台帳人口移動報告：2017 年結果」より引用。

市圏に吸引され，人口流出が地域社会や行財政の基盤を崩壊させるまでになった。これを「**過疎問題**」という。

東京一極集中

　第 2 の波は，1985 年プラザ合意以後のバブル期をピークとしている。1980 年代の情報化・国際化の進展のなかで，大阪圏や名古屋圏への人口集中が伸び悩んでいるのに，唯一，東京圏だけは人口を吸引していった。これが「**東京一極集中**」である。高まる東京への依存は，マスメディアの東京偏在をベースとした情報化の進展によるものだけでなく，わが国の国際的地位が飛躍的に向上したことで，国際金融センターといった東京の「**世界都市化**」に起因している。

　たとえば，東京駅を中心とする半径 1 km 圏には，ロンドンの「シティ」やニューヨークのウォール街に匹敵する東京国際金融センターが形成され，都市銀行や大手証券会社はいうに及ばず，

外国銀行，外国証券会社，そして地方銀行などの支店が目白押しである。都心部の特定地域に国際金融センターが形成される理由は，中央銀行や証券取引所などの金融中核機関に隣接すると，金融機関同士の情報交流や政府機関・企業からの情報入手が容易となるからである。

　東京一極集中は，もちろん金融機関だけにとどまらない。高度情報化社会では，規格化された大量の情報よりも，むしろフェイス・ツー・フェイスの対面情報に高い価値が見出される。これを求めて各企業の本社が東京に移転し，外資系企業の支店・事務所の開設や，さらには試験研究所の東京近郊への集中立地をもたらした。都市の「**集積の利益**」が新たな集積の利益を生むという「**外部経済**」の効果は，加速度的に増大する。他方，一極集中が都心部のオフィス需要を増大させ，地価高騰の引き金になったり，通勤・通学の混雑，住宅，道路，ゴミ問題など「**外部不経済**」の増大も，見逃せない事実である。

　これらの**東京問題**は，巨大都市特有の歪みに派生したもので，今なお解決の糸口さえ見えない状況にある。東京圏への転入超過数は，図10-1のように，バブル崩壊後の1994，95年で一時的にマイナス（転出超過）になった。だが，その後の転入超過数は，2001年以降の小泉構造改革と戦後最長といわれた好景気のなかでプラスに転じた。その後，2008年9月のリーマン・ショックで東京圏の転入超過数は，約15万人から2011年の約6万人に減少したが，アベノミクスによる好況で17年の約12万人に増加する傾向にある。その結果，国調人口でも，大阪圏の全国に占める割合は，1975年の15％をピークに逓減傾向にあり，名古屋圏のそれも9％弱の水準で推移しているが，東京圏だけは，55年17.1％，75年24.2％から2005年27.7％，15年28.4％と増加の一途をたどってきた（齊藤・林・中井［1991］179-180頁，総務省統

計局 HP「平成 27 年国勢調査」)。

都市再生と中山間地域の過疎化

大都市の過密現象は，よりよい居住環境を求めて都心から離れた郊外に転出するという「**スプロール現象**」を引き起こした。その結果，東京都特別区や大阪市では，都心の人口が減少し空洞化するという「**ドーナツ化現象**」が生じた。この現象は，政策によっても後押しされ，大都市向け過密対策として高度経済成長期に導入された工場等制限法は，工場等の地方分散に成果をあげた。だが，2002 年にはそれを廃止して都市再生特別措置法が制定され，規制緩和へ方針が転換された。地価が急落した 1990 年代後半には，工場跡地などの都市再開発プロジェクトにより，郊外からの「**都心回帰現象**」も見られるようになった。

また，地方の中核都市などでも，モータリゼーションなどの普及により，大型小売店など大規模集客施設や学校・病院等の公共公益施設などが郊外に立地したので，商店街のシャッター通りに象徴される中心市街地の空洞化・衰退化問題が生じた。このため，1998 年には，都市計画法の改正のほか，大規模小売店舗立地法や中心市街地活性化法からなる「**まちづくり 3 法**」が制定され，市街地活性化の支援体制が整備されたのである（山田・徳岡 [2007] 301-302 頁）。

他方，過疎化は，1960 年代の高度成長期に表れた現象である。ただし，東日本の人口流出は，世帯主が農閑期の間に都会で働く「出稼ぎ型」であり，西日本では家族全員が都会に出る「挙家離村型」である。このため，中国・四国地方では，東北地方よりも人口流出率が高く，青年層の流出で地域の高齢化が進むという「**社会減**」を特徴とする。この社会減が「**第 1 次過疎化**」である。

1980 年代後半以降の東京一極集中に際しては，中国地方の「中山間地域」を中心に，域内の死亡率が出生率を上回る「**自然**

減」が発生した。**中山間地域**とは，山間部と平地の中間にある中間農業地域と，山間農業地域とをあわせた地域であり，林野率が高く，傾斜地にあって耕地率が低いという特性を持っている（中村［2008］190頁）。社会減に加えて自然減に直面した過疎地域は，高齢化に拍車をかけた。これが「**第2次過疎化**」である。

　集落とは，数戸以上の社会的まとまりが一定の土地に形成された基本単位の地区であり，住民相互の生活扶助や，森林等の資源管理機能などを果たしてきた。ところが，過疎化・高齢化が進むと，耕作放棄地や空き家の増大，森林の荒廃や獣害・病虫害の発生により，集落機能が維持できなくなる。過疎地域等には，2007年で6万2273集落があるが，高齢化率が50％以上の「**限界集落**」は7878集落と1割強にすぎない。だが，限界集落は，中国地方に2270集落，四国に1357集落，九州に1635集落と，集中しており，これらをあわせると，限界集落全体の67％を占める。これが，「平成の大合併」において，中国・四国・九州地方の合併が急速に進んだ要因の1つと考えられる（総務省自治行政局過疎対策室HP［2008］12頁）。

　さらに増田［2014］によれば，国立社会保障・人口問題研究所の「日本の地域別将来推計人口（平成25年3月推計）」に基づいて，地域間の人口移動が将来も収束しないと仮定すれば，子どもを生む可能性のある20〜39歳女性人口が，2040年に5割以上減少する市町村は896団体で，全体の半分に達すると警告している。これらの消滅可能性都市は，北海道や東北地方を中心とするが，和歌山，鳥取，島根，徳島，鹿児島など中国，四国，九州地方でも高い割合の県が多くなるとしている。

2 市町村の財政構造と地域おこし

総務省の『地方財政白書』では，**表10-1**のように，市町村を大都市（政令指定都市），中核市，施行時特例市のほか，人口規模別に10万人以上の**中都市**とそれ未満の**小都市**，1万人以上の町村とそれ未満の町村に区分している。これによれば，2004年度と05年度に急速に進んだ「平成の大合併」は，人口1万人以上とそれ未満の町村数をそれぞれ約半分，約3分の1に減少させ，中・小都市の増加をもたらした。

とくに，町村に在住する住基人口は，合併前の2003年度に全人口（東京都23区除く）の22％から，合併後の06年度（15年度）に11％（9％）に減少し，人口1万人未満の町村の住民数にいたっては，06年度260万人（15年度248万人）と，全体の2％になった。しかし，これによって小規模町村や編入合併した集落（地区）が直面する過疎化や高齢化問題が解決したわけではない。このように市町村を人口規模別に見ると，以下の3つの特徴が明らかになる。

第1に，財政構造の弾力性を判断する「経常収支比率」は，第3章で述べたように，人件費や公債費，扶助費などの経常経費に充当された一般財源の額が，地方税や地方交付税などの経常一般財源に占める割合である。この経常収支比率は，人口1万人未満の町村を除くと，どのグループも2015年度90％前後であり，人口規模による格差は見られない。また，市区のなかで人口規模の小さい小都市と，1万人以上の町村とでは，1人当たり歳出は，それぞれ2015年度39万円と49万円で，後者の方が大きい。と

第10章　地域づくりと地方財政　　235

表 10-1　市町村の規模別財政状況

年　　度	市町村数 （人口構成比）		1人当た り歳出		財政力指数		経常収支比率（%）			
									うち扶助費	
	2003	2015	2003	2015	2003	2015	2003	2015	2003	2015
大 都 市	13(17%)	20(23%)	485	457	0.81	0.86	93.1	95.4	10.4	16.3
中 核 市	35(13%)	45(15%)	337	384	0.81	0.78	82.9	89.5	8.7	14.2
特 例 市	39 (9%)	39 (9%)	313	357	0.85	0.82	87.5	90.1	7.9	12.8
中 都 市	139(20%)	156(20%)	368	385	0.83	0.79	87.6	89.3	7.5	12.2
小 都 市	463(20%)	530(24%)	368	387	0.60	0.55	87.4	89.0	6.1	9.4
町 村 （1万人以上）	956(15%)	434 (7%)	371	486	0.51	0.51	84.1	86.0	3.4	6.5
町 村 （1万人未満）	1,487(7%)	494 (2%)	715	963	0.26	0.27	87.0	81.7	2.2	3.5

（注）　市町村数は，2003年度3,132団体，15年度1,718団体，人口1人当たり
　　　歳出は1,000円，2015年度の特例市は施行時特例市である。
（出所）　総務省［各年版］「10 市町村の規模別財政状況」『地方財政白書』。

ころが，経常収支比率のなかで，生活保護などに充てられる扶助費分は，2015年度それぞれ9.4％と6.5％であり，町村部が極端に低くなっている。というのは，町村の行政事務は，市区のような小都市以上が担う生活保護行政を分担しないので，この都市と町村との「**権能差**」が，扶助費分の格差として生じるのである。

　第2に，人口1人当たり歳出は，大都市と1万人未満の町村で高く，2015年度20万人以上の施行時特例市で最も低くなっている。大都市が高いのは，都道府県からの事務移譲による「権能差」が原因であり，普通の都市に比べてより多くの仕事をしているためである。他方，1万人未満の町村が高いのは，人口規模が小さくて，規模の経済が発揮できないからである。

　第3に，地方団体の財政力を表す財政力指数は，基準財政収入額（以下，収入額）を基準財政需要額（以下，需要額）で割った数

値の過去 3 年間の平均である。この財政力指数は，中都市以上が 0.8 前後で，1 万人未満の町村が 0.27 前後と，人口規模が小さくなるほど低くなる。

市町村の交付税構造 序章でも述べたとおり，地方財政は，よく「木と森の関係」にたとえられる。各自治体を 1 本の「木」とすれば，全自治体は「森」である。人口 1 人当たり歳出の「森の構造」を決めているのが，普通交付税の算定に用いられる需要額である。第 1 章で述べたとおり，市町村の需要額は，以下のように，消防費などの行政項目ごとに算定した「あるべき経費」を集計した金額である。

$$需要額 = \Sigma（単位費用）\times（測定単位）\times（補正係数）$$

ここで，**測定単位**は各自治体の人口や面積を用いており，この測定単位当たりの行政コストを**単位費用**という。市町村の単位費用は，10 万人の標準団体を想定した数値である。

市町村は，人口 100 万人以上の大都市から 178 人（2015 年国調人口）の東京都青ヶ島村まであり，人口規模の格差が大きい。これに「権能差」をつけても，クラブ財の理論が示すように，行政コストは人口規模が小さくなるほど割高になる。たとえば，1 億円の施設を住民 1 人が負担すれば 1 億円，2 人ならば 0.5 億円，3 人ならば 0.33 億円などというように，1 人当たり費用負担は住民数に応じて逓減していく。これが「規模の経済」である。小規模町村では，この規模の経済が機能しないため，需要額算定には「**段階補正**」という補正係数が適用される。また，市町村の面積が極端に広くなれば，行政サービスを提供するのに追加のコストがかかるため，需要額算定には面積の要件も加わる。その結果，人口 1 人当たり需要額で見た「森」の構造は，**図 10-2** の「○」とその実線（*N06*）のように，人口規模に関して「**鍋底 U 字型**」で表される。

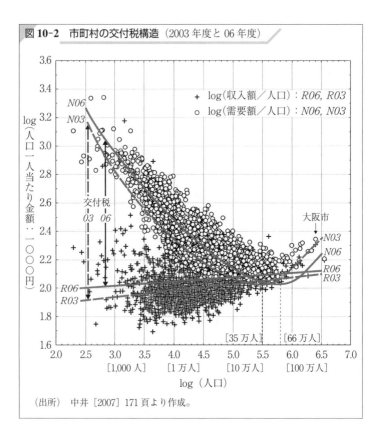

図 10-2　市町村の交付税構造 (2003 年度と 06 年度)

凡例:
+ log (収入額／人口): *R06, R03*
○ log (需要額／人口): *N06, N03*

縦軸: log (人口一人当たり金額：一〇〇〇円) 目盛 1.6〜3.6

横軸: log (人口)　2.0〜7.0
[1,000 人]　[1 万人]　[10 万人]　[100 万人]

グラフ内注記: 交付税 *03 06*、大阪市、[35 万人]、[66 万人]、*N06*、*N03*、*R06*、*R03*

（出所）　中井 [2007] 171 頁より作成。

　この「森」の構造は，「平成の大合併」により，2003 年度の需要額 (*N03*) に比べると少し変化した。町村が合併し，中・小都市が増加したので，U 字型の右下がり部分がより「なだらか」になった。これにより，U 字型の最低点を表す需要額の最適人口規模は，1970 年度以降，つねに 30 万人前後（±10 万人）であったが，2003 年度の約 35 万人から，06 年度に約 66 万人，15 年度に約 96 万人と右横にシフトした。需要額の最低金額は，両年度とも約 11 万円であるが，臨時財政対策債の振り替え分を加え

　市町村の人口 1 人当たり需要額は，合併前の 2003 年度と合併後の 06 年度，15 年度でも，対数変換した人口規模 ［log（人口）］を X とすれば，X の 2 次関数で表される U 字型になり，エクセルのアドイン・ソフトで回帰分析して，以下のように推定できる。

2003 年度：$\log\left(\dfrac{需要額}{人口}\right)$ = $0.130\,X^2 - 1.440\,X + 0.00045$（面積）$+ 6.03$
[3132 市町村] 　　　　　　　　 (50.5) 　　(−65.4) 　　(49.9) 　　adjR^2=0.895

2006 年度：$\log\left(\dfrac{需要額}{人口}\right)$ = $0.109\,X^2 - 1.269\,X + 0.00032$（面積）$+ 5.72$
[1804 市町村] 　　　　　　　　 (32.2) 　　(−42.4) 　　(40.9) 　　adjR^2=0.868

2015 年度：$\log\left(\dfrac{需要額}{人口}\right)$ = $0.105\,X^2 - 1.256\,X + 0.00032$（面積）$+ 5.83$
[1718 市町村] 　　　　　　　　 (34.3) 　　(−46.6) 　　(43.2) 　　adjR^2=0.904

　ここで，（　）内は t 値といって，たとえば係数 0.130 の統計的信頼度を表し，3 以上であれば信頼度が高いといわれるので，50.5 という値はきわめて高い信頼度といえる。adjR^2 は自由度修正済み決定係数であり，その値が 1 であれば推定の誤差がゼロであるので，0.895 という値は誤差がきわめて少ないことを示している。

　同様に，収入額も以下のように推定できる。

2003 年度：$\log\left(\dfrac{収入額}{人口}\right)$ = $0.0390\,X - 0.328\,Y + 0.511\,Z + 1.83$
[3132 市町村] 　　　　　　　　 (9.15) 　(−15.1) 　(39.9) 　adjR^2=0.416

2006 年度：$\log\left(\dfrac{収入額}{人口}\right)$ = $0.0203\,X - 0.256\,Y + 0.492\,Z + 1.96$
[1804 市町村] 　　　　　　　　 (3.92) 　(−8.74) 　(31.9) 　adjR^2=0.402

2015 年度：$\log\left(\dfrac{収入額}{人口}\right)$ = $0.0232\,X - 0.148\,Y + 0.428\,Z + 1.94$
[1718 市町村] 　　　　　　　　 (5.22) 　(−5.65) 　(36.8) 　adjR^2=0.460

　ここで，Y は第 1 次産業の就業者比率，Z は大阪市の 1 人当たり収入額を超える町村を 1（2003 年度 79 団体，06 年度 52 団体，15 年度 69 団体），それ以外の町村を 0 とするダミー変数である。

　需要額の最適人口規模は，2003 年度と 06 年度，15 年度でそれぞれ $X = 5.538$（$= 1.440 \div 2 \div 0.130$），$X = 5.821$（$= 1.269 \div 2 \div 0.109$），$X = 5.981$（$= 1.256 \div 2 \div 0.105$）の対数値を変換して約 35 万人，約 66 万人，約 96 万人となる（データは総務省 HP「市町村別決算状況調」，ただし，東京都特別区を除く）。

ると，15万円程度である（中井［2007］171-173頁）。

大都市では，都道府県並みの行政権能が与えられているため，需要額は「権能差」分だけ高くなるが，大都市間でも異なっている。2005年（2015年）国勢調査で大阪市の夜間人口263万人（269万人）は，横浜市の358万人（372万人）を下回るが，大阪市の昼間人口358万人（356万人）は，横浜市の320万人（342万人）を上回っている。このため，大阪市の昼夜間人口比率1.36倍（1.32倍）は，横浜市0.89倍（0.92倍）に比べて極端に高く，東京都区部の1.32倍（1.29倍）に匹敵する。昼間に他市から流入する人に対しても，ゴミ処理や地下鉄などの行政サービスが必要なので，大阪市の1人当たり需要額は，大都市のなかで最も高いのである。

他方，人口1人当たり収入額は，図10-2の「＋」のように，都市化するほど住民税や固定資産税の収入が高くなるため，人口に対して「右上がり」の直線で示される。2006年度の収入額（実線の R06）も，「平成の大合併」によって，03年度のそれ（破線の R03）に比べ，傾きが緩やかになった。

第3章でも述べたように，需要額が収入額より大きい団体は，普通交付税を受け取るので「交付団体」，収入額が需要額を上回る団体は，普通交付税を受け取らないので「不交付団体」と呼ばれている。

フロンティア費用関数による非効率性検証と過疎対策

第8章で解説された新しい公共経済学的アプローチは現在，序章でも述べたように，ソフトな予算制約の理論をデータで実証する段階に入っている。その理論が正しいならば，地方政府行動は，費用最小化の行動から乖離することになる。直観的な説明では，この費用最小化の行動結果が確率フロンティア分析によって得られる費用関数（以下，「フロンティア費用関数」と呼ぶ）で

ある。たとえば，伝統的な回帰分析では，図10-2のように，推定された実線（*N06*）のU字型関数が需要額（○）のプロットの中心を通っている。これに対し，新たな統計手法のフロンティア費用関数の推定では，図の需要額（○）のプロットにおいて，たとえば破線（*N03* は，ここでは2003年度の需要額ではなく，*N06* の最低値を意味する）のような人口規模別の最低値の近傍を通るU字型関数が費用最小化のフロンティアとなる。市町村の経常経費について，そのフロンティア費用関数との乖離を非効率な「無駄な経費」とすれば，これが財政力の低い小規模な交付団体ほど大きくなっており，「地方交付税制度による（事後的）救済への期待が，地方自治体の費用最小化行動へのインセンティブを阻害している」といわれるのである（赤井・佐藤・山下［2003］149頁）。

実際，小規模市町村に傾斜配分されていた普通交付税も，1998年度から人口4000人未満の段階補正による割増を頭打ちとし，効率化をめざして見直されている。また，2002年度からの3年間では，4000人規模の自治体の1人当たり経費について，需要額がそれらの自治体経費の平均（回帰分析のような中心）になるように段階補正を設定していたが，需要額算定の改訂では，フロンティア費用関数（最も低い自治体の経費水準）ほどではないが，低い経費の効率的な3分の2に当たる自治体の平均をヤード・スティックとして段階補正の引下げをしている（岡本［2002］109-119頁）。また，歳出の効率化推進の観点から，民間委託等の業務改革の経費水準を需要額の単位費用の算定に反映させる**トップランナー方式**が，2016年度から，学校用務員事務など16業務，17年度に公立大学運営や青少年教育施設管理を加えた18業務に反映されている（大沢［2016］142頁）。

ただし，小規模市町村に効率性を求めるのは，この程度までの需要額の引下げが「現実的な上限」と考えられる。なぜなら，需

要額とフロンティア費用関数との乖離は，多くの場合，農山漁村の過疎対策の経費であり，推定された乖離度の大きな団体は，ほとんどが過疎市町村だからである。その経費は，確かに普通交付税で財源保障されてきた。だが，それを非効率な「無駄遣い」とするのは，判断が分かれるところであり，本来，フロンティア費用関数を推定する際に，過疎対策の経費を除くかどうかを考慮すべきであろう。

とくに，1960年代に発生した農山漁村の過疎化は，わが国特有のきわめて深刻な問題であり，その対策は70年度から10カ年計画の**過疎地域対策緊急措置法**，80年度からは，**過疎地域振興特別措置法**が施行された。過疎指定の人口要件は，それぞれ1960年国調人口を基準に5年で10％，15年で20％以上の減少，財政力要件は，それぞれ財政力指数が0.4，0.37未満とされた。1970年度当初の対象市町村は775団体であったが，その後追加されて80年度には1119団体に増加して全市町村の約3割になった。財政面では国庫補助率のかさ上げのほか，元利償還金の70％が後年度の普通交付税で賄われる**過疎対策事業債**は，20年間の総事業費約25兆円のうち，2兆3066億円に及び，需要額のU字型において「右下がり」部分の傾きをきつくしている。

バブル期の1989年度には，竹下登内閣の「ふるさと創生」事業としてすべての地方自治体に1億円が配られ，90年度から**過疎地域活性化特別措置法**，2000年度から**過疎地域自立促進特別措置法**が施行され，10年度改正，14年度改正，17年度改正を経て，20年度まで延長される（総務省HP「過疎対策」）。過疎地域の人口要件は，活性化法では国調人口1960〜85年の25年間25％（自立法の17年度改正では1970〜2015年の45年間で32％）以上の減少のほか，人口減少率が20％（27％）以上で65歳以上の高齢者比率が16％（36％）以上，15〜30歳の若年者比率が16％（11％）以

下のいずれかに該当することとなった。財政力要件は，それぞれ財政力指数が 0.44 未満（0.5 以下）とされた。

　平成の大合併後の 2006 年度当初の**過疎関係市町村（過疎地域等）**は，従来の過疎地域市町村のほか，過疎市町村を含む新市町村が要件に該当しなくても，「過疎地域とみなされる」市町村（**みなし過疎**）や「過疎地域とみなされる区域」のある市町村（**一部過疎**）が加わった。合併前の過疎地域は，2003 年度 1167 市町村（全市町村 3191）の 36.6％ と 4 割弱であったが，合併後の過疎地域等は，06 年度 739 市町村（全市町村 1821）の 40.6％ と約 4 割に構成比が増大した。対象人口も，2003 年度の 771 万人と全国の 6.1％ から 06 年度の 1125 万人の 8.9％，面積もそれぞれ 18 万 7664 km² と全国の 49.7％ から 20 万 4224 km² の 54％ に拡大している。2017 年度の過疎地域等は，817 市町村と 47.6％ に増大し，その人口は 1088 万人の 8.6％ に減少したが，面積は 22 万 5468 km² の 59.7％ に増大している。

　地方交付税による金銭的な過疎対策に対して，地域の「絆」を見直す動きもある。「平成の大合併」を契機として，旧市町村単位のまとまりを重視するため，2007 年度 217 団体で 775 の**地域審議会**，55 団体で 227 の**地域自治区**，6 団体で 16 の**合併特例区**という新しい地域自治組織が，市町村建設計画や基本構想を審議するために創設された。合併市町村では，区域の拡大に伴って，住民の声が届きにくいという懸念を払拭するため，これらの地域自治組織だけでなく，自治会や町内会などの既存の自治組織を支援する取組みも盛んである（中村 [2008] 216 頁，市町村の合併に関する研究会 [2008] 60-63 頁）。

3 都道府県の財政構造と社会保障シフト

2003 年度以降の社会
保障シフト

都道府県の需要額は，法制度上，1969
年度の投資的経費の導入と，2007 年度
の個別・包括算定による簡素化を踏まえ，

1954～68 年度（15 年間），1969～2006 年度（38 年間），2007～16
年度（10 年間）3 つの期間に区分できる。個別・包括算定とは，
需要額算定における投資的経費の費目の多くが廃止され，人口と
面積を費目とする新たな「包括的算定経費」と，従来の経常経費
区分を「個別算定経費」としたものである。

ただし，総務省［各年度版］『地方交付税等関係計数資料（I）』
によれば，都道府県を合計した「県計・需要額」の対 GDP 比は，
図 10-3 のように，1955～61 年度の 2.5％ 前後に対し，62 年度の
3％ から 80 年度の 4％ に上昇している。費目別対 GDP 比では，
警察・産業経済・総務費等をあわせた県計・需要額が，全期間
（1955～2016 年度）で 1％ 前後，教育のそれも全期間 1％ 強で安
定的に推移している。このため，県計・需要額の対 GDP 比の上
昇は，土木費と投資的経費による「社会資本」整備（1962～2002
年度）に起因している。実際，この土木費等の社会資本の県計・
需要額の対 GDP 比は，1960 年度 0.467％ から 68 年度 0.691％ と
段階的に引き上げられ，69 年度 0.924％ と，それ以後は 1％ 前後
の水準で，2002 年度まで安定的に推移してきた。

ところが，社会資本の県計・需要額の対 GDP 比は，2002～03
年度 0.95％，04～06 年度 0.7％ 前後と段階的に引き下げられ，07
年度以降 0.4％ 台で推移している。これに代わって台頭したのが，
社会保障関係の厚生労働費（生活保護費，社会福祉費，衛生費，高

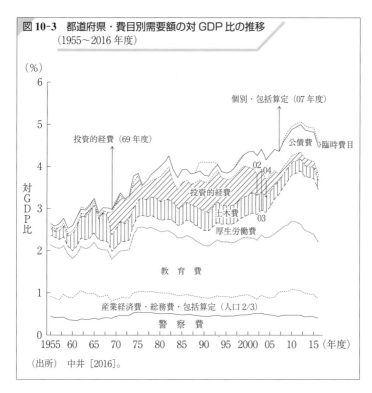

図 10-3 都道府県・費目別需要額の対 GDP 比の推移
(1955〜2016 年度)

（％）

個別・包括算定（07 年度）

投資的経費（69 年度）

公債費　臨時費目

投資的経費

土木費　02　04

厚生労働費　03

教　育　費

産業経済費・総務費・包括算定（人口 2/3）

警　察　費

1955　60　65　70　75　80　85　90　95　2000　05　10　15（年度）

対GDP比

（出所）　中井［2016］。

齢者保健福祉費，労働費の合計）である。この厚生労働費の県計・需要額の対 GDP 比は，1990 年代前半までの 0.4％ 前後から，介護保険が導入された 2000 年度 0.55％，個別・包括算定が導入された 07 年度 0.86％（06 年度 0.83％）に急上昇し，さらに 10 年度 1.09％，16 年度 1.24％ と増加の一途をたどるのである。

　以上のように，県計・需要額の費目別対 GDP 比による期間区分は，最初に述べた 15 年間と 38 年間の法制度上の期間区分と異なり，古川［1995］の「地方財政再建下の地方交付税」と同様の 1955〜61 年度（7 年間）であり，新たに**社会資本整備期**として 1962〜2002 年度（41 年間）に区分できる。とくに，土木費等か

ら厚生労働費への「**社会保障シフト**」という構造変化は，個別・包括算定が導入された 2007 年度ではなく，小泉政権の三位一体改革（02～05 年度）と並行して実施された「土木費や投資的経費の見直し」などを起点としている。このため，「社会保障シフト」は，2003 年度以降と考えられる。

需要額の義務的経費が9割に上昇

需要額をナショナル・ミニマムの指標とすれば，どこまでが国によって義務付けられた「義務的経費」であろうか。1 つの考え方は，小・中学校の義務教育国庫負担法のような法律で義務付けられた費目で，需要額は補助率 3 分の 1 の「裏負担」として 3 分の 2 が費目に計上される。この点に着目すれば，井堀ほか［2006］の指摘するように，『地方交付税制度解説（単位費用篇）』の細節（約 300 費目）を用いて，県・需要額の義務的経費の割合が，国庫支出金の裏負担分として 2005 年度 46.2％ と推計される。

これに対し，高等学校や私学助成などのように，法的義務付けはないが，実質的に義務付けられている費目も，義務の経費に加えるべきだとする考え方もある。この点に着目すれば，黒田［2007］の指摘するように，県・需要額に占める義務的経費の割合は，2005 年度で 91.5％ となる（223 頁）。ただし，この推計では，「一定の裁量度合いがある」費目を義務的経費とし，それ以外の「その他」の費目を非義務的経費とし，この区分が明確とはいえない。

そこで，第 3 の考え方として，約 300 費目の細節が，たとえば1970～2015 年度の 46 年間で算定され続けられていたかという「継続性」に着目すれば，より客観的（機械的）に区分できる。このような長期間の継続性に着目すれば，たとえ法律で義務付けられていた費目の「裏負担」といっても，法律が廃止されることもあるから，必ずしも義務の経費には入るわけではないと考えら

れる。また，ある細節費目が「実質的に義務付けられている」ならば，私学助成のように，法的根拠がなくても，継続するはずである。とくに「一定の裁量度合いがある」と「その他」の区分は，長期間継続した細節を「継続費」（地方財務制度の継続費ではない）に加え，その間に整理統合されたものを「非継続費」として除外すれば，継続費を義務的経費として機械的に分類できるはずである。

　需要総額（標準団体の一般財源の合計）に対する継続費の割合を継続費比率とすれば，投資的経費の「その他の建設事業費」（人口と面積の2費目）が，継続性はあるが，大幅な増減を繰り返すので，明確な区分が困難である。このため，図10-4における需要総額の算定では，それを継続費に含む「継続費比率Ⅰ」，それを非継続費とする「継続費比率Ⅱ」とし，継続費比率の幅を持たせることによって，区分の困難性を回避した。なお，2000〜05年度は，毎年度の算定となっているが，それ以外の年度は5年ごとである。

　図10-4を解説すると，第1に，県・需要総額の継続費比率は，2003年度の留保財源の引上げに伴う投資的経費（非継続費）の削減によって，それまでの「80％台」から一気に「90％前後」に引き上げられた可能性が高い。そして，需要総額の継続費比率「90％前後」は，包括算定が導入された2007年度以降も，維持されている。

　第2に，行政費目別に見ると，警察・教育・厚生労働といった対人サービスは，継続費比率が95％以上と高いことによって，義務的要素が高い。これに対し，農業や商工行政には，振興・促進・活性化といった奨励的要素が高いため，継続費比率が50％前後となり，それらの奨励的費目が非継続費比率10％（＝100−90）の主な要素である。

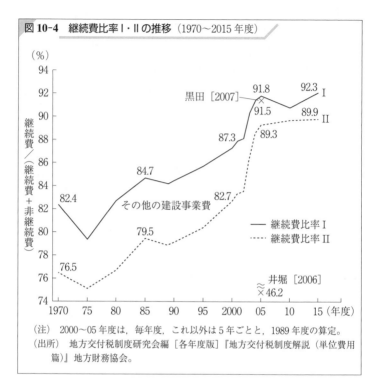

図 10-4　継続費比率 I・II の推移（1970〜2015 年度）

（％）

継続費／（継続費＋非継続費）

その他の建設事業費

82.4
84.7
87.3
82.7
91.8
92.3　I
91.5
89.3
89.9　II
76.5
79.5

黒田［2007］

―― 継続費比率 I
‥‥‥ 継続費比率 II

井堀［2006］
≈×46.2

1970　75　80　85　90　95　2000　05　10　15（年度）

（注）　2000〜05 年度は，毎年度，これ以外は 5 年ごとと，1989 年度の算定。
（出所）　地方交付税制度研究会編［各年度版］『地方交付税制度解説（単位費用篇）』地方財務協会。

　第 3 に，最近の県・需要額は，図 10-3 で見たように，土木費や投資的経費の「社会資本」整備から厚生労働費の「社会保障」へシフトしているから，継続費比率「90％ 前後」という高い水準は，維持されると考えられる。

社会資本と社会保障の
1 人当たり費用格差

　第 7 章の公共財の種類を解説した箇所で述べたように，土木費の道路・河川・港湾といった社会資本は，財の性質として，「排除性のない純粋公共財」に分類される。これに対し，厚生労働費の医療・介護・福祉等のような社会保障は，財の性質として，従来は「価値財」と呼ばれてきたが，近年「公的に供給される私

的財」あるいは「対人サービス」と呼ばれている。

また，人口1人当たり費用（需要額）といった費用関数から見れば，社会資本は，人口規模に関係しない装置型または固定費用の特徴を有している。たとえば，社会資本の固定費用を100億円と仮定すれば，地方部の県・人口100万人の1人当たり費用は1万円（＝100億円÷100万人）となる。そして，都市部でも同じ固定費用がかかるとすれば，人口1000万人の団体の1人当たり費用は0.1万円（＝100億円÷1000万人）となる。このため，地方部の1人当たり費用は，理論上，都市部のそれの「10倍」（＝1万円÷0.1万円）かかることになる。

実際の県・需要額の人口1人当たり土木費と厚生労働費について，鳥取と東京を比較すれば，鳥取の土木費は東京の約7倍，鳥取の厚生労働費は東京の2倍であった。なぜなら，社会保障は，対人サービスの特徴を有するから，理論上，地域間の人口1人当たり費用（需要額）は，ほぼ一定となる。そこで，1人当たり費用が地域間で一定の1万円と仮定しよう。この場合，地方部の団体の総費用が100億円（＝1万円×100万人）に対し，都市部のそれは，1000億円（＝1万円×1000万人）となるが，1人当たり費用の地域間格差は，「1倍」（＝地方部の1万円÷都市部の1万円）のままだからである。

財政調整効果の低下と臨時費目による下支え　社会資本から社会保障へのシフトは，鳥取と東京の間で約7倍の土木費の需要額が削減され，2倍の厚生労働費の需要額が増加することを意味している。これらの増減は，各費目を合計した県・需要額の人口1人当たり金額の「構造変化」をもたらすことになる。

第1に，47都道府県の人口1人当たり需要額は，*Column* ⑯で示した市町村と同様に，対数変換した人口 $[X=\log（人口）]$ の2

次関数 ［$Y=\log$（面積）］で回帰分析すると，以下のように，人口規模に対する「U字型」で表すことができる。

 02年度：（需要額／人口）＝$266{,}471X^2-3{,}588{,}680X+84{,}780Y$
         $+11{,}903{,}536$ adj$R^2=0.957$

 06年度：（需要額／人口）＝$223{,}229X^2-3{,}010{,}719X+76{,}700Y$
         $+10{,}006{,}181$ adj$R^2=0.940$

 07年度：（需要額／人口）＝$223{,}075X^2-3{,}004{,}566X+74{,}321Y$
         $+\ 9{,}980{,}064$ adj$R^2=0.939$

 16年度Ⅰ：（需要額／人口）＝$222{,}772X^2-3{,}009{,}363X+73{,}554Y$
         $+10{,}043{,}488$ adj$R^2=0.940$

 16年度Ⅱ：（需要額／人口）＝$210{,}761X^2-2{,}848{,}344X+71{,}310Y$
         $+\ 9{,}511{,}555$ adj$R^2=0.939$

 この「U字型」の尖度（右下がりの傾斜度）を表す「人口の2乗項」の係数は，2002年度が266,471で，1995〜2016年度の20年間で，最も高くなっている。このときの最適人口規模は，北海道・兵庫・福岡などの550万人前後で，最小費用は最適人口規模と標準団体の面積6500 km^{2}のもとで，2002年度の14.4万円程度と推計できる。

 第2に，最適人口規模は，この20年間，550万人前後で安定している。だが，2002年度の「U字型」の尖度を表す「人口の2乗項」の係数266,471は，**図10-5**のU字型の破線上のプロット（＋）から点線上の07年度の＊のように，土木費等の見直し（↓）で223,075と大幅に低下し，点線のU字型の右下がり部分の傾斜が緩くなっている。換言すれば，鳥取などの地方部の人口1人当たり県・需要額は，社会保障シフトによって，土木費等の見直しの影響が少ない東京などの都市部のそれに比べて，より低く算定されることになったのである。

 第3に，2007年度の「人口の2乗項」の係数223,075は，06

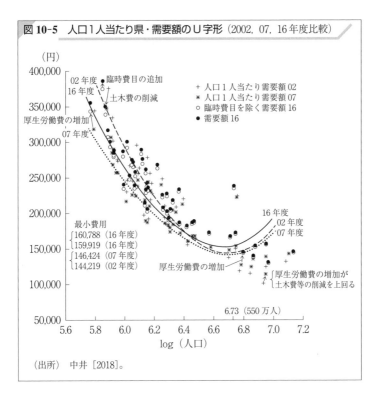

図 **10-5**　人口 1 人当たり県・需要額の U 字形（2002, 07, 16 年度比較）

（円）

02 年度　　●臨時費目の追加
16 年度
土木費の削減
厚生労働費の増加
07 年度

+　人口 1 人当たり需要額 02
*　人口 1 人当たり需要額 07
○　臨時費目を除く需要額 16
●　需要額 16

16 年度
02 年度
07 年度

最小費用
| 160,788　（16 年度）
| 159,919　（16 年度）
| 146,424　（07 年度）
| 144,219　（02 年度）

厚生労働費の増加

6.73（550 万人）

*　厚生労働費の増加が
+　土木費等の削減を上回る

log（人口）

（出所）　中井 [2018]。

年度の 223,229 とほぼ同じである。このため，個別・包括算定は，2003〜05 年度の用意周到な需要額算定の改定により，06 年度の需要額の費目を組み替えることで，比較的容易に導入できたといえる。

臨時費目による地方圏の下支え

個別・包括算定の導入後では，人口 1 人当たり需要額の「人口の 2 乗項」の係数は，2010 年度に 243,570 に上昇するが，その後は年々低下している。より具体的には，その係数は，図 10-5 の 2007 年度の点線上のプロット（*）から，2016 年度の実線上のプロット（○）への引上げ（↑）のように，社会保障シフ

トの本格化とともに，16年度210,761まで低下している。

とくに注意すべき点は，2008年度から地方再生対策費（11年度まで），09年度には地域雇用創出推進費が追加され，13年度には地域の元気創造事業費，15年度には人口減少等特別対策事業費などのような特別枠の臨時費目の導入である。これらの臨時費目合計の需要総額に占める割合は，2008年度の0.7％を除くとほぼ毎年度2％前後で推移している。

これらの臨時費目が人口1人当たり需要額に及ぼす財政調整効果は，臨時費目を除く需要額の「人口の2乗項」の係数と，それを含む係数の比較で明らかにできる。たとえば2016年度の臨時費目合計は，図10-5の実線上の○から●の引上げ（↑）のように，それを除く「人口の2乗項」の係数210,761を，それを含む係数222,772に引き上げている。なお，臨時費目を除く需要額とそれを含む需要額は，図10-5の都市部のプロットのように，重なり合って図解による識別が困難なため，便宜上，一本の実線で表している。

以上のことから，第1に，土木費等の社会資本の整理・縮減化は，臨時費目を除く「人口の2乗項」の係数を，2002年度の266,471から，16年度210,761に年々低下させ，U字型の尖度（右下がりの傾き）をより緩やかにさせた。換言すれば，先に示したように，社会保障関係の厚生労働費の人口1人当たり補正後測定単位は，逓減型の土木費のそれに比べて，人口規模に関する右下がりの傾きが，よりフラットになっている。厚生労働費が増加するという社会保障シフトによって，人口1人当たり需要額の尖度は，図10-5の2002年度の破線（＋）のU字型から07年度の点線（＊）のU字型のように低下し，需要額の財政調整効果が低下したのである。

第2に，社会保障シフトの本格化は，2007年度点線（＊）の

U字型を16年度の実線（○）に，地方部と都市部がほぼ同じ幅で，上方シフトさせた。この上方シフトの結果，2016年度地方部の人口1人当たり需要額は，図10-5の（○）が示すように，土木費等の削減前の2002年度（＋）の水準を確保することができた。すなわち，地方部では，図10-5の○と＋が，同じ高さになったのである。ところが，都市部の2007年度の水準（＊）は，図10-3で示したように，厚生労働費の増加が土木費等の削減よりも大きかったため，図10-5の2002年度水準（＋）を上回っている。さらに，社会保障シフトは，都市部の人口1人当たり需要額を地方部とほぼ同じ幅で，2007年度水準（＊）から16年度水準（○）に引き上げたのである。

このため第3に，2008年度以降の臨時費目は，そのような財政調整効果の低下傾向を部分的に解消するために，たとえば2016年度の臨時費目は，これを除く「人口の2乗項」の係数210,761を，それを含む係数222,772に押し上げ，個別・包括算定の導入時の2007年度223,075に近づける役割を果たしているのである。実際，臨時費目は，人口1人当たり需要額が，図10-5の都市部では○と●が重なっているのに対し，地方部の○から●に引き上げていることからわかるように，地方部を下支えしているのである。

····▶参考文献

赤井伸郎・佐藤主光・山下耕治［2003］『地方交付税の経済学——理論・実証に基づく改革』有斐閣。

石原信雄［2016］『新地方財政調整制度論（改訂版）』ぎょうせい。

井堀利宏・岩本康志・河西康之・土居丈朗・山本健介［2006］「基準財政需要額に占める『義務的な費用』に関する実証分析」*Keio Economic Society Discussion Paper Series*, No. 06-4.

大沢博［2016］「平成28年度普通交付税の算定結果等について」『地方財政』第55巻第9号，122-143頁。

岡本全勝［2002］『地方財政改革論議』ぎょうせい。

黒田武一郎編著，瀧野欣彌・岡本保編集代表［2007］『三位一体の改革と将来像——地方税・地方交付税』ぎょうせい。

総務省 HP・市町村の合併に関する研究会［2008］「『平成の合併』の評価・検証・分析」。

総務省自治行政局過疎対策室 HP［2008］「平成19年版『過疎対策の現況』について」。

内閣府政策統括官 HP［各年版］「地域の経済」（2002年までは経済企画庁「地域経済レポート」）。

中井英雄［2007］『地方財政学——公民連携の限界責任』有斐閣。

中井英雄［2016］「都道府県需要額の『義務的経費』割合——留保財源率の引き上げの影響と46年間の継続費による機械的計算」『地方財政』第55巻第10号，4-13頁。

中井英雄［2018］「都道府県・需要額の社会保障シフトによる財政調整効果の低下——臨時費目による地方部自治体の下支え」『地方財政』第57巻第2号，4-16頁。

中村剛治郎編［2008］『基本ケースで学ぶ地域経済学』有斐閣。

古川卓萬［1995］『地方交付税制度の研究』敬文堂。

古川卓萬［2005］『地方交付税制度の研究 II』敬文堂。

星野菜穂子［2013］『地方交付税の財源保障』ミネルヴァ書房。

堀場勇夫［2017］「地方法人課税改革とその課題——偏在是正・成長戦略・応益性の観点から」『地方税』第68巻第2号，9-31頁。

増田寛也編著［2014］『地方消滅——東京一極集中が招く人口急減』中央公論新社。

宮良いずみ・福重元嗣［2002］「公営バス事業の効率性評価」『会計検査研究』第26号，25-43頁。

山田浩之・徳岡一幸編［2007］『地域経済学入門（新版）』有斐閣。

▱ 練習問題

１ 3大都市圏への人口集中や東京一極集中がもたらした過疎・過密問題を調べ，都市再生や過疎対策について説明しなさい。

２ 市町村の地方交付税について，人口移動や「平成の大合併」による構造変化を図解して説明しなさい。

３ 都道府県の需要額の社会保障シフトが，財政調整効果に及ぼす影響を説明しなさい。

第11章 国のかたち

世界のなかの日本

● イントロダクション…▶

　本書第1部で示された財政健全化法は，自治体運営の制約にすぎない。その基準をクリアした自治体も，第2部で解説されたNPMの視点から，行政の効率化による「福祉の向上」をめざす必要がある。これは通常，分権化によって達成されるが，第3部ではそれが達成できない「ソフトな予算制約」の理論が解説された。理論は普遍的だが，各国の地方財政システムは多様である。それを明らかにするのが第4部の課題になっている。

　地方財政システムを国際比較し類型化することができれば，各国の特徴の類似点と相違点が示され，国のかたちは明確になる。各国の類似点から見ると，わが国では，税率操作権を行使する市町村が少ないことがわかり，限界的財政責任の発揮が今後の課題として残されている。単一国家と連邦国家の相違点でとらえれば，日本の地方財政システムは戦後，シャウプ勧告の市町村優先の原則により，都道府県が「中2階」的存在になっているため，道州制論議が分権改革の最終ゴールともいわれている。

　このような視点から，本章では以下のとおりに解説する。第1に各国の基礎自治体の地方財政システムは，地方政府組織や事務・税源配分において大きく異なっており，この相違点は，補完性の原理に基づくコミュニティやボランタリー組織によって類型化できることを示す。第2に地方交付税のような各国の市町村財政調整については，データによる実証分析の結果によって，その類似性を解説する。第3に道州制を論じるための基礎として，連邦国家の各州の役割や州間財政調整の違いを解説する。

1 地方財政システムの類型化

補完性の原理と私的プロバイダー

「補完性の原理」とは，ヨーロッパの「地方自治憲章」で規定された社会を構成する原理である。個人の自助や家庭の互助を原則として，個人や家族ができないことは地域のコミュニティやNPOなどのボランタリー組織で個々人が助け合い，それでも解決できない問題に対して，政府が，市町村（基礎自治体），都道府県（中間政府），国の順で関与することとされている。

政府部門は，フォーマルな法制度（国家制度）に基づいて公共財を提供するので，政府プロバイダー（提供者）としてとらえられる。そうであるならば，コミュニティやボランタリー組織は，互恵的慣習などインフォーマルな制約に基づいて，ごみの分別収集や社会福祉など公的サービスの一部を私的に提供するので，「**私的プロバイダー**」ということができる。これは，100年以上の長期にわたる国や地域のねばり強い生命力を持った文化特性を意味する**自治主体**であり，法改正で変化する国家制度に対して，政府部門の外側にある**社会制度**といえる（堀場・望月［2007］第2章，諸富・門野［2007］第3章）。

ところが，コミュニティとボランタリー組織とは，成立要件が異なる。先祖伝来の土地に定着した住民で構成されて人口分布が固定している「**固定社会**」では，顔見知りの住民による自発的労働奉仕といった互恵的慣習によって**コミュニティ**が成立しやすい。だが，人々が移動し始めると，コミュニティはすぐさま崩壊する。他方，人々が移動しやすい文化特性を持った「**移動社会**」では，コミュニティに代わって，地域を越える**ボランタリー組織**が自発

的な寄付や会費によって成立しやすい（中井［2007］第7章）。

　固定社会であるドイツではコミュニティ，移動社会であるイギリスでは多くのボランタリー組織が集まって形成されたボランタリー部門というように，社会制度をほぼ一元的な私的プロバイダーで特徴づけることができる。だが，日本では旧来の町内会などを中心とした「地域の絆」を見直す動きと，他方で阪神・淡路大震災や東日本大震災など，また介護保険の導入をきっかけに「地域を越える」**NPO**（特定非営利活動法人）の設立も盛んである。コミュニティとボランタリー組織が併存するという多元的な私的プロバイダーは，都市への人口集中が導く高度経済成長期における移動社会から，やや落ち着きを取り戻した安定成長期における定住化社会への移行期に現れた。また，それは大都市における移動社会，衛星都市における定住化社会，そして地方における固定社会が混在した社会制度と考えられるので，日本は「**定住化社会**」と特徴づけられよう。

　自治会や町内会は，地域的な共同活動を行う団体であるため，地方自治法第260条の2によって「**地縁による団体**」とされている。また，1991年には市町村長の許可を受けて法人格を取得する「**認可地縁団体**」の制度が導入された。1946年に21万あった**町内会**は，高度経済成長期の移動社会で形骸化しつつも生き残り，新興住宅街で新たに結成された**自治会**とあわせて1990年27.7万団体，2002年29.7万団体，13年29.9万団体に増加した。このうち，認可地縁団体も発足当初の898団体から，2002年度には2.2万団体，12年度4.4万団体と飛躍的に増加している（望月［2004］，総務省HP「地縁による団体の認可事務の状況等に関する調査結果」）。

　他方，改正前民法上の社団や財団からなる狭義の**公益法人**（広義には学校，社会福祉，宗教，医療，更生保護，NPO法人が含まれる）は，第4章で述べたように，この20年間で2.4万団体前後

で推移してきた。これに対し，2006年5月の「公益法人制度改革関連3法」が成立し，08年度から新しい公益法人制度が施行された。これにより，寄付の税制優遇の対象となる法人は，旧・特定公益増進法人の862法人（2008年4月）から，5年の移行期間を経て，13年（12月1日現在）8628法人，16年9458法人と約10倍に増えている（内閣府HP「公益法人の概況及び公益認定等委員会の活動報告」）。1998年に発足したときの23認証NPO法人は，特定非営利活動促進法に基づいて，保健，医療，福祉などの分野でボランティア活動をはじめとする市民が自由に行う社会貢献を目的に設立され，2007年には3万4369団体，18年度5万1439団体に増加し，今なお増加し続けている（内閣府HP「特定非営利活動法人の認定数の推移」）。

各国の地方政府組織の多様性

私的プロバイダーは自治主体であるため，各国のそれがコミュニティとボランタリー部門のどちらに依存するかによって，地方政府組織は大きく異なってくる。

固定社会は，コミュニティを自治主体とするため，基礎自治体の合併が容易ではない。たとえば**表11-1**のように，人口6699万人のフランスでは現在でも，基礎自治体のコミューンが約3万7000団体，人口8217万人のドイツは，ゲマインデン（市町村）が1万1092団体に及ぶ。ただし，旧州（旧西ドイツ）の市町村は，1990年の8506団体から2016年の8423団体と，郡独立市や郡とともにほとんど変化はない。これに対し，この間，新州（旧東ドイツ）の市町村は人口が1515万人から1260万人に減小したため，1990年の7564団体から2016年に2669団体に合併された。同時に，1990年から2016年に郡独立市も27団体から18団体，郡も189団体から58団体に減少している。

フランスの1団体当たり2000人弱という小規模自治体は，規

表 11-1　社会制度と国家制度による類型化

(2015 年前後)

国家制度 （中間政府） ＼ 社会制度（私的プロバイダー）	(A) 固定社会 コミュニティ	(B) 移動社会 ボランタリー部門	(C) 定住化社会 町内会・NPO
(a) 単一国家	フランス ［6,699 万人］	イギリス ［6,551 万人］	日本 ［1 億 2,653 万人］
①地方政府組織 （市町村数 　2000→16 年） 中間政府 （第 2 階層政府 　2000→16 年）	多層制 コミューン （36,799→35,855） 県（96） 州（22→13）	一層制 一層制団体（186） ディストリクト（202） カウンティ（27） スコットランド議会・ ウェールズ議会	完全二層制 市町村 （3,229→1,718） 都道府県（47）
②事務配分：現金 　給付	県（社会扶助）	―	市・県（生活保護）
③税源配分	複数税制（4 直接税）	単一税制	複数税制（住民税）
(b) 連邦国家	ドイツ ［8,217 万人］	オーストラリア ［2,464 万人］	カナダ ［3,619 万人］
①地方政府組織 （市町村数 　1990→2016 年） 中間政府 （第 2 階層政府）	多層制 ゲマインデン （16,070→11,092） 郡独立市（118→107） 郡（426→295） 16 州	二層制 市町村（527） 6 州と 2 特別地域	二層制 市町村（3,491） ケベック州（1,110） 10 州と 3 準州
②事務配分：現金 　給付	郡独立市・郡（社会扶助）	―	―
③税源配分	複数税制（所得税 参与）	単一税制	単一税制

(注)　イギリスの一層制団体数は，ロンドン特別区 33，六都市圏特別市 36，一層制 55（2009 年 9 団体追加），ウェールズ 22，スコットランド 29，北アイルランド 11（2015 年）である。
(出所)　自治体国際化協会 HP，日本都市センター HP，各国資料より筆者作成。

　ドイツは 1990 年に東西の統一を果たしたが，当時，新 5 州の「郡」の平均人口は旧州（西ドイツ）の 17 万人（＝4066 万人÷237 郡）に対し，6 万人（＝1104 万人÷189）にすぎなかった。このため，1995 年には郡の合併，①ブランデンブルク（BB）州：90 年 38 郡→95 年 14 郡，②メクレンブルク・フォアポンメルン（MV）州：31→12→2012 年 6 郡，③ザクセン（SN）州：48→28→2009 年 10 郡，④ザクセン・アンハルト（ST）州：37→21→2008 年 11 郡，⑤チューリンゲン（TH）州：35→17 郡，によって，1990 年の 189 郡から 2012 年度 58 郡となり，1 郡当たり 20 万人前後を確保しようとしている。

　また，新州の市町村でも合併が進展し，①BB 州：1990 年 1775 →2000 年 1479→10 年 419→16 年 418（19 年 417）市町村，②MV 州：1117→1000→817→755（750）市町村，③SN 州：1623→544→488→429（421）市町村，④ST 州：1349→1289→836→218 市町村，⑤TH 州：1699→1019→951→849（821）市町村と新州全体で 1990 年の 7564 市町村から 2016 年には 2669（2627）市町村に合併された。とくに新州の人口 1000 人未満の小規模市町村は，1990 年 5552 市町村と 73％ を占めていたが，2016 年には 1255 市町村と 47％ にまで減少した。

　（参考）〈http://www.staedtetag.de/imperia/md/content/dst/extranet/16_ statistik/gemeinden_nach_gemeindegrößenklassen.pdf〉2020. 01. 01 参照。

模の経済を追求するために，コミューンを補完する広域行政組織を形成している。中間政府には 96 の県（デパルトマン）と，1982 年の地方分権法で成立した最も広域の 26 の州（レジョン）があり，コミューン，広域行政組織，県，州の四層制の地方政府組織になった。また，ドイツの 1 団体当たり 7000 人という小規模自治体は，広域自治体の「郡」に所属して規模の経済を追求するので，フランスと同様に「多層制」の地方政府組織になる。

これらに対し，移動社会である人口6551万人のイギリスでは，地域を越えるボランタリー部門が自治主体なので，基礎自治体のディストリクトは，サービス提供団体にすぎない。その合併は比較的容易であるが，イングランドで合併しなかった202団体は，広域自治体である27のカウンティ（郡または県）に属している。スコットランドとウェールズ，北アイルランドは，すべての広域自治体を基礎自治体の合併によって廃止したので，**一層制団体**はイングランドの124団体とあわせて186団体になった。残存するカウンティをあわせた213団体（＝186＋27）の平均人口が，最適人口規模の30万人（＝6551÷213）であり，これが移動社会において「一層制」となる地方政府組織の特徴である。また，人口2464万人のオーストラリアは，ノーザン・テリトリー（北部特別地域）を除く基礎自治体が，1976年の890団体から，2003年には616団体，2017年527団体に合併され，減っている。

　日本では，町内会を市町村が認可し，NPOを都道府県が認可するので，「**完全二層制**」が可能といえる。ただし，市町村は，自治主体としての側面が残っているため，町村合併が移動社会ほど容易ではない。また，人口3619万人のカナダは，固定社会と移動社会の混在という意味で定住化社会に位置づけられる。基礎自治体は2016年3491団体（2000年4066団体）を数えるが，このうち，人口826万人のケベック州は，フランス系住民が8割を占める固定社会であり合併しないため，基礎自治体が2016年1110団体（2000年1436団体）に及ぶ。これに対し，人口1380万人のオンタリオ州では，イギリス系住民が多い移動社会であり，基礎自治体は1996年に815団体あったが，2018年444団体（2000年447団体）に合併された。

単一制と連邦制の**国家制度**に関しては，
憲法で規定されたものであるため，その
選択は，地方財政の理論と制度において，
与件として取り扱われる。ただし，この国家制度の違いは，基礎
自治体と中央政府の間にある**中間政府**（middle governments）の
なかでも，とくに第2階層（second-tier）政府の役割に影響を及
ぼすことになる。

単一国家において，フランスの第2階層政府である州（レジョ
ン：地域）は，地域の雇用や職業訓練，経済開発などの地域政策
の担い手であり，行政サービスの担い手ではない。この点で，連
邦国家の第2階層政府である州（states）と異なる。また，イギ
リスでは，2000年に設立された大ロンドン都が，第2階層政府
として，警察や消防，交通，地域開発の広域行政を担当するが，
イングランドのその他の地域にはこれに相当する地方政府組織は
ない。ただし，スコットランド議会とその自治政府，ウェールズ
議会とその内閣が1999年に発足し，それぞれ中央政府のスコッ
トランド省やウェールズ省の予算と機能を引き継いでいる。これ
らも，行政サービスの提供というよりは，経済開発などの地域政
策を担っている。

これに対し，連邦国家の各州は，多くの場合，地域政策ととも
に主要な行政サービスの担い手でもある。たとえば，ドイツの連
邦政府は，連邦法で外交，防衛，社会保険などの固有事務と，州
の範囲を越える事務を定めている。後者の事務は，各州の固有の
事務として執行される。このため，各州は，連邦法で定められた
警察や義務教育・高等教育の担い手として強力な「行政権」を行
使している。また，オーストラリアやカナダの各州も，地域政策
だけでなく，保健・教育・福祉の担い手である点で，単一国家の
第2階層政府と役割が異なっている。

2 各国の地方財政構造と限界的財政責任

基礎自治体の事務配分
と税源配分

次に，基礎自治体の事務配分と税源配分を考えてみよう。基礎自治体の事務配分については，生活保護などによる現金給付の所得再分配機能を果たせるかどうか，税源配分については，どの国にでもある財産税のほかに，地方所得税を必要とするかどうかによって，各国を類型化することができる。

　人口分布が固定社会のドイツでは，わが国の生活保護に相当する**社会扶助**が，社会保障の基幹の1つとされている。連邦政府は，連邦社会扶助法で全国の統一的な生活保障の規定を設けているが，実際の地域的な執行者は，郡独立市と郡である。これらの基礎自治体は，各州が定める法律の範囲内で社会扶助の業務を執行し，その裁量権は限られていながらも，法律で義務付けられた市町村の自治事務である。市町村が上位政府の財政状況に影響されないで社会扶助を執行するには，安定した固有財源が必要である。このため，市町村には1970年以降，連邦と州の共同税である所得税の一部が移譲され，市町村税は不動産税や営業税に加えて地方所得税を有することになった。

　また，フランスでも，国の出先機関の事務であった社会扶助が1985年，国と県に分割され，基礎自治体のコミューンを補完する県の扶助費が大幅に拡大している。その税源配分においては，ドイツのような地方所得税ではないが，4直接税（営業税，住居税，既建築地税，未建築地税）を各地方政府レベルが課税しており，ドイツと同様に，財産税以外の地方税を有する「**複数税制**」になっている。

　ドイツのような固定社会では，人口移動が少ないので，ベルリン
の 1961 年 326 万人，70 年 321 万人，80 年 304 万人，90 年 342 万
人，2005 年 340 万人，2016 年 357 万人のように，大都市への一極
集中は起こらない。他方，移動社会のイギリスでも，ロンドン都の
人口は 1951 年 819 万人から，71 年 745 万人，91 年 689 万人と減少
し，首都への一極集中は生じていない。もちろん，経済発展と賃金
の地域格差に応じて，発展が遅れた北部から進んだ南部への人口移
動はある。また，とくに 1970 年代では，ロンドンを中心とする南
東部の都市から，南西部やウェールズなどに移住が進んだ。勤労世
代が退職を迎えると，大都市から小さな町や田園地帯に移住し，年
金生活をエンジョイするというのである。ただし，2005 年のロン
ドンは 747 万人，16 年 879 万人となり，ようやく 1970 年代の水準
に戻っている（H. アームストロング＝J. テイラー〔大野喜久之輔監訳〕
[1991]『地域振興の経済学』晃洋書房，123-127 頁。The Chartered In-
stitute of Public Finance and Accountancy（CIPFA）[2018] *Finance
and General Statistics 2017/18 Estimates.*）

　移動社会のイギリスでは，1601 年のエリザベス**救貧法**の時代
に，当時の最も狭い行政区域のパリッシュ（教区）が，救貧の財
政と運営の責任を担っていた。ところが，より高い給付を求めて
貧困者が移動し始めた。第 7 章などで述べたように，これを「**福
祉移住**」という（中井 [2007] 参照）。貧困者が大量に流入した自
治体の財政は，深刻な打撃を被り，1662 年の定住法で移住禁止
の措置をとった。各パリッシュの責任は，自分の域内の貧困者の
みを救済することとし，救貧法の対象になりそうな転入者は，出
身地のパリッシュへ戻すように命令されたのである。救貧法は，
流入する貧困者の扶助を拒否したり，追放対策に終始する歴史と
ともにあった。その歴史も，**ベバリッジ勧告**に基づく 1948 年の
国民扶助法によって，ようやく終止符が打たれた。

イギリスの救貧法時代の貧困者は，地方公的扶助委員会から扶助を受けていたが，国民扶助法は国民扶助委員会を設置し，公的扶助が全国的な制度に統合されて国の財源で賄われることになった。これが，現在の所得補助制度に受け継がれている。地方団体は現金給付の所得再分配機能を分担しないため，地方所得税の導入が，1976年のレイフィールド委員会で検討されたが，結局，見送られた。180年間続いた財産税のレイトは，1990年に人頭税，93年から家屋単位のカウンシル税に移行した。現在でも「単一税制」のままである（北村［1998］）。

最後に，定住化社会に類型化されるカナダでは，オンタリオ州が，合併した基礎自治体に生活保護や児童保育等の社会福祉を移管したが，日本の中央政府と同様に，州は高率の特定補助金によって社会福祉の行財政運営に関与している。しかし，フランス系住民が多いケベック州を除くと，イギリス系の移動社会の州が多いため，基礎自治体の税源配分では，財産税の単一税制となっており，この点が日本とまったく異なっている。

市町村財政調整の類似性

財政調整の根拠である「財政的公平」とは，第8章第4節「地方交付税の役割」で述べたように，住民がどの地域に居住しても「等しい税負担をすれば，等しい便益が得られること」である。つまり，各市町村を住民がメンバーの1つのクラブと見なしたとき，人口1人当たり便益は，規模の異なる団体間でも等しくなることを要請されるということである。1人当たり費用（需要額または一般用語としての標準支出：$\bar{E}$）は，図11-1の曲線 ABC のように町村の規模の不経済や大都市の混雑費用を考慮すると，人口規模に関して「U字型」になる。クラブ財の理論は，便益から費用を引いた純便益が最大となる20万人前後の最適人口規模（U字型の底）を要請するが，実際には各国ともU字型が

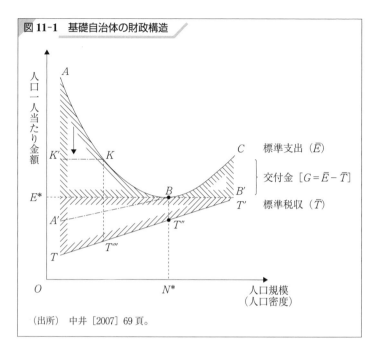

図 11-1 基礎自治体の財政構造

人口一人当たり金額

A

K' K

C 標準支出 $(\bar{E})$

交付金 $[G = \bar{E} - \bar{T}]$

E^* .... B B'

A' T' 標準税収 $(\bar{T})$

T''

T T'''

O N^* 人口規模（人口密度）

（出所）中井 [2007] 69 頁。

残存し，理論との乖離が生じている。

　他方，1 人当たり税収（収入額または一般用語としての標準税収：$\bar{T}$）は，各国とも都市化するほど，企業立地や人口規模の増加で高くなり，図の TT'（日本は $A'B$）のような右上がりの直線で表すことができる。標準支出と標準税収との差額 $[G = \bar{E} - \bar{T}]$ は，財政的公平を確保するため，国または州が財源保障する。その意味で，日本の地方交付税 G は第 10 章で述べたように，都道府県，市町村ともに ABA' の面積で表されており，各国にあてはまる典型的な事例となっている。

　固定社会ドイツの基礎自治体は，広域自治体の郡に所属する小規模な「**郡所属市町村**」と，郡に所属しない規模の大きな「**郡独立市**」に区分される（この 2 つは一点鎖線 $A'B$ で区分される）。郡

と郡所属市町村を合計した標準支出は，郡が規模の経済を発揮して，U字型の右下がりの一部（線分 AK）が図11-1の矢印（↓）ように，一点鎖線 $K'K$ にフラット化される。

他方，ドイツの各市町村の標準税収 $\bar{T}$ も，図の実線 TT' のように，人口規模に応じて高くなる。基礎自治体（郡所属市町村や郡独立市）と広域自治体の郡は，異なる地方政府組織であり，各州は，それぞれに基準交付金と郡基準交付金を交付して財源保障している。基礎自治体の**基準交付金**は，ほぼ直線の $A'BC$ の標準支出と実線 TT' の標準税収との差額 $[G=\bar{E}-\bar{T}]$ で示される。このため，郡独立市は，基準交付金（図の面積 $BCT'T''$）だけを受け取るが，郡所属市町村は，基準交付金（図の面積 $A'BT''T$）と郡基準交付金（図の面積 $A'BKK'$）の両方を受け取ったことに等しい。ただし，郡には課税権がないので，**郡基準交付金**は，郡の標準支出と，郡所属市町村がその標準支出の水準に応じて拠出する標準納付金との差額となる。

移動社会のイギリスでは，**一層制団体**（86）やカウンティ（27）が平均30［$=6551\div(186+27)$］万人で，点 B の最適人口規模を達成している。しかし，イングランドの都市部では，ゴミ処理などの混雑費用を解消するなど，核家族化による保育・介護などの家庭内社会保障の崩壊やコミュニティ活動の衰退により，地方部で現在も行われている私的供給が行政に移管された。このような私的プロバイダーから行政に移管された公共サービスは「**シビル・ミニマム**」と呼ばれ，都市部の標準支出を高くしている。また，スコットランドやウェールズの農村部では，一層制団体に合併されても，1団体当たりの面積が広大になるので，各地に点在する居住者への教育・福祉などの対人サービスには，より多く費用がかかる。このため，図11-1の横軸を「人口密度」に代えれば，1人当たり標準支出は，曲線 KBC のようなU字型が残存す

る。

　他方，移動社会イギリスの地方税には，基礎自治体が自治主体でないことや，福祉移住に配慮して生活保護の所得再分配機能を分担しないので，地方所得税がない。家屋の戸数単位で課税されるカウンシル税の単一地方税制では，図11-1の実線 $T'''T'$ のように，標準税収が標準支出を大きく下回り，「課税の十分性」を確保できない。このため，図11-1の面積 $KBCT'T'''$ で表される**歳入援助交付金**が日本の地方交付税と同様に必要になる。なお，2006年度からの地方財政改革は，内貴［2006-07］や兼村［2007］を参照されたい。

　このように少なくとも，ドイツ，イギリス，日本の3カ国では，クラブ財の理論に基づく市町村財政調整［$G = \bar{E} - \bar{T}$］の類似性を確認できる。

税率操作権の行使による公民のプロバイダーの選択

　日本の地方団体は，国が定めた標準税率による地方税収をもとに予算編成するので，住民の行政ニーズの増加に超過課税を求めることが少ない。他方，イギリスのカウンシル税の実際税率やドイツの郡所属市町村が郡に納付する実際納付率は，予算編成の最後に議会で決定されるため，行政ニーズに応じて自治体ごとに異なる。この点が，ほぼ全国一律の日本の地方税と際立って異なる特徴である。

　イギリスのカウンシル税は，国からの歳入援助交付金を除いた実際支出を，住民が家屋を単位として負担する税金である。ドイツの郡所属市町村が郡に支払う納付金も，郡の実際支出と郡基準交付金の差額を各市町村の標準支出に応じて分担する仕組みである。つまりカウンシル税の実際税率や郡の実際納付率（ともに t）は，実際支出 E から交付金 G を引いた残りの金額を，それぞれ家屋戸数や郡所属市町村の標準支出（ともに N）で割った値とな

り，同様の税率や納付率の決定式 $[t=(E-G)/N]$ が導かれる。カウンシル税の標準税収や郡の標準納付金 $(\bar{T})$ は，標準税率や標準納付率（ともに $\bar{t}$）に家屋戸数や郡所属市町村の標準支出をかけた金額 $(\bar{T}=\bar{t}\times N)$ であるから，歳入援助交付金や郡基準交付金は，標準支出 $\bar{E}$ との差額 $[G=\bar{E}-\bar{t}\times N]$ で表すことができる。これを上記の税率や納付率の決定式に代入すると，税率操作権を行使して行われる**限界的財政責任システム**《$(t-\bar{t})=(E-\bar{E})/N$》が導かれる（中井 [2007]，佐藤 [2009] 89-91 頁）。

第 2 章などでも述べたように，限界的財政責任とは，住民や郡所属市町村がそれぞれ，標準支出を上回る追加的な行政サービス $(E-\bar{E})$ を要望するとき，地方団体や郡が，彼らに追加的な負担 $(t-\bar{t})$ を求める議会提案を出すことを意味する。この提案は，議会が否決するかもしれないが，それでも限界的財政責任は発揮されたことになる。なぜなら，追加的な行政サービスが住民や郡所属市町村に不可欠ならば，議会の否決は，住民自らが，ボランタリー部門やコミュニティという私的プロバイダーの一員として対処しなければならないし，それらの存在を自覚するからである。限界的財政責任は，実際に税率が引き上げられたかどうかではなく，政府部門と私的プロバイダーとの「**公民のプロバイダーの選択**」を求めていることに意義があるといえよう。

3 連邦国家と道州制

単一国家と連邦国家の事務配分

日本の国のかたちについて，また中間政府のあり方をめぐって，都道府県を廃止・統合して広い行政単位に移行する，という**道州制**の議論がある。2006 年の第 28 次地方制度調査会

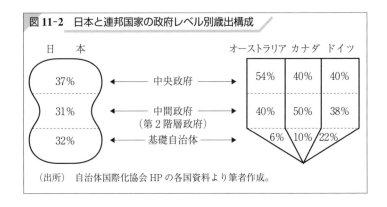

図 11-2　日本と連邦国家の政府レベル別歳出構成

	日 本			オーストラリア	カナダ	ドイツ
中央政府	37%			54%	40%	40%
中間政府（第2階層政府）	31%			40%	50%	38%
基礎自治体	32%			6%	10%	22%

（出所）　自治体国際化協会 HP の各国資料より筆者作成。

（首相の諮問機関）の答申では 3 つの区割案を例示したが，08 年に入ると，政府の道州制ビジョン懇談会が中間報告で 2018 年までの完全移行を明記した。日本経団連も第 2 次提言の中間とりまとめを発表したほか，自民党の道州制推進本部も第 3 次中間報告をとりまとめている。たとえば，道州制推進本部は，「限りなく連邦制に近い道州制をめざす」としているが，そうであるならば，連邦国家に学ぶ必要があろう。

　連邦制の国家では，基礎自治体が憲法で「州の付属物」に位置づけられ，その役割が小さいことが多い。たとえば，基礎自治体の歳出は，図 11-2 のように，国・地方をあわせた歳出合計に対する比重で，オーストラリアが 6%，カナダが 10%，ドイツが 22% にすぎない。これに対し，州（中間政府の第 2 階層政府）が担う事務は，警察から保健・福祉・教育までの広い範囲に及び，州歳出の比重もそれぞれ 40%，50%，38% と「大きな州」で，基礎自治体への関与も「強い州」になる。このように，中央政府（国）・中間政府（州）・基礎自治体の三層構造は，連邦制の事務配分では中間政府が「大きな州」になるという意味で野球の「ホームベース形」の関係にある。

現在の日本は，都道府県が「中2階」と揶揄され，図11-2の歳出規模の比重で見ても，31%にすぎないので，国と市町村が相対的に大きな「ひょうたん形」になっている。その原因は，歴史に由来する。第2次世界大戦前の都道府県は，国が任命する官選知事に多くの権限が与えられていた。戦後は，住民が選挙で選ぶ公選知事と議会からなる完全な自治体になった。だが，現在でも，副知事や県警本部長，総務部長や土木部長などは，中央省庁からの出向者で占められることが多い。また，1950年のシャウプ勧告が市町村優先の原則を唱えて，基礎自治体は，高い行政能力を発揮するようになった。図11-2の歳出規模の比重で見ても，32%を占めている。

　このような市町村の高い行政能力を前提にすると，日本の道州制は，国から中間政府に権限や事務，税源を移譲するとしても，連邦国家ような大きくて強力な州による「ホームベース形」ではなく，コンパクトな道州による「長方形」のような国のかたちをめざすことになるであろう。だが，コンパクトな道州制にしても，道州間の歳入・歳出に関する財政力格差は残らざるをえない。地方税の固有財源のみで行政を執行できるわけではなく，国全体として地方の財政需要を賄う財源を確保し，道州間で残る財政力格差を調整する必要性は残る。その際，道州がコンパクトであれば，財政調整の仕組みを簡素化できる。

　なお，その財政調整という点でいえば，オーストラリアやカナダ，ドイツといった連邦国家で採用されている州間の財政調整制度が参考になる。次に，その点を検討しよう。

水平と垂直の州間財政調整

人口2464万人のオーストラリアでは，2000年に財・サービス税交付金が導入された。財・サービス税（GST）とは消費税のことであり，GST税収のすべてが交付金の財源となるた

め，**GST 交付金**と呼ばれる。GST 交付金では，6州と2特別地域において，行政項目ごとに積算された標準支出（需要額）と各州に入る税収の差（財源不足額）をベースに，州ごとに1人当たり不足額が相対係数（全国平均に対する各州の不足額の比率）化され，これに基づいて GST 税収が配分される。

6州の人口1人当たり標準支出は，図 11-1 の基礎自治体の場合と同様に，横軸を人口密度として，ほぼ線分 BN^* の水準にあるが，人口 20 万の北部特別地域では，先住民の比重が高く，人口密度が極端に低いので，標準支出を図 11-1 の点 K のように，全国平均の2倍以上に高く算定している。また，人口 36 万の首都特別地域（キャンベラ）は，高い人口密度に依存する混雑費用で，標準支出が高く算定され，各州の1人当たり標準支出（$\bar{E}$）は，人口密度に関してU字型になる。他方，1人当たり州税（$\bar{T}$）は，天然資源収入を除くと，都市化で人口密度が高くなるほど，線分 $T'''T'$ のように上昇する傾向にある。このため，1人当たり財源不足額（$\bar{E}-\bar{T}$）は，図 11-1 の線分 BT'' を全国平均として1とすれば，北部特別地域のそれは線分 KT''' で表され，その相対係数は全国平均の4倍になる。

GST 交付金（G）は，**財源保障型**の財政調整制度であるが，財源不足額（$\bar{E}-\bar{T}$）をそのまま財源保障するのではなく，GST 税収を上記の相対係数の過去3年平均で配分する。このため，各州の交付金は，ほぼ財源不足額に等しいという意味で $[G \fallingdotseq \bar{E}-\bar{T}]$ と表すことができる。相対係数による配分は，交付金総額のGST 税収が一定のもとで，北部特別地域などが財政調整に参加すると，他の州の交付金を減少させる。同様に，他の州の税収の増減は，自州の GST 交付金に影響を及ぼすので，州間の「**水平調整**」という効果がある。もちろん，GST 交付金は，ナショナル・ミニマムの標準支出をかなりの程度で財源保障し，連邦

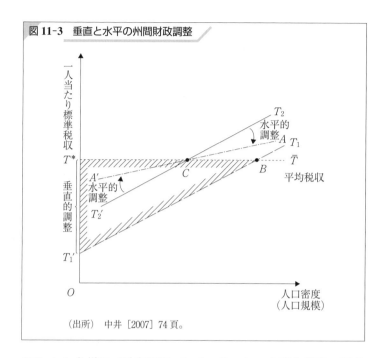

図 11-3　垂直と水平の州間財政調整

一人当たり標準税収

T_2
水平的調整

T_1

A

T^* .... $\bar{T}$

A'
水平的調整

C

B

平均税収

垂直的調整

T_2'

T_1'

O　　　　　　　　　　　　人口密度（人口規模）

（出所）　中井［2007］74 頁。

（国）から各州に「**垂直調整**」している。この水平と垂直の調整のバランスは，大いに参考になるが，標準支出の複雑な算定が，日本の交付税と同様の問題点としてある（大浦［1987］）。

　一方，人口 3619 万人のカナダは，10 州と北部の準州からなる。3 つの準州は人口 3 万～4 万人程度で，10 州を対象とした平衡交付金には参加できず，連邦政府が別個の準州交付金を手当している。準州交付金（G）は，日本の交付税と同様に財源保障型の財政調整制度で，行政ニーズを積算した標準支出と，税収の 7 割が算入された標準税収との差額［$G=\bar{E}-\bar{T}$］が交付される。

　これに対し，10 州を対象とした**平衡交付金**では，各州の標準支出を算定することはない。1982～2006 年までの平衡交付金（G）では，**図 11-3** の点線 $T^*\bar{T}$ のように，33 税目の代表的税制の財

政力が全国平均に近い中位5州の平均税収（$\bar{T}$）を基準として，図の破線 $T_1'T_1$ で示される各州の標準税率による税収（T）との差額 [$G=(\bar{T}-T)$] を連邦政府が交付することになる。この垂直調整の平衡交付金は，**税源調整型**の財政調整制度である。この制度に変更はないが，交付金総額の対 GDP 比が 1990 年代の 1.1％前後から 2000 年代前半で 0.7〜0.8％ に下落したため，07 年度から代表的税制を所得税，法人税，消費税，財産税，天然資源収入の5税目に簡素化し，中位5州の基準を 1967〜81 年で用いた全10州の平均税収に戻し，基準を引き上げた。この改正により，フランス系住民が多く住む人口 826 万人のケベック州の交付金は，2倍近くに増加している。

人口 1380 万人のオンタリオ州や石油の産出によって財源が豊かなアルバータ州は，図 11-3 の点 B を超え，標準税率による税収が基準を上回る不交付団体である。その超過財源は，東京都と同様に，そのままであり，州間の財源格差が大きいことに問題はある。このため，不交付団体の超過財源の一部は，病院・医療・高等教育を対象とした関連平衡交付金（現金移転といわれる特定補助金）の減額で，図 11-3 の破線 BT_1 の傾きが緩やかになるように水平調整されるが，不交付州が直接，財政力の低い州に拠出することはない（岩崎 [2002]）。

その点，ドイツの「**連邦・州間財政調整**」は，連邦から州へ財政調整をする垂直的なものだけではなく，州間での水平調整もあり，参考になる。とくに，1970 年以降は，所得税・法人税を連邦と州が折半することを憲法で規定し，州の税収（T）は図 11-3 の実線 $T_2'T_2$ とカナダよりも高い水準にある。このように，各州の自主財源比率が高いと，図 11-3 の点線 $T^*\bar{T}$ のような州税の全国平均（$\bar{T}$）を基準にすれば，点 C を超える財政力の高い州が多くなる。点 C までの財政力の低い州は，図 11-3 の $A'CT_2'$ の

財源が交付されるが，その資金は財政力の高い州が図 11-3 の T_2CA の部分を拠出するので，$[\Sigma(T-\bar{T})=0]$ のような水平調整がなされたことになる。

このような水平調整の関係が成立するには，連邦政府は 1970年以降，不足する州の税収が全国平均の 92％（2005 年以降，95％程度）を確保するように**売上税**を傾斜配分し，各州が水平調整に応じるための条件整備をしている。当初の州間の税収格差がどのように大きくても，連邦は水平調整の前に，全国平均に対する不足が 10％ 程度になるように，売上税を傾斜配分し垂直調整するのである。また，水平調整後でもなお，ある州の行政ニーズが，税収の全国平均で賄えないとき，連邦政府は**連邦補充交付金**で垂直調整している。

ドイツは，第 2 次世界大戦の敗戦後，連合国軍の方針によって連邦制の導入を余儀なくされた。しかし，それによって財政力の低い南部の各州は，産業誘致を積極的に推し進め，「**国土の均衡ある発展**」を可能にした。また，財政力が極端に低い旧東ドイツの新州も，連邦による売上税の傾斜配分に支えられ，州間の水平調整に参加することができた。だが，新州の財政力が全国平均に近づくには，州の自立性を重視する連邦制では今なお多くの時間を要するように思われる。ドイツにとって，連邦制は戦後，旧西ドイツ（旧州）の地域格差の縮小には功を奏したが，統一後の東西（新州と旧州）の格差改善に膨大な時間と費用がかかるという意味で，「笑って，泣いて」ということができよう（伊東[1995]）。

| コンパクトな道州の地域連携 |

日本における道州制は，地方分権の最終ゴールともいわれ，大枠は固まりつつある。①道州は憲法上の地方公共団体として，10 ブロック程度の府県に代わる広域自治体とする，②国・道州・市町村の関係は，相互になるべく関与しない仕組みとし，

極力，市町村を基礎に補完性の原理に沿ったあり方を考える，③国から相当の権限移譲を行い，道州間の財政のばらつきを是正するために何らかの財政調整制度は残すが，権限に応じた財源の再配分で分権型社会の実現を図る，といった点が提言されている。

ただし，こうした大枠だけでは，道州制の具体像は見えてこない。その理由は，①国と道州，②道州と市町村の垂直的な役割分担，③道州間の水平的関係はどうあるべきかという点がクリアになっていないことにある。

第1の課題は，道州の役割に関して，地域の経済政策などに限定するコンパクト化をめざすのか，連邦国家のような広範な行政分野を担うのか，という点である。日本の場合，地方自治制度はシャウプ勧告で，市町村優先の原則が打ち出され，基礎自治体は高い行政能力を持っている。このことを前提にすれば，都道府県の事務は，大幅に市町村へ移譲され，道州は，圏域単位の社会資本整備，広域的な環境保全・管理，地域開発・雇用政策などの地域政策に役割が限定されるのであろう。他方，保健や福祉，義務教育など住民に身近な行政は，市町村が総合的に担うことになる。現在の都道府県が実施している事務を規模や能力に応じて市町村へ移譲しないと，「大きな道州」になってしまう。

第2の課題は，道州が施策の実現に向けたときの市町村に対する関与の度合いである。道州の役割が市町村の権限や事務と重複・抵触する場合，より広域的な利益を優先して市町村に関与すれば，連邦国家のような「強い道州」になる。他方，市町村が担う事務には，極力，関与や支援を行わず，その自立的な運営に任せれば，関与の「緩い道州」になる。現在の議論では，基礎自治体の高い行政能力を前提にすると，「コンパクト」で市町村への関与の「緩い道州」という方向にある。

第3の課題は，道州間の水平的関係についてである。これまで

の各都道府県は，それぞれ個別に国との結びつきが強く，隣接する都道府県との地域連携といった水平的関係が弱いという傾向にあった。各都道府県は，隣接する都道府県の経済・産業構造や行財政に十分な配慮がなされず，単独の地域政策で対応してきた。しかし，最近では全国知事会をはじめとして，隣接する都道府県の協議会も盛んに開かれ，その重要性も見直されつつある。第5章で見たように第5次に相当する「全国総合開発計画」という国土政策が形骸化した今，広域的な社会資本整備や環境保全・管理，地域開発・雇用対策が「地域政策」の柱になりつつある。都道府県域を越える競争と協調の地域政策が不可欠という状況に直面したとき，道州制の本格的論議が始まることになるといえよう。

…▶参考文献

池上岳彦［2010］「カナダにおける政府間財源移転の特徴と改革——連邦・州間の財政調整的移転を中心に」『会計検査研究』第42号，89-106頁。

伊東弘文［1995］『現代ドイツ地方財政論（増補版）』文眞堂。

岩崎美紀子［2002］『行政改革と財政再建——カナダはなぜ改革に成功したのか』御茶の水書房。

大浦一郎（1987）『オーストラリア財政論』文眞堂。

兼村高文［2007］「英国（イングランド）の財政調整制度について」自治体国際化協会編『平成18年度比較地方自治研究会調査研究報告書』。

北村裕明［1998］『現代イギリス地方税改革論』日本経済評論社。

佐々木伯朗［2016］『福祉国家の制度と組織——日本的特質の形成と展開』有斐閣。

佐藤主光［2009］『地方財政論入門』新世社。

内貴滋［2006-07］「英国地方自治体改革の展望と中央集権手法——『地方自治の母国』か『大英帝国，最後の植民地か』（一）～（五）」『自治研究』第82巻第8号～第83巻第2号。

中井英雄［2007］『地方財政学——公民連携の限界責任』有斐閣。

中井英雄・伊東弘文・齊藤愼［2009］「戦後60年間のドイツ連邦・州間財政調整の財政責任史——第3期内の基準法による算定の簡素化と税源涵

養インセンティブ」『大阪大学経済学』第 59 巻第 3 号，15-41 頁。

中井英雄・齊藤愼 ［2011］「カナダ平衡交付金『改革』の政策誘導効果 ――2004～11 年度の『補完的』制度論アプローチ」『近畿大学 生駒経済論叢』第 9 巻第 1 号，27-95 頁。

中井英雄・齊藤愼 ［2012］「カナダ準州交付金のヌナブット分割による構造変化――前年度倍率による総支出ベース決定と初期値の準州間スイッチ」『近畿大学 生駒経済論叢』第 10 巻第 1 号，37-78 頁。

中井英雄・花井清人・齊藤愼 ［2010］「オーストラリア州間財政調整と先住民への全体責任――財源保障型の相対係数による協調的連邦主義」『近畿大学 生駒経済論叢』第 7 巻第 2・3 号，1-37 頁。

花井清人 ［2016］「オーストラリア税制改革の残された課題――財・サービス税改革と政府間財政関係に着目して」『経済研究』（成城大学）第 212 号，25-58 頁。

堀場勇夫・望月正光編著 ［2007］『第三セクター――再生への指針』東洋経済新報社。

宮本憲一・鶴田廣巳編著 ［2008］『セミナー現代地方財政 II ――世界にみる地方分権と地方財政』勁草書房。

持田信樹編 ［2006］『地方分権と財政調整制度――改革の国際的潮流』東京大学出版会。

望月博 ［2004］「『地縁による団体の認可事務の状況等に関する調査結果』について」『地方自治』第 675 号，54-66 頁。

諸富徹・門野圭司 ［2007］『地方財政システム論』有斐閣。

山下茂・谷聖美・川村毅 ［1992］『比較地方自治――諸外国の地方自治制度（増補改訂版）』第一法規出版。

◻ **練習問題**

1 各国の市町村レベルの地方政府組織や事務・税源配分に関する地方財政システムを調べ，わが国の地方分権における限界的財政責任の意義を考えなさい。

2 ドイツとイギリスの市町村財政調整制度を調べ，日本の地方交付税制度との類似点と相違点を挙げて比較しなさい。

3 連邦国家の各州の役割や州間財政調整制度の違いを調べ，わが国の道州制問題を論じなさい。

人口減少社会における地方財政

行政対応の非対称性問題

● イントロダクション…▶

　本書のとっている制度・経営・理論・実証の4部構成は，初版（2010年）から10年を経過しても，変更する必要はないであろう。なぜなら，日本の国勢調査の総人口は，2010年をピークに減少し始めているが，この総人口の減少社会は，10年程度では大幅な「制度」変更（法改正）を必要としないし，新たな「理論」（行動経済学の知見は別として）や「実証」も示されていないからである。しかし，第1節で指摘するような，20年後，2040年の大都市圏の総人口の減少と深刻な高齢化を想定するならば，地方財政の新たな課題を示しておく必要があろう。このため，一方では2度にわたるベビー・ブームに翻弄された義務教育の行政対応（非対称性）を事例としながら，他方では高度成長期につくられた制度が1980年代の安定成長期への移行に伴って，第2臨調等の行政改革などのような「経営」の視点から，大幅な「制度」変更につながったことを，各章と関連づけながら概観する。

1 大都市圏と地方圏の人口減少社会の違い

先進国共通の少子化問題

　マルサスの『人口論』（1798年）によれば，人口は1（$=2^0$），2（$=2^1$），4（$=2^2$），8（$=2^3$）のように，2乗，3乗と「幾何」級数的に増加する。これに対し，人が生きていくための食料

は，1（＝0+1），2（＝1+1），3（＝2+1），4（＝3+1）のように，＋1ずつと「算術」級数的に増加する。このため，人口の食料に対する過剰（3項目の4＞3，4項目の8＞4）は，1960年代や70年代の途上国のように，深刻な貧困等の弊害をもたらした（河野［2007］3-4頁）。

合計特殊出生率（total fertility rates）は，「15歳から49歳までの女性の出生率を年齢別に合計したもの」である（厚労省HP）。国連の2015～20年推計でも，発展途上地域（less developed regions）と後発発展途上地域（least developed countries）の合計特殊出生率は，それぞれ2.59，4.00と高い水準にある（United Nations［2019］）。これに対し，先進地域（more developed regions）の合計特殊出生率は，2015～20年推計1.64であり，たとえばイギリスが1.75，ドイツが1.59，日本が1.37（厚労省HP：2017年1.43）と低い水準にある。

途上国から先進国に移行すれば，国民の1人当たり所得は上昇する。この所得上昇が出生率に及ぼす影響（所得効果）について，マルサスは子どもの数が増えると考えていたが，現実は減っている。このパズルを経済学的に解いたのが，G. S. ベッカーであった（Becker［1960］）。

ベッカーは，第7章で示した消費者選択の理論のように，親が子どもを「耐久消費財」ととらえて，予算制約下の効用極大をめざし，他の財と子どもの「数」や「質」との間で合理的に選択した結果だという。耐久消費財と見たときの純費用は，子どもに対する①育児支出（保育・教育費）と②親のサービス価値（育児等の時間）の総費用から，子どもからの③将来期待所得と④サービス価値（子どもの成長の喜び）の総便益を引いたものである。この純費用がプラスのとき，子どもは消費財ととらえ（マイナスのときは生産財），同時に子どもの「質」に着目したのである。

子どもの「質」（child quality）とは，親の所得が高くなるほど，子どもからの③将来期待所得と④サービス価値の総便益をより重要視し，「質」が高まるほど，親の効用は増大するというものである。ただし，子どもに個室を与えたり，大学に通わせたりする教育費は，①育児支出（保育・教育費）の総費用の増加であるが，同時に「質」も高まるので④サービス価値の総便益も増加し，純費用の増加だけではない。その結果，経済的に豊かな親ほど，量（子どもの数）ではなく，子どもの質の向上を選択するというのである（大淵［1988］18-25頁，同［1992］）。

定住化社会の日本固有
の過疎問題

人口減少は，ドイツやイギリスなど先進国に共通した「人口転換問題」（人口増加から減少への転換）であるが，過疎（depopulation）問題は，定住化社会の日本固有の問題である。第11章第1節で述べたように，人口の地域間移動が少ない固定社会のドイツは，旧西ドイツの約1万市町村が存立しているように，住民が地域内で散在（sparse）しているにすぎない。また，移動社会のイギリスでは，人口の地域間移動が多く，定年退職後は，田園地帯のカントリー・サイドに転居する人が多いので，日本のような過疎問題は生じない（第11章の *Column* ⑱を参照）。

したがって，日本は，2010年国調からの総人口減少と，第10章第1節で述べた1960年代からの過疎問題が，同時に進行する。ただし，経済政策の原理では，「目的と手段の1対1対応」，すなわち1つの目的に対して1つ以上の手段を必要とし，1つの手段で2つ以上の目的を達成（いわば一石二鳥）できないとされている。したがって，対策目的の①国全体の総人口減少（少子化や生産年齢層の減少）と，②社会減を含む地方圏の極端な人口減少による過疎の問題（増田［2014］の指摘した「地方消滅」）は，区別して考える必要がある。

たとえば，国全体の人口減少が，15〜65歳の生産年齢層の減少によるGDPの低下という問題を引き起こすならば（仮説I），その対策（手段）は，若者労働者の減少対策として，①70歳定年の導入や②女性の社会進出（第2章の *Column* ⑥で指摘したM字カーブの解消），③移民政策〔法務省HP在留（旧登録）外国人」：1980年末78万人，90年末108万人（10年間で38％増），2000年末169万人（同56％増），10年末209万人（同24％増），18年末273万人（対10年末31％増）〕などで，労働者数を確保する必要がある。これに対して，行政は，①健康寿命対策，②保育サービス，③日本語教育や外国人雇用対策（厚生労働省HP）を充実させなければならない。もっとも，GDP成長率は，人口よりもイノベーション（企業や社会の技術革新）などに依存しやすいので，一定水準で維持できる（仮説II）という考え方もある（吉川［2016］）。人口減少社会10年の経験では，いずれの仮説が現実的かを判定できないので，本書でも，これ以上は触れることができない。

これに対して，地方圏の過疎問題（政策目的）は，1970年から過疎対策法（政策）が約50年も施行されてきたことから検証可能であるように思える。だが，この間，社会減に対処できず，平成の大合併後でも，過疎地域は約800市町村，約800万人に及ぶ。そして地方圏の過疎問題は，市町村単位から，社会減に自然減が加わって「県」単位に広域化しつつある。このため，地域（region）振興策は，県単位で工場誘致などによる雇用の場をつくることが推奨されてきた。ただし残念ながら，過疎対策は，住民の暮らしを守るための，「激減緩和」措置としては有効であったが，過疎を克服するには至っていない（川崎［2013］，林・齋藤［2010］）。

地方圏の過疎化と大都市圏の高齢化

人口減少社会とは，表 終-1 が示すように，国勢調査の「総人口」が2010年1億2806万人をピークに，40年1億1092

表 終-1　大都市圏と地方圏の年齢階層別人口推移

（単位：千人）

	大都市圏		地方圏		全国	
	2010 年	2040 年	2010 年	2040 年	2010 年	2040 年
0〜14 歳	8,499	6,486 ▲23.7	8,341	5,450 ▲34.7	16,839	11,936 ▲29.1
15〜64 歳	42,951	33,903 ▲21.1	38,783	25,874 ▲33.3	81,735	59,777 ▲26.8
65 歳以上	14,005	20,195 44.2	15,479	19,011 22.8	29,484	39,206 33.0
うち 75 歳以上	6,202	10,980 77.0	7,992	11,412 42.8	14,194	22,392 57.8
全　　国	65,455	60,583 ▲7.4	62,602	50,335 ▲19.6	128,057	110,919 ▲13.4

（注）　東京圏：東京・神奈川・埼玉・千葉，名古屋圏：愛知・岐阜・三重，大阪圏：大阪・兵庫・京都・奈良（総務省統計局）。
　　　　なお，下段は 2010 年人口に対する 2040 年人口の増加率％（▲減少率％）。
（出所）　国立社会保障・人口問題研究所［2018］「Ⅱ都道府県別にみた推計結果」に掲載された表より作成。

万人，60 年 9284 万人（中位仮定）などと減少していくことをいう。また，2030 年以降，すべての都道府県（以下，全県）で総人口が，「一貫して」減少すると想定されている（国立社会保障・人口問題研究所［2018］7 頁）。

　ただし，総人口が全県で一貫して減少といっても，大都市圏（東京圏の東京・神奈川・埼玉・千葉，名古屋圏の愛知・岐阜・三重，大阪圏の大阪・兵庫・京都・奈良）では，2040 年に▲7％ の減少にとどまるが，それ以外の地方圏では▲20％ も減少する。これが「地方圏の過疎化」であり，とくに，秋田・福島・高知で▲30％ 以上の大幅な減少が予想されている。その結果，大都市圏と地方

圏の総人口は，それぞれ2010年には6545万人と6260万人とほぼ拮抗していたが，40年には6058万人と5033万人と地方圏の人口が約1000万人減少すると推定されている。また，東京圏の総人口は，一貫して増加し，全国3割を超える勢いであり，東京一極集中が継続するとしている（国立社会保障・人口問題研究所[2018] 8頁）。

　年齢別人口を大都市圏と地方圏で比べてみると，0〜14歳の若年層が大都市圏では，2040年に▲24％の減少にとどまるが，地方圏では▲35％も減少するという「少子化社会」の特徴を示している。とくに，秋田・青森・福島の東北地方で，半分以上の大幅な減少が予想されている。

　他方，65歳以上の高齢者は，大都市圏では，2040年に44％も増加するのに対し，地方圏では23％の増加にとどまるという「大都市圏の高齢化」の特徴を示している。とくに，東京圏の埼玉・千葉・神奈川と地方圏の沖縄では，2040年の後期高齢者の75歳以上人口が，2010年の2倍前後に増加すると想定されている。これに対し，地方圏の多くの県では，2020年または25年の高齢者人口のピークから，高齢者自体も年々減少することが予想されている。

　この大幅な人口減少は，第10章第1節で示した1970年からの市町村単位の過疎対策で経験したように，今度は県単位で警察や消防（市町村単位）の「安全・安心」，道路・河川・港湾・上下水道といった社会資本の「維持・管理」などを見直す必要があり，深刻な財政問題を引き起こす。

2 人口増減に対する行政対応の非対称性問題

● 教育行政を事例として

教育行政の非対称性の
実証

第2章第2節「義務教育・高等学校の標準法と教育費」で述べたように，児童減少期の教員減少は，児童増加期の教員増加ほどには急速ではなく，いわゆる「逆Vの字」を描くとしている。この「逆Vの字」は，第1章の*Column*④の財政支出の下方硬直性につながるように，対象人口（児童・生徒）の増減と行政対応（教員数）の「非対称性」問題と言い換えることができる。

この「非対称性」は，**図 終-1**に示されているように，データを生徒の増加期（第Ⅰ象限）と減少期（第Ⅲ象限）に期間区分し，公立学校の教員数の変化（△教員数）を生徒数の変化（△生徒数）で回帰分析するスイッチング・リグレッション（状況に応じて定式化を変える回帰分析）で実証できる。たとえば，中学の場合（第2次ベビーブームを対象にした1977〜2018年の3年ごとのデータ661件），以下のように推定できる。

［増加期］（△教員数）＝32.88＋0.0384（△生徒数）

（2.37）　（41.7）　　$N=138$, adj$R^2=0.927$

［減少期］（△教員数）＝16.99＋0.019（△生徒数）−1.307（△私学

（2.57）　（24.8）　　　　　（−6.51）教員数）

$N=473$, adj$R^2=0.741$

以上の推定結果から，公立中学校の教員数は，［増加期］では生徒が26人（＝1÷0.0384）増加すると，教員が1人増加する。これに対し，［減少期］では，生徒が53人（＝1÷0.0190）減少すると，教員が1人減少するという結果となっている。また，［減少期］では，私学教員が1人増えると，公立の教員が1.3人減少

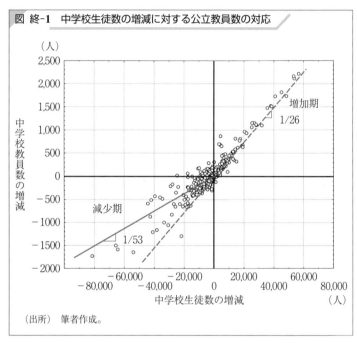

図 終-1　中学校生徒数の増減に対する公立教員数の対応

（出所）　筆者作成。

するという「公立と私学の競合関係」が確認できる。

　なお，第1次ベビーブームを含む1969〜95年の期間でも，中学校は上記とほぼ同じ結果となり，小学校の場合でも，［増加期］では児童が27人増加すると，教員が1人増加する。これに対し，［減少期］では，児童が61人減少すると，教員が1人減少するというように，中学校の場合とほぼ同様の結果となっている（中井［1996］）。

　　　　　　　　　　　　　教育学者の徳永保によれば，学校教育シ
　増減対応の加配による　　ステムは，対象人口の「増減対応」と
　非対称性　　　　　　　　「人口減少期」とで異なるとされている
（徳永［2014］10-21頁）。「増減対応」は，対象人口の増加期に児童・生徒の受け入れに必要な教員を配置する。減少期は，教員数

を引き下げず，余剰分を教育の質的充実や新規施策の導入に充て，第7次教職員定数改善計画では，5年間で2.5万人を数学・国語の特定科目に加配したとしている。このような増加期の必要な職員配置と減少期の加配が，第2章第2節で述べたような「増減対応」の非対称性の制度的根拠である。

人口減少期の小規模校化による非対称性 これに対して，現在，進行している「人口減少期」では，とくに人口が散在（sparse）する地域の学校教育システムが，1学年1学級などの「小規模校化」の問題に直面している。このため，教員定数を減少させるには，①複式学級，②学校の統廃合，③分校化する以外に，方法はないとされている（徳永［2014］16頁）。

ところが，①複式学級（とくに3つの学年以上）は，数次の教職員定数改善計画で解消を試みてきたが，今なお，小学校で5255学級，中学校で192学級ある（徳永［2014］21頁）。②学校の統廃合は，12～18学級をめざしてきたが，児童生徒の通学距離（標準：小学校4km，中学校6km）を超過し，山間部にある自治体では2011年7.32km，30年には14.63kmになり，統廃合と通学距離のトレード・オフ関係を指摘している（葉養［2014］53頁）。③分校化は，12～18学級の拠点校と集落対応型小規模学校（季節分校）とのネットワークやICTの活用を必要としている（葉養［2014］56頁）。以上のような人口減少期の小規模校化が，学校教育システム上の非対称性の根拠である。

人口減少期の非対称性問題に対して指摘されていることは，第1に，人口が散在する地域でも，県内に人口が集中する地域があれば，県単位で一定規模の教員採用や人事異動が可能になる（徳永［2014］16頁）。第2に現在，学校の設置者は，市町村であるが，第11章第3節で述べたように，行政単位の視点から県の教

育事務所単位に権限を移譲したり，学校経営の視点から国家戦略特区の公設民営型の学校を検討するなどの指摘がある（葉養［2014］58頁）。第3に，高齢化に伴う社会保障費の増大は，教育費を圧迫する可能性を指摘している（徳永［2014］10頁）。社会保障費の増大による他の費目の圧迫問題は，第5章や第10章の土木費・投資的経費の削減で指摘したように，教育費に限られた問題ではない。そこで，次節では，人口減少社会での社会保障費の増大が，大都市圏と地方圏の財政に及ぼす影響を検討する。

3 計画行政の再評価

少子・高齢化による財政的影響の試算

総人口の減少社会は，少子高齢社会でもある。いうまでもなく，少子化は，教育費を抑制し，高齢化は，75歳以上の後期高齢者医療制度などの社会保障関係費の増大を引き起こす。とくに，この増大の原因となる高齢化は，表 終-1の年齢階層別人口の推移が示したように，大都市圏の方が地方圏よりも顕著であるため，2010年度の都道府県・需要額をベースに，①面積，②人口，③年齢階層別に3区分で2040年度を試算できる。

道路・河川・港湾など①面積に関連する項目の需要額は，**表終-2**に示されている全国ベースのように2010年度需要総額の19.8％を占める。その2040年度の需要額は，10年度と同じ金額であるが，②人口に関連する需要額の金額が減少するため，構成比的には21.4％に上昇する。実際，測定単位が人口に関係する警察（警察職員数）・社会福祉・衛生など②人口に関連する項目は，2010年度で41.6％を占めていたが，40年度には36.9％に減少している。③年齢階層別人口に関連する項目は，教育費と高齢者保

表 終-2　都道府県・需要額の機械的試算結果

(単位：%)

需要額の分類項目	大都市圏		地方圏		全国	
	2010 年度	2040 年度	2010 年度	2040 年度	2010 年度	2040 年度
面　　積	6.4	7.0	13.3	14.4	19.8	21.4
		7.9		7.9		7.9
人　　口	17.2	16.4	24.3	20.6	41.6	36.9
		▲5.1		▲15.4		▲11.1
高齢者保健福祉	4.2	7.2	5.8	8.2	10.0	15.4
		73.1		41.8		54.9
教　　育	12.9	8.8	15.8	10.9	28.7	19.7
		▲31.7		▲30.9		▲31.3
合　　計	40.8	41.8	59.2	58.2	100.0	100.0
		2.4		▲1.7		0.0

(注)　上段：各年度全国合計を100とした百分率，下段：2010 年度に対する増加率％（▲減少率）。
(出所)　中井［2015］より作成。

健福祉費に区分される。教育費は，測定単位が教職員数の小・中・高等学校などで 2010 年度に 28.7％ を占めていたが，40 年度には 19.7％ に減少する。これに対し，65 歳以上人口と 75 歳以上人口の「高齢者保健福祉費」は，2010 年度で 10％ を占めていたが，40 年度 15.4％ に増加する（試算方法は中井［2015］を参照）。

> 大都市圏の 75 歳以上・
> 社会保障関係費の急増

表 終-2 の試算結果からみると，第 1 に高齢者保健福祉費の項目は，両期間で大都市圏が 73.1％ 増となり，地方圏では 41.8％ 増にとどまることがわかる。この倍率は，それぞれ表 終-1 の 65 歳以上人口の 44.2％ 増，22.8％ 増よりも，75 歳以上の倍率 77％ 増，42.8％ 増に相当する。このため，大都市圏で高齢者

の社会保障費が急増するのは，75歳以上の後期高齢者に起因することが確認できる。

第2に，教育費は，対象人口の減少に応じて機械的に計算すれば，大都市圏と地方圏ともに，約▲31%減に抑制される。しかし，前節で述べたように，地方圏での小中学校の小規模校化は，教員1人当たり児童・生徒数の低下を招く。これに対する統廃合の対策は，通学距離の拡大（児童・生徒側の不便さ）とのトレード・オフ関係にある。また，終身雇用の教職員数は，ある程度，非常勤教職員の増加で対処してきたが，児童・生徒の急減に即座に対応できるものではない（このような対象人口の増減に対する「行政対応の非対称性」の試算結果は，中井［2015］を参照）。

第3に，上記の機械的試算は，少子・高齢化による教育と高齢者の需要額の変化を「可視化」することが目的であった。実際，①面積要件の社会資本（両年度の金額一定）や②人口要件の警察や消防などの純粋公共財（人口比例）の試算結果は，総人口の減少社会を反映したものではない。耐用年数を越えた社会資本の更新や警察・消防などの安心・安全を「可視化」するための機械的試算は，まったく別の試算結果となるであろう。明確な目的のない機械的試算は，試算結果も意味がないことや，試算方法が無視されて結果だけを見る「数字の一人歩き」にも，注意が必要である。

計画行政の再評価

人口減少社会の経済政策については，「高度成長期の成功体験をもとに，政策を議論しても実現することは極めて困難である」（川崎［2013］36頁）とされ，さらに「人口増加を前提としてきた制度や運用は，人口減少下では，そのまま運用しても所期の効果を発揮できない可能性が高い」とされている（自治体戦略2040構想研究会［2018］3頁）。

そういわれてみれば1970年代後半，すなわち日本経済が高度成長から，安定成長に移行するとき，当時の経済企画庁の「マクロ経済モデル」を端緒に，財政・金融・社会保障の全体とそれぞれの個別分野でモデルに基づく試算（シミュレーション）が盛んに行われていた。高度成長期には，誰も見えなかった安定成長の実態を探ろうとしたのである。

　たとえば，関西経済研究センター［1980］の「国家財政」の中期財政モデルでは，将来の財政赤字の可能性が指摘され，地方自治協会［1978］の「地方財政全体」の中期モデル（本書の著者の一人である齊藤愼が主にモデルを作成）では，歳入と歳出体系の定式化と方程式推計が試みられ，マクロ経済状況が歳入・歳出に与える影響を検証した。他の分野でも，たとえば社会保障モデル開発研究会［1979］は，「成長のいかんを問わず支出を要請する硬直的な性格を有しています」（刊行の言葉）というように，現在の深刻な社会保障財政を警告していたのである。

　個別分野では，たとえば，ある過疎自治体の財政収支モデルでは，ダム開発によって人口の過疎化を食い止めることはできないが，財政収支は地方交付税の財源保障によって，健全性が維持できることを示した（中井［1983］）。臨海工業地帯とニュータウンの地域開発が自治体財政に及ぼす影響の分析では，臨海工業地帯の固定資産税による黒字を人件費に充てて収支均衡をした後，ニュータウンによる財政赤字がのしかかり，財政危機に直面したことを明らかにした（中井［1988］）。

　今後さらに深刻化する人口減少社会に関しては，国立社会保障・人口問題研究所［2018］の示すような将来人口予測がシミュレーションのベースとなり，増田［2014］で示された「地方消滅」という警鐘につながっている。

　以上のようなシミュレーションは，未来の可視化である。ただ

し，それは未来の現実（実際に起こったこと）を保証する（未来を当てる）ものではない。また，数字が「一人歩き」すれば，悲惨な結果をも引き起こす危険性すらある。しかし，シミュレーションによる計画行政は，人口減少社会という未来が見えないとき，なんらかのシミュレーションで「行財政の未来」を想像（可視化）することである。想像した未来に対して，現在から計画的に行政対応することが，より望ましい未来につながるのである。

…▶参考文献

今井勝人［2019］「府県の総人口・人口集中地区人口・人口移動——1960-2015」『武蔵大学論集』第 66 巻第 2・3・4 号，43-63 頁。

大淵寛［1988］『出生力の経済学』中央大学出版部。

大淵寛［1992］「出生力の経済分析に関する理論的考察」『発展途上国の出生率低下——展望と課題』アジア経済研究所，119-144 頁。

関西経済研究センター［1980］『日本経済と財政の計量分析——中期財政モデルの開発と応用』昭和 54 年度関西経済連合会委託研究。

川崎一泰［2013］『官民連携の地域再生——民間投資が地域を復活させる』勁草書房。

河野稠果［2007］『人口学への招待——少子・高齢化はどこまで解明されたか』中央公論新社。

自治体戦略 2040 構想研究会［2018］『自治体戦略 2040 構想研究会　第 1 次報告——人口減少下において満足度の高い人生と人間を尊重する社会をどう構築するか』。

地方自治協会［1978］『昭和 52 年度　長期地方財政研究委員会報告書』。

社会保障モデル開発研究会編［1979］『社会保障の計量経済学』大蔵省印刷局。

中井英雄［1982］「過疎自治体の財政収支予測モデル——地方交付税制度モデルを中心として」『近畿大学商経学叢』第 29 巻第 1 号，95-122 頁。

中井英雄［1988］「地域開発の財政負担——財政収支の将来予測とその検証」『現代財政負担の数量分析——国・地方を通じた財政負担問題』有斐閣（オンデマンド版，2003 年），161-189 頁。

中井英雄［1996］「義務教育費の転移効果と小規模校化の財政責任」大野吉輝・木村陽子・中井英雄『社会経済情勢の変化を踏まえた府県行財政

の見直しについて』大阪府地方税財政制度研究会，17-43 頁。

中井英雄［2015］「人口減少クライシスと地方交付税の構造変化——2040
　年度都道府県の需要額『機械的推計Ⅰ』と教育費『削減困難』ケース
　Ⅱ」『地方財政』第 54 巻第 9 号，4-14 頁。

德永保［2014］「人口減少社会における学校教育の在り方の検討の必要性」
　『人口減少社会における学校制度の設計と教育形態の開発のための総合
　的研究——最終報告書』国立教育政策研究所，8-21 頁。

葉養正明［2014］「学校統廃合戦略の限界」『人口減少社会における学校制
　度の設計と教育形態の開発のための総合的研究——最終報告書』国立教
　育政策研究所，49-60 頁。

林直樹・齋藤晋編著［2010］『撤退の農村計画——過疎地域からはじまる
　戦略的再編』学芸出版社。

増田寛也編著［2014］『地方消滅——東京一極集中が招く人口急減』中央
　公論新社。

吉川洋［2016］『人口と日本経済——長寿，イノベーション，経済成長』
　中央公論新社。

Becker, G. S. ［1960］ "An Economic Analysis of Fertility," in A. J.
　Coale (ed.), *Demographic and Economic Change in Developed
　Countries*: *A Conference of the Universites-National Bureau Com-
　mittee for Economic Research*, Princeton, N. J.: Princeton Universi-
　ty Press, 209-231.

〔参考資料〕

国立社会保障・人口問題研究所［2013］［2018］「日本の地域別将来推計人
　口」。

総務省自治財政局［2010］「地方交付税等関係計数資料（Ⅰ）」。

文部科学省 HP［各年度版］「学校基本調査」。

http://www.mext.go.jp/component/a_menu/education/micro_detai
　l/__icsFiles/afieldfile/2011/08/05/1295041_1.pdf

United Nations［2019］*World population Prospects 2019*.

https://population.un.org/wpp/Download/Standard/Fertility/

文献案内：より進んだ学習のために

1. 地方財政の基本テキスト

地方財政全般を学習する基本テキストには，以下の文献が参考になろう。

- 齊藤愼・林宜嗣・中井英雄 [1991]『地方財政論』新世社
- 佐藤主光 [2009]『地方財政論入門』新世社
- 沼尾波子・池上岳彦・木村佳弘・高端正幸 [2017]『地方財政を学ぶ』有斐閣
- 林健久編 [2003]『地方財政読本（第5版）』東洋経済新報社
- 林宏昭・橋本恭之 [2014]『入門地方財政（第3版)』中央経済社
- 持田信樹 [2013]『地方財政論』東京大学出版会
- 矢野浩一郎 [2007]『地方税財政制度（第8次改訂版)』学陽書房
- 米原淳七郎 [1977]『地方財政学』有斐閣

米原 [1977] は，理論と制度をドッキングさせた現代地方財政論の先駆的な著書である。齊藤・林・中井 [1991] はそれに実証分析を加え，佐藤 [2009] は次世代の新たな理論と実証を平易に解説している。これらは，地方財政論のオーソドックスな基本テキストとして推薦できる。これらの延長線において，コンパクトにまとめたテキストが，林・橋本 [2014] と持田 [2013]，沼尾ほか [2017] であり，入門書として最適である。

他方，日本の地方財政制度は，大変複雑であるが，制度とその改正を正確に学ぶには，元官僚による矢野 [2007] の解説が不可欠であり，制度の歴史的展開は，林 [2003] がていねいに解説している。

2. 地方財政の中・上級テキストと研究書

- 伊多波良雄 [1995]『地方財政システムと地方分権』中央経済社
- 伊多波良雄 [2002]『地方分権時代の地方財政』有斐閣
- オーツ，W. E.（米原淳七郎・岸昌三・長峯純一訳）[1997]『地

方分権の財政理論』第一法規出版（W. E. Oates［1972］*Fiscal Federalism*, New York: Harcourt Brace Jovanovich）

- 中井英雄［2007］『地方財政学——公民連携の限界責任』有斐閣
- 堀場勇夫［1999］『地方分権の経済分析』東洋経済新報社
- 堀場勇夫［2008］『地方分権の経済理論——第1世代から第2世代へ』東洋経済新報社
- 宮本憲一・遠藤宏一編著［2006］『セミナー現代地方財政Ⅰ——「地域共同社会」再生の政治経済学』勁草書房
- 持田信樹［2004］『地方分権の財政学——原点からの再構築』東京大学出版会
- 諸富徹・門野圭司［2007］『地方財政システム論』有斐閣

　地方財政の理論に関する中・上級テキストは，オーツ［1997］（原著は1972年）が先駆的であるが，その後の展開を伊多波［1995］［2002］や堀場［1999］が解説している。これらは，公共経済学的アプローチ，すなわちミクロ経済学の応用としての地方財政論を扱い，効率性の視点から地方政府行動を分析している。とくに最近では，ミクロ経済学は情報の経済学や契約理論を取り入れており，堀場［2008］は，それらの地方財政への応用が第2世代の理論体系を形成するとして解説している。

　他方，制度論的アプローチの中・上級テキストでは，持田［2004］が先駆的に国際比較を試み，これを公共経済学的アプローチによって中井［2007］が実証分析している。国際比較においては，フォーマルな法制度の地方財政の外側にある近隣組織やNPOなどのインフォーマルな部門が重要になる。この部門を含む地方財政システムは，諸富・門野［2007］や宮本・遠藤［2006］がていねいに解説している。

3. 地方財政の各論と研究書

- 赤井伸郎［2006］『行政組織とガバナンスの経済学——官民分担と統治システムを考える』有斐閣
- 赤井伸郎・石川達哉［2019］『地方財政健全化法とガバナンスの

経済学——制度本格施行後 10 年での実証的評価』有斐閣

- 赤井伸郎・佐藤主光・山下耕治［2003］『地方交付税の経済学——理論・実証に基づく改革』有斐閣
- 石原信雄［2016］『新地方財政調整制度論（改訂版）』ぎょうせい
- 今井勝人［1993］『現代日本の政府間財政関係』東京大学出版会
- 岡本全勝［2002］『地方財政改革論議——地方交付税の将来像』ぎょうせい
- 小西砂千夫［2007］『地方財政改革の政治経済学——相互扶助の精神を生かした制度設計』有斐閣
- 黒田武一郎［2018］『地方交付税を考える——制度への理解と財政運営の視点』ぎょうせい
- 齊藤愼編［2012］『地方分権化への挑戦——「新しい公共」の経済分析』大阪大学出版会
- 佐々木伯朗［2016］『福祉国家の制度と組織——日本的特質の形成と展開』有斐閣
- 土居丈朗［2007］『地方債改革の経済学』日本経済新聞出版社
- 中井英雄［1988］『現代財政負担の数量分析——国・地方を通じた財政負担問題』有斐閣（オンデマンド版，2003 年）
- 平嶋彰英・植田浩［2001］『地方債（地方自治総合講座 9）』ぎょうせい
- 堀場勇夫・望月正光編著［2007］『第三セクター——再生への指針』東洋経済新報社
- 本間正明・齊藤愼編［2001］『地方財政改革——ニュー・パブリック・マネジメント手法の適用』有斐閣
- 満田誉・松崎茂・室田哲男［2002］『地方公営企業（地方自治総合講座 11）』ぎょうせい
- 矢吹初・高橋朋一・吉岡裕次［2008］『地域間格差と地方交付税の歪み——地方財政の外れ値の探索』勁草書房

地方財政の各論は研究書のかたちをとっている。第 1 に，地方交付税などの財政調整について，石原［2016］と黒田［2018］は，詳細に

制度解説し，中井［1988］がクラブ財の理論的視点から実証分析し，矢吹・高橋・吉岡［2008］がジニ係数の外れ値を計測している。これらの公共経済学的アプローチでは，赤井・佐藤・山下［2003］や齊藤［2012］がソフトな予算制約という第2世代の理論から，フロンティア費用関数を用いて地方交付税の非効率性を実証分析している。他方，制度論的アプローチでは，今井［1993］が戦後の地方交付税などを歴史的に解説し，小西［2007］や官僚による岡本［2002］が地方分権推進法や「三位一体の改革」の経緯を紹介している。

　第2に，地方債について，官僚による平嶋・植田［2001］が，詳細に制度解説している。他方，土居［2007］は公共経済学的アプローチから，地方債による財源保障の非効率性や自治体間の金利格差を論じている。

　第3に，地方公営企業などについて，満田・松崎・吉岡［2002］は上・下水道などを詳細に制度解説し，赤井［2006］や堀場・望月［2007］は公共経済学的アプローチから，土地開発公社や第三セクターなどの破綻問題を論じている。そして新しい行政改革の指針としては，本間・齊藤［2001］のNPMや公会計改革論が参考になろう。また，財政健全化法は，赤井・石川［2019］が本格的に実証分析している。

4. 諸外国を紹介した地方財政の研究書

- 伊東弘文［1995］『現代ドイツ地方財政論（増補版）』文眞堂
- 岩崎美紀子［2002］『行政改革と財政再建——カナダはなぜ改革に成功したのか』御茶の水書房
- 大浦一郎［1987］『オーストラリア財政論』文眞堂
- 片桐正俊［2005］『アメリカ財政の構造転換——連邦・州・地方財政関係の再編』東洋経済新報社
- 北村裕明［1998］『現代イギリス地方税改革論』日本経済評論社
- 君村昌・北村裕明編著［1993］『現代イギリス地方自治の展開——サッチャリズムと地方自治の変容』法律文化社
- 小泉和重［2004］『アメリカ連邦制財政システム——「財政調整

制度なき国家」の財政運営』ミネルヴァ書房
- ●関野満夫 [2005]『現代ドイツ地方税改革論』日本経済評論社
- ●高橋誠 [1978]『現代イギリス地方行財政論』有斐閣
- ●武田公子 [2003]『ドイツ自治体の行財政改革——分権化と経営主義化』法律文化社
- ●古田俊一 [2000]『政府間財政関係の政治分析』第一法規出版
- ●持田信樹編 [2006]『地方分権と財政調整制度——改革の国際的潮流』東京大学出版会
- ●宮本憲一・鶴田廣巳編著 [2008]『セミナー現代地方財政Ⅱ——世界にみる地方分権と地方財政』勁草書房
- ●レンチュ, W.（伊東弘文訳）[1999]『ドイツ財政調整発展史——戦後から統一まで』九州大学出版会

　宮本・鶴田 [2008] と持田 [2006] は，各国の専門家がそれぞれの国の地方財政制度を紹介している。とくに後者は，財政調整制度に限定して国際比較を試みている。

　各国の専門家による戦後の歴史的な制度研究について，第1にアメリカは，古田 [2000] が1986年に廃止された歳入分与制度を調査し，小泉 [2004] が財政調整制度のない国家の地方財政の意味を論じており，片桐 [2005] はそれを構造転換と捉えている。第2に地方所得税のないイギリスは，高橋 [1978] が先駆的に，その導入を勧告したレイフィールド報告までを調査し，北村 [1998] がその報告の意義を論じて，君村・北村 [1993] がサッチャーの地方財政改革を紹介している。第3に連邦国家のドイツでは，伊東 [1995] が先駆的に各州と市町村の全般を通じて1970年以降の協調的連邦主義を論じており，武田 [2003] や関野 [2005] はおもに市町村財政を紹介している。

　連邦国家の州間財政調整について，ドイツは，レンチュ [1999] が議会資料から詳細な戦後の歴史研究を行っている。オーストラリアは，大浦 [1987] が現在のGST交付金の原型となる租税分与制度（1981〜85年）までを，カナダは，岩崎 [2002] が平衡交付金の歴史的変化を紹介している。

5. わが国や諸外国の地方財政の統計資料とホームページ（HP）

- ●総務省 HP［各年度版］『地方財政白書』国立印刷局
- ●総務省 HP［各年度版］『地方財政統計年報』地方財務協会
- ●総務省 HP［各年度版］『都道府県決算状況調』日本加除出版
- ●総務省 HP［各年度版］『市町村別決算状況調』地方財務協会
- ●総務省 HP［各年度版］『地方公営企業年鑑』地方財務協会
- ●自治体国際化協会 HP［2002a］「カナダの地方団体」CLAIR RE-PORT, No. 227
- ●自治体国際化協会 HP［2017］『フランスの地方自治（改訂版）』
- ●自治体国際化協会 HP［2011］『ドイツの地方自治（改訂版）』
- ●自治体国際化協会 HP［2019］『英国の地方自治（改訂版）』
- ●自治体国際化協会 HP［2018］『オーストラリアとニュージーランドの地方自治』

　わが国の地方財政の統計資料において，『地方財政白書』は，都道府県計と市町村計の決算額や公共施設などの主なデータに基づいて，地方財政の状況を報告したものであり，そのデータ集が『地方財政統計年報』である。都道府県別の状況は，この年報と『都道府県決算状況調』で，各市町村は『市町村別決算状況調』でデータが得られ，個別の団体の財政状況は総務省 HP「決算カード」が参考になる。また，上・下水道などの公営企業は，膨大な量のエクセル・ファイルが『地方公営企業年鑑』に蓄積されている。なお，諸外国については，自治体国際化協会による各国の参考文献リストを参照されたい。

　最後に統計資料に関して，付記しておこう。最近のホームページの充実ぶりは，わが国だけでなく諸外国でも目をみはるものがあり，まさに「宝の山」だといえる。ただし，検索ツールが格段に進歩したといっても，各国のホームページが充実すればするほど，必要なデータを探り当てるのには困難が伴うであろう。結局，データの探索には，これまでと同様に，上記した基本的・専門的な文献によって各分野の理論や制度の体系を学ぶことが不可欠であり，その方が「探索の近道」なのである。

索　引

○ アルファベット

B/C　148

GST 交付金　272

M 字カーブ　53, 282

NPM　→ニュー・パブリック・マネジ
　　　メント

NPO　151, 257, 258

PB　→プライマリー・バランス

PFI　145-147, 151, 152

PPP　→官民パートナーシップ

U 字型　7, 99, 103, 104, 237, 238, 250,
　　　252, 265, 267, 272

VFM（value for money）　4, 146, 152

○ あ 行

アウトカム　141

赤字国債　135

赤字地方債　74

アベノミクス　73, 232

安定成長　124

イエロー・カード　79, 82, 85, 86

イギリス　218, 257, 261, 262, 264,
　　　267, 268, 281

池田勇人（内閣）　119, 123, 132

依存財源　19, 20

一部過疎　243

一部事務組合　213

一律シーリング　139

一極集中　264

一層制　8, 261, 267

一般会計　1, 37

一般財源　19, 27, 30, 48, 73, 76, 136,
　　　235

一般財源化　44, 52

一般歳出等　69

一般財団　115

一般市　212

一般社団　115

一般政府　222

一般補助金　191, 194, 197, 223

移動社会　256, 261, 264, 267, 268, 281

委任事務　218

イノベーション　282

移民政策　282

インセンティブ　105, 209, 241

インバウンド　128

インフラ長寿命化基本計画　130

インフレーション　135, 181

雨水公費　101

エージェント　198, 200

エッジワース, F. Y.　160

エンゼルプラン　55

応益原則　23

応能原則　23

大阪圏　232

沖縄復帰　208

汚水私費　101

汚水処理原価　102-104

オーストラリア　261, 271

汚染者負担の原則　101

オーツ, W. E.　5, 176-179, 181

オッファー・カーブ　162

小渕恵三（内閣）　148

恩給費　44

○ か 行

回帰分析　241, 250, 285

介護認定　62

介護納付金　64

介護保険　41, 62, 213
介護保険事業特別会計　61, 64
会社法法人　110, 111
外部経済　232
外部性　179, 181, 215
外部評価　153
外部不経済　232
カウンシル税　265, 268, 269
カウンティ　267
価格消費曲線　193
価格調整メカニズム　161-163
過小供給　173
課税最低限　23
過　疎　195, 231, 234, 281, 283
過疎化　9
　　第1次——　233
　　第2次——　234
過疎関係市町村　243
過疎対策事業債　242
過疎対策法　242, 282
価値財　174, 182, 248
学級編制基準改善計画　50
学校教育法　43
学校の統廃合　287
カットオフ・レート　148
合併特例区　243
合併特例債　209
カナダ　261, 265, 273
下方硬直性　34
過密現象　230, 233
借入金　74
借換え　35
簡易水道　91
完全競争　164, 172
完全雇用　181
官選知事　209, 271
完全二層制　208, 211, 261
神戸勧告　217
官民競争型市場化テスト　150

官民パートナーシップ（PPP）　147
元利償還費　36
関連平衡交付金　274
議　会　218, 219, 269
機関委任事務　3, 44, 219
基幹税　221
企業会計　91
起債制限　73
基準交付金　267
基準財政収入額　7, 26, 30, 75, 225, 236
基準財政需要額　7, 27, 29, 32, 34, 75,
　　198, 225, 236
基準保険料　63
基礎自治体　15, 256, 258, 261, 263, 270
基礎的財政収支　69, 71
機能分担　218
規模の経済　99, 103, 218, 237, 258, 267
規模の不経済　265
規模の利益　177
義務教育　28, 42, 46, 47, 215, 218, 226
義務教育国庫負担金　45, 47
義務教育国庫負担法　43, 44, 246
義務教育標準法　45, 48
義務的経費　41, 74, 246
逆交付税　31
救済措置　200
救済的な補助金　202
給水原価　97, 98, 100
給水人口　99
救貧法　264
給与関係費　17
教育基本法　43
教育費　40, 289, 290
教員数　47, 49, 50, 285
協会けんぽ　57, 60
協議制　24, 36, 79, 81, 107
供給単価　97, 98
競合性　169, 173
教職員定数改善計画　287

行政改革　143
強制競争入札制度　145, 146
行政上の超過負担　17, 34, 47, 52, 54, 56
行政責任の明確化　217, 218
行政投資　119
行政の効率性　218
行政評価　4, 5, 153, 155
行政補完型　110
競争均衡　158, 161, 162
許可制　24, 36
挙家離村型　233
居住地主義　221
拠出金　58
均衡財政主義　135
金融政策　181
空　港　128
組合健保　57-59
クラブ財　5, 6
　――の理論　218, 237, 265, 268
グランドデザイン　125
繰入れ　61, 103
繰入金　19, 59, 100
繰出金　107, 111
郡　210, 263
郡基準交付金　267, 269
郡所属市町村　266, 267
郡独立市　258, 263, 266, 267
ケアプラン　62
ケアマネージャー　62
経営管理　145, 147, 151
経営健全化基準　94
経営健全化計画　108
計画行政　292
経済安定化（機能）　9, 181, 216
経済政策の原理　281
経常一般財源　74, 235
経常経費　140
経常財源　19, 20

経常収支比率　73-75, 78, 235, 236
経常収支比率曲線　76, 78
経常的国庫負担金　32
継続費比率　247, 248
経費回収率　101, 102
京浜工業地帯　132
契　約　6, 55, 198-201
契約曲線　160, 165
契約制度　52, 62, 216
契約理論　5, 198, 199
ケインズ, J. M.　181
ケインズ政策　120
下水道　4, 92, 101, 102
下水道普及率　128
決算カード　1, 4, 73, 75
ゲーム理論　5, 190
限界集落　142, 234
限界生産力　165, 166
限界代替率　160-162, 164, 166, 167
限界的財政責任　63, 64, 66, 255, 269
限界費用　165, 166, 171, 172
限界費用価格形成原理　104
限界便益　171, 172
限界変形率　165-167
減価償却費　97
現金給付　216
現金主義　4, 97, 142
権限移譲　144, 276
現在価値　153
研修医　106
減収補塡債　35
減税補塡債　35
建設国債　135
建設事業費国庫負担金　32
健全化判断比率　79
限定列挙　218
権能差　211, 236, 240
現物給付　216
憲　法　270, 274

小泉構造改革　71, 121, 232

小泉純一郎（内閣）　120, 149, 225

広域自治体　210

広域市町村圏　213

広域連合　213

公営事業会計　38

公益社団法人・公益財団法人　110, 116

公益法人　115, 257

公益法人制度改革関連3法　258

公会計改革　4, 142, 145, 154

高額療養費支給制度　60

後期高齢者　284

後期高齢者医療（制度）　60, 213, 288

公共経済学　5, 7, 8, 167, 168

公共下水道　101

公共財・サービス　9, 144, 146, 214

公共サービス購入型　147

公共事業　216, 217

公共事業コスト構造改善プログラム
　　129

公共選択　6

公共投資　119, 122, 123, 126, 127,
　　134, 136

公共投資基本計画　120

合計特殊出生率　280

高校教育　28

公　債　69

公債費等　70

工場等制限法　233

更新費用　104

洪水対策　101

厚生経済学　162

公選知事　209, 271

公的企業　222

公的に供給される私的財　174, 182,
　　248

高等学校　45, 48

行動経済学　203

公費負担　58, 101

交付金化　226

交付税　→地方交付税

交付税総額　223

交付税措置　107

交付団体　75, 77, 226, 240

公民協調型　111

公民のプロバイダーの選択　269

公務災害補償基金　44

公立高等学校　50

公立大学法人制度　150

公立病院特例債　86, 107, 108

高齢者保健福祉費　289

国　債　135

国際金融センター　231, 232

国債収入　69

国勢調査人口　54, 230, 242

国土の均衡ある発展　275

国土保全　119, 122

国民健康保険　56, 58, 216

国民所得倍増計画　132

国民扶助法　264, 265

国立大学法人化　150

個人住民税　227

国家公共財　173, 180

国家制度　8, 256, 262

国家戦略特区　288

国庫委託金　18, 32

国庫支出金　18, 31, 33, 223, 226

国庫負担金　18, 32, 43

国庫補助金　18, 32

国庫補助負担金　31

固定資産税　23, 24, 26, 188

固定社会　256, 263, 264, 266, 281

個別算定経費　244

個別・包括算定　244, 245, 251

コミット　198-202

コミュニティ　8, 60, 256-258

コミューン　260

固有事務　57, 218, 262

ゴールドプラン　62

混合経済　214

混雑現象　175

混雑費用　265, 267, 272

コンセッション（公共施設等運営権）
　　147

コンパクト・シティ　132

○さ行

災　害　128

災害復旧事業費等国庫負担金　32

再契約　202

財源移転　221

財源均衡化　30

財源調整　31

財源不足額　27, 225, 226

財源保障（機能）　27, 30, 195, 197,
　　223, 272, 273, 291

財・サービス税交付金　271

財産収入　19

財政援助的補助金　33

財政ギャップ　195, 197

財政健全化計画　83, 94

財政健全化団体　82

財政健全化法　79, 86, 96, 212

財政構造改革　71

財政再生基準　79

財政再生団体　83

財政調整機能　195

財政調整効果　126, 252, 253

財政調整制度　9, 272, 273

財政的外部性　185-187

財政的競争　5, 6

財政的公平　265

財政の硬直化　78

財政負担　131, 226

財政力指数　75, 76, 236

在宅ケア　61

財団法人　114, 115

最適人口規模　238, 239, 250

歳入援助交付金　268, 269

歳入補填債　135

財務4表　4, 154

サッチャー政権　144

佐藤栄作（内閣）　123

サード・セクター　110

サミュエルソン, P. A.　168

サミュエルソン条件　171, 172, 178

さわやか運動　141

産業基盤　118, 132

サンクコスト　201, 202

散　在　281, 287

三全総　→（第3次）全国総合開発計画

三層制　211

3大都市圏　230

三位一体の改革　3, 7, 45, 52, 59, 215,
　　221, 225-227

3割自治　20, 140

ジェネリック　203

塩漬け土地　110

時間的非整合性　202

事業税　23, 24

資金不足比率　82, 93

資源配分（機能）　9, 158, 167, 179,
　　180, 190, 214

施行時特例市　212

自己水団体　100

事後的救済　241

施策評価　151

死重損失　178

自主財源　19, 20, 24

自主財源比率　274

市場化テスト　145, 150

市場の失敗　173, 179, 214

市制・町村制　211

施設ケア　61

自然減　233

自然災害　133

自然村　211
事前評価　153
自治会　257
自治事務　3, 44, 219, 263
自治主体　256
自治体病院　93, 105, 106, 108
市町村合併　142
市町村広域連合　60
市町村国保　9
市町村税　24
市町村民税　24
市町村優先　217
　　――の原則　271, 276
実際税率　268
実際納付率　268
実質赤字比率　2, 79, 84, 94, 212
実質公債費比率　2, 81, 85, 213
実質収支　80
実質収支比率　2
実物給付　182
指定管理者制度　108, 145-147, 151, 152
私的プロバイダー　256-258, 267
児童数　48-50
児童手当　44
児童福祉　41
児童福祉法　51, 52
支払基金交付金　60, 64
シビル・ミニマム　267
資本費　97, 102, 104
事務事業評価システム　141
事務配分　217, 263
シャウプ勧告　3, 43, 211, 217-219, 255, 271, 276
社会減　233, 282
社会資本　118, 120, 121, 127, 129, 131, 132, 134, 136, 244, 245, 248, 284
社会資本ストック　119, 124

社会制度　8, 256
社会的インフラ　119
社会的入院　62
社会的費用　171
社会福祉費　40
社会扶助　263
社会保険診療報酬支払基金　64, 105
社会保障　248, 291
社会保障基金　222, 223
社会保障シフト　246, 249, 250, 252, 253
社会保障と税の一体改革　55
若年層　284
社団法人　114, 115
州　270
州間財政調整　8
囚人のジレンマ　190
集積の利益　123, 232
集中豪雨　101
住民基本台帳人口　230, 235
住民税　23, 221
集落　234
受益者負担　23
受水団体　100
受水費　98
首都圏　230
需要額　237, 238, 241, 244, 246, 247, 249-253, 288
需要創出効果　120, 121
準公共財　168, 174, 175, 214, 215
準州　273
準州交付金　273
純粋交換経済　159, 160, 164
純粋公共財　168, 169, 171-173, 214, 215, 290
純粋私的財　168, 169, 173
小規模校化　287, 290
少子高齢社会　129, 149, 288
上水道　91, 96

乗数効果　121, 135
消費者選択の理論　280
消費者余剰　104
消費税　220
消滅可能性都市　234
将来負担比率　2, 82, 86
使用料　19
使用料単価　102
奨励的補助金　32
昭和の大合併　211
所得格差　132, 180, 230
所得効果　192, 194, 280
所得再分配（機能）　9, 180, 216
所得消費曲線　193
所得倍増計画　123
所得補助制度　265
所得割　221
シーリング　4
人口減少　136, 284, 287
人口減少社会　9, 131, 144, 282, 291, 292
人口減少等特別対策事業費　252
人口転換問題　281
人口密度　272
人口論　279
新市町村建設促進法　211
新全総　→（新）全国総合開発計画
診療報酬　105
垂直調整　273
垂直的財政移転　197
垂直的財政調整　195
スイッチング・リグレッション　285
水道企業団　96
水平的財政調整　195, 196, 272, 274, 275
ストックの指標　82
スプロール現象　233
3E　148
生活基盤　118

生活基盤投資　122
生活保護　9, 211, 216, 217, 219, 225, 236, 263, 268
生活保護費　41
税源移譲　226, 227
制限税率　26
税源調整型　274
税源の重複　220
税源の普遍性　22
税源の偏在化　220
税源配分　219, 263
政策評価　151
清　算　221
生産可能性曲線　165, 169, 171
性質別分類　41
税収入の自主性　23
税収の安定性　22
税収の伸長性　23
税等一般財源充当経費　28, 224, 225
制度論的アプローチ　5, 8
税率操作権　269
政令指定都市　211
世界都市化　231
石油ショック　124, 135, 139
セーフティ・ネット　41
全国総合開発計画（全総）　119, 123, 277
　新——（新全総）　112, 123, 133
　第3次——（三全総）　124, 125, 134
　第4次——（四全総）　124, 125
全国知事会　277
前年実績主義　139
総額裁量制　45
早期健全化基準　79
総合開発計画　15
総固定資本形成　124
増分主義　139
測定単位　29, 30, 237
組織のガバナンス　5, 6

租税競争　5, 187-190
租税原則　22
租税の外部性　186
租税輸出　186, 187
措置制度　52, 62, 216
ソフトな予算制約　6, 7, 200, 201, 240
損失補償契約　114

○た 行

第 1 号被保険者　62, 63
待機児童　54, 55
大規模小売店舗立地法　233
耐久消費財　280
第三セクター　81, 95, 110-112, 213
第三セクター等改革推進債　86, 94, 114
対称地域　189
退職者医療制度　58
退職手当債　149
退職手当負担見込額　82
対人サービス　174, 249
大都市　235
大都市圏　124, 132-134, 283, 284, 289
大都市特例事務　212
第 2 号被保険者　62, 63
第 2 号保険者　64
第 2 臨調　→（第 2 次）臨時行政調査会
代表的の税制　273
大ロンドン都　262
他会計繰入金　64
竹下登（内閣）　220, 242
多層制　8, 260
縦割り行政　33
田中角栄（内閣）　112
単一国家　8, 262
単一税制　265
単位費用　29, 30, 237
段階補正　209, 237, 241
団体委任事務　218
単独事業　126, 216, 217

単年度主義　139
地域医療構想　108
地域間の格差是正　122, 123
地域雇用創出推進費　252
地域自治区　243
地域自治組織　243
地域審議会　243
地域振興　190, 191
地域づくり　230
地域独占　104
地域の元気創造事業費　252
地縁による団体　257
地球温暖化　133
地方一般歳出　70
地方議会　217, 219
地方揮発油譲与税　31
地方圏　122, 284, 289
地方公営企業　38, 90, 91, 111, 128
地方公営企業法　90, 97, 101, 105
地方公共財　174-178, 215
地方公共団体財政健全化法　2
地方公社　95
地方交付税　7, 8, 17, 18, 26-28, 30, 36,
　　47, 71, 74, 126, 194, 195, 198, 209,
　　223, 266, 273, 291
地方債　17, 18, 35, 226
地方債現在高　82
地方財政計画　1, 2, 16, 17, 28, 70, 223,
　　226, 227
地方財政健全化法　113
地方財政再建促進特別措置法　2
地方財政システム　6
地方再生対策費　252
地方財政平衡交付金　43
地方財政法　35, 140
地方財政余裕論　71
地方三公社　213
地方自治憲章　256
地方自治法　15, 22, 95, 212, 257

地方住宅供給公社　95
地方消費税　24, 221
地方消滅　291
地方譲与税　18, 30
地方所得税　219, 221, 263, 265
地方税（制）　18, 22, 219
地方税原則　22
地方制度調査会　225, 269
地方政府　222
地方税法　24, 26, 30
地方単独事業　62
地方道路公社　95
地方独立行政法人（制度）　108, 116
地方独立行政法人化　150
地方分権一括法　3, 24, 36, 44, 209,
　　219, 230
地方分権化定理　176, 179, 180
地方分権推進委員会　143
地方分権推進法　230
地方分権法　260
地方法人課税　31
中央社会保険医療協議会　105
中核市　212
昼間人口　240
中間政府　256, 262, 269-271
中京工業地帯　132
中山間地域　233, 234
中心市街地活性化法　233
昼夜間人口比率　240
超過課税　16, 24, 26, 30, 268
超過供給　163
超過財源　274
超過需要　163
長期債務残高　68
町村合併促進法　211
町内会　257
重複課税　187
直轄事業　123, 216
定額一般補助金　191

デイ・サービス　61
定住化社会　9, 257, 265
定住構想　124
定率特定補助金　192
　　制限付き――　193, 194
　　制限なし――　193
定率補助金　194
出稼ぎ型　233
適債事業　35
手数料　19
デット・ウェイト・ロス　178
デパルトマン　260
転　嫁　220, 225, 226
転入超過数　230
ドイツ　210, 257, 258, 260, 263, 266,
　　274, 281
東京一極集中　112, 231-233, 284
東京圏　230, 232
東京問題　232
等産出量曲線　164
投資的経費　42, 140
道州制　8, 269, 271, 275, 276
等量消費　168, 169, 171-173
道　路　127
特定財源　19, 27, 30, 136
特定地域型保育　55
特定非営利活動促進法　258
特定補助金　191, 223
特別会計　37, 61, 91
特別交付税　107, 110, 223
特別地方公共団体　213
特別法人事業譲与税　31
特別法人事業税　31
特別養護老人ホーム　61
独立行政法人　145
独立採算制　38, 97, 99, 105, 111
独立税主義　219
特例加算　226
特例公債　135

特例交付金　44
特例市　212
土光敏夫　44, 225
都市計画法　233
都市再生特別措置法　233
都心回帰現象　233
土地開発公社　86, 109, 214
土地開発公社経営健全化対策　110
トップランナー方式　241
都道府県国保　9
都道府県税　24
ドーナツ化現象　233
トレード・オフ関係　290

　　○　な　行

内部評価　153
中曽根康弘（内閣）　125
名古屋圏　232
ナショナル・ミニマム　22, 246, 272
ナッジ　203
ナッシュ均衡　190
2007年問題　149
日米構造協議　120
日本再興戦略　73
日本列島改造論　112
入札・契約制度　129
ニュージーランド　144
ニュー・パブリック・マネジメント
　　（NPM）　4, 65, 141, 144, 145, 148,
　　149, 154, 155
認可地縁団体　257
認定こども園　55
年間有収水量　97, 99, 103
農林水産　119, 122

　　○　は　行

排除性　173, 175
廃藩置県　208
橋本龍太郎（内閣）　71, 120, 125

働き方改革　54
発生主義　4, 97, 149, 154, 155
発生主義会計　4, 141, 142, 145, 148,
　　149, 153
ハード＋ソフト型　147
ハードな予算制約　198, 199
バブル　135
バブル経済　78, 120, 134
　　──の崩壊　140
パレート最適（効率）　5, 105, 159-
　　162, 164-169, 171, 176, 180
阪神・淡路大震災　133
阪神工業地帯　132
東日本大震災　133
非競合性　168, 173, 215
非対称情報　201, 202
非対称性　285, 287
ヒート・アイランド現象　128
避難行動　203
非排除性　168, 173, 214
評価制度　145, 148
標準財政規模　80
標準支出　267, 272, 273
標準税収入額　80
標準税率　16, 26, 268
標準法　46, 47, 50
標準報酬総額　64
標準保険料率　61
費用対効果分析　145, 148
費用逓減産業　104
費用便益分析　5, 148, 153
ビルトイン・スタビライザー　181
比例税率化　227
フィスカル・ポリシー　181
付加価値税　220
ブキャナン, J. M.　218
福祉移住　5, 9, 180, 264, 268
福祉元年　57
複式学級　287

複数税制　263
福田赳夫（内閣）　124
府県制・郡制　211
不交付団体　75, 77, 78, 240, 274
不採算地区病院　108
扶助費　42
負担金　19
負担分任の原則　23
普通会計　37
普通建設事業費　93, 121, 125
普通交付税　27, 76, 82, 224, 241
普通税　24
普通地方公共団体　213
復旧事業　133
復興増税　133
プライマリー・バランス（PB）　69-72
プラザ合意　231
フランス　258, 262, 263
フリーライダー問題　173
プリンシパル　198-200
ふるさと創生　242
フロンティア費用関数　8, 240-242
分権改革　44, 45
分権化定理　5, 9
分権的な地方財政システム　219
分校化　287
分担金　19
平均費用価格形成原理　105
平衡交付金　273
平成の大合併　7, 92, 98, 101, 109, 115,
　　142-144, 209, 212, 213, 234, 235,
　　240, 243, 282
ベッカー，G. S.　280
ベバリッジ勧告　264
ベビーブーム　48, 49, 285, 286
保育行政　52
保育所　41, 51
保育に欠ける児童　52
包括的算定経費　244

包括的な権能　217
法人事業税　26
法定外税　30
法定外普通税　24
法定外目的税　24, 25
法定受託事務　3, 44, 219
法定税　24
法適用　97, 101, 102, 104
訪日客数　128
法非適用　97, 101, 102
補完性の原理　217, 255, 256, 276
保険基盤安定制度　60
保険給付費　60, 63, 64
保険者　61
補助金　32, 123, 199, 200, 215
補助金カット　225-227
補助金行政　223
補助事業　61, 62, 125, 216
補助対象財　192
補助費等　42
補正係数　29, 237
ボックス・ダイアグラム　160
骨太の方針　121
ホームヘルプ・サービス　61
ボランタリー組織　256, 257
ボランタリー部門　8, 261

○ ま 行

マスグレイブ，R. A.　179
まちづくり3法　233
末端給水　96, 98, 100
マルサス，T. R.　279, 280
三重県　141, 148, 149, 151, 154
密集の弊害　123
みなし過疎　243
民営化　119, 145
民間活力　136, 145, 147, 150, 152
民間提案型市場化テスト　150
民生費　40

無差別曲線　160-162, 164, 169, 171
明治の大合併　211
目的税　24
目的別分類　38
モニタリング費用　152

○ や 行

夜間人口　240
ヤード・スティック　241
ヤード・スティック規制方式　105
有効需要　120, 134, 135
　　　──の創出効果　134
夕張市　81, 84-86, 212
ゆとり教育　50
ユニバーサル・サービス　131
要介護　62, 63
要支援　62
用水供給　97, 98, 100
予算線　162, 163, 191-193
40人学級　45
四全総　→（第4次）全国総合開発計画

○ ら・わ 行

ラスパイレス指数　4
利　得　188, 189

リーマン・ショック　72, 232
流域下水道　104
留保財源　29, 224, 247
利用者負担　55
療養給付費交付金　58
臨時行政調査会
　第1次──　218
　第2次──（第2臨調）　44, 225-227
臨時財源　19, 20
臨時財政対策債　74, 80, 238
臨時費目　252
レイフィールド委員会　265
レジョン　260
レッド・カード　79, 81, 83
連結実質赤字比率　2, 81, 85, 86, 212
連邦国家　8, 262, 270
連邦・州間財政調整　274
連邦制　275
連邦政府　263
連邦補充交付金　275
老朽化　129-131, 136
老人医療費　57
老人福祉費　41
老人保健法　57, 58
ワルラス，L.　162, 163

新しい地方財政論（新版）
New Local Government Finance, New ed.

ARMA
有斐閣アルマ

2010 年 4 月 30 日　初版第 1 刷発行
2020 年 3 月 20 日　新版第 1 刷発行
2023 年 6 月 20 日　新版第 3 刷発行

著　者	中井英雄 齊藤　愼 堀場勇夫 戸谷裕之	
発行者	江草貞治	
発行所	株式会社 有斐閣	

郵便番号 101-0051
東京都千代田区神田神保町 2-17
https://www.yuhikaku.co.jp/

印刷・大日本法令印刷株式会社／製本・大口製本印刷株式会社
© 2020, H. Nakai, S. Saito, I. Horiba, H. Totani.
Printed in Japan
落丁・乱丁本はお取替えいたします。
★定価はカバーに表示してあります。
ISBN 978-4-641-22156-7